HISTOIRE SECRÈTE
DES ALPES

Séverin Batfroi

HISTOIRE SECRÈTE des ALPES

DAUPHINÉ
SAVOIE
VAL D'AOSTE

Albin Michel

« Histoire secrète des provinces françaises »
Collection dirigée par JEAN-MICHEL ANGEBERT

© Éditions Albin Michel, 1981
22, rue Huyghens, 75014 Paris
ISBN 2-226-01152-8

Sommaire

Introduction 7

PREMIÈRE PARTIE
Mythologie et légendes du massif alpin 11

DEUXIÈME PARTIE
Les énigmes du néolithique et l'occupation romaine 65

TROISIÈME PARTIE
Le Moyen Age et l'originalité de l'esprit alpin 111

QUATRIÈME PARTIE
De la Renaissance aux prémices révolutionnaires 193

CINQUIÈME PARTIE
Espérances et réalités 279

Épilogue 323

Bibliographie 325

Introduction

Dans ce véritable microcosme qu'est la France, chaque région recèle un caractère de profonde originalité d'où n'est jamais absente, cependant, l'unanime admiration qu'elle suscite indistinctement. Les légendes, qui témoignent de l'héritage magique et sacré d'un terroir, abondent aux quatre points cardinaux de l'ancienne terre des Gaules, et ne manquent jamais de laisser leur empreinte profonde dans la chair d'une ethnie dont l'extraordinaire dynamisme s'exerça dans les contrées les plus reculées du globe.

Région de secrets, d'aventures et de passions, le massif alpin offre des caractéristiques uniques par lesquelles il se démarque très nettement des autres contrées, caractéristiques qui inspirèrent de tout temps les sentiments les plus variés. De l'angoisse à l'enchantement, c'est tout le registre des sensations que l'on trouve exprimé çà et là dans les textes les plus divers, selon que l'auteur est sensible ou non à la majesté d'un paysage où la verticalité prime, suscitant un irrésistible appel pour l'élévation, voire le détachement, qui entraîne l'observateur en des sphères de réflexion peu communes. Ce qui est certain, c'est que jamais l'indifférence ne peut saisir celui qui parcourt les Alpes par l'une de ses innombrables vallées ou, mieux encore, qui franchit l'un des grands cols pour gagner le midi de la France, l'Italie ou la Suisse. Le spectacle est unique qu'offre la Meije lorsque, quittant Bourg-d'Oisans, l'on s'engage dans l'ascension du col du Lautaret et qu'au détour de la route, dès après le barrage de Serre-Ponçon, se dresse brusquement le chaos tout de glace et de pierre qui fait face au village de La Grave. On ne peut point ne pas être saisi d'une admiration subite, pareille à celle que l'on éprouve lorsqu'on pénètre dans le cirque où Chamonix se blottit, après avoir quitté, sur la droite de la nationale, le Christ-Roi monumental des Houches, majestueux et hiératique. Le glacier des Bossons, dont la vie profonde et secrète se fait entendre parfois par une série de craquements secs, se déroule jusqu'à la lisière de la forêt, et c'est lui qui retient d'abord les regards, avant même que l'on ait aperçu la mer de Glace, plus impressionnante encore.

On peut, si on le désire, quitter l'animation de Chamonix et se diriger vers la Suisse que l'on gagne par le col des Montets, d'où l'on découvre un panorama différent du précédent, tout aussi grandiose cependant, mais où la végétation a une plus grande part. Que l'on continue encore, par la route qui serpente, vers Martigny ; que l'on s'engage sur les pentes abruptes conduisant au col de la Forclaz, traversant les pâturages qui s'étendent à flanc de montagne, et que l'on entreprenne la rapide descente vers le Valais : une nouvelle fois le paysage change, les vignobles s'étagent à perte de vue et la vallée du Rhône s'étire paresseusement au long du couloir valaisan.

Continuons notre voyage, que nous entreprendrons à nouveau par la suite moins hâtivement, et engageons-nous sur la route qui, par Bourg-Saint-Pierre, permet de franchir le col du Grand-Saint-Bernard, lequel culmine, rappelons-le tout de même, à plus de 2 400 mètres. On gagnera ainsi le Val d'Aoste, et, là encore, nous pouvons constater que le paysage est tout autre : c'est ainsi que les coteaux exposés au sud ont un aspect de garrigue brûlée par le soleil, alors que les hauts sommets qui entourent la ville d'Aoste semblent veiller, impassiblement, sur un patrimoine culturel et historique d'une rare richesse.

Il ne s'agit point là de quelque vague et limité micro-climat, on l'aura constaté, mais, à chaque fois, d'un véritable univers de formes, de couleurs et de parfums qui, s'ajoutant les uns aux autres, font ces Alpes légendaires.

Et c'est là que s'épanouit tout un courant historique passionnant, dont certains aspects ne furent pas sans se montrer prépondérants pour l'histoire de la France tout entière. Pareil terroir ne put point voir naître des individualités banales : elles furent à son image, c'est-à-dire riches, complexes et bigarrées. Secrètes aussi, puisque les Alpes sont une région de mystère et de silence, où l'action est toujours conjointe à l'indispensable méditation.

Zone de passages et de migrations, plate-forme culturelle entre l'Italie et la France, elle n'est pas sans mériter l'appellation créée par Nostradamus : *le réduit alpin,* car nous y découvrirons intactes les traces d'une civilisation énigmatique et fort ancienne, dont les caractéristiques s'y peuvent retrouver à travers ses multiples et foisonnantes productions.

Haut lieu par excellence, composé d'une multitude de montagnes aux noms révélateurs qui en traduisent le caractère sacré, c'est aussi une immense cathédrale que ce massif alpin. Chaque pic est un pinacle, chaque glacier une rosace, et les lacs des fonts baptismaux où viennent se plonger les éléments d'une pure nature ; les cirques se font chœur, nef et transept, là où les plus hauts sommets sont d'éternelles tours ouvragées par une main puissante et surnaturelle. Vibrante symphonie de granit et de neige que l'être humain a toujours goûtée dans l'harmonie d'une existence d'où les difficultés ne furent jamais absentes, mais où chaque jour est une ode à la Création.

Pour cela, il est indispensable d'examiner les racines légendaires et mythiques du peuple alpin avant que de pénétrer dans la trame historique qui fut la sienne. Ainsi pourra-t-on soulever, en partie, le voile qui cache les secrets de ces hautes terres, et en découvrir les arcanes ésotériques grâce surtout aux particularités de sa géographie.

PREMIÈRE PARTIE

Mythologie et légendes du massif alpin

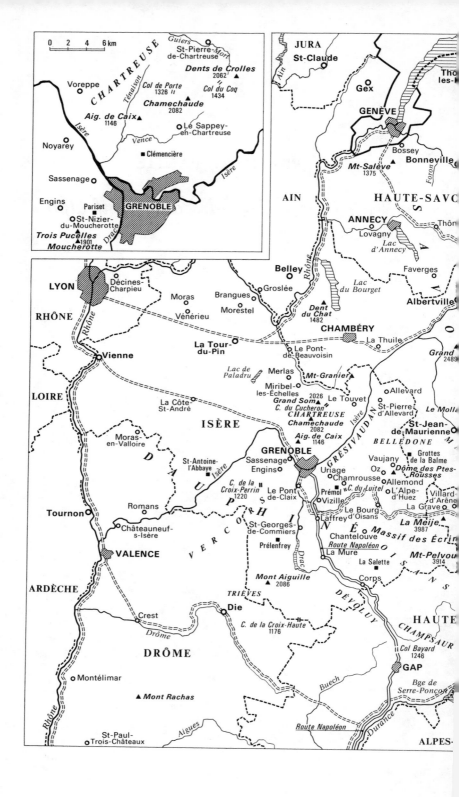

Le mont Aiguille

1.

Géographie sacrée

Certains chercheurs, dont la perspicacité et l'honnêteté sont indubitables, ont contribué, ces dernières années, au développement de ce qui, sans être une réelle discipline, ne laisse pas de se montrer riche d'enseignements.

Jean Richer, les frères Brou et Jacques Bourlanges, ainsi que Marcel Moreau, ont démontré dans leurs travaux qu'une réplique de la carte du ciel pouvait se découvrir sur terre, matérialisée de diverses manières. Tout d'abord, ce sont les édifices religieux, ou ce qui tenait lieu de temples aux temps anciens, qui révèlent, par leur emplacement, le tracé de certaines constellations, en rapport avec la marche et la fonction initiatique du zodiaque. Mais, ce qui est plus surprenant encore, c'est que la nature elle-même, dans sa structure, révèle les mêmes arcanes.

Nul ne saurait nier l'évidence, lorsqu'il s'agit de constater que certains alignements existent sur le sol des nations les plus diverses, et que ceux-ci sont obtenus par la jonction de points particuliers, pour la caractérisation desquels la toponymie est d'un grand secours. Si la *Géographie sacrée du monde grec* [1] est un modèle du genre, puisqu'elle dévoile un ensemble d'une extrême richesse, les travaux plus succincts de Jacques Bourlanges nous apprennent que, dans certains cas, nous ne sommes plus seulement en présence de tracés simples, mais d'un réseau extrêmement complexe qui reproduit *exactement* certaines constellations [2]. Autrement dit, pour reprendre l'expression de cet auteur, « le ciel est sur la terre », et la géographie dévoile ses structures ésotériques à qui veut bien les

1. Jean RICHER, *Géographie sacrée du monde grec*.
2. *Cf.* Jacques BOURLANGES, *Le Ciel est sur la terre*.

rechercher, puisque les constellations célestes ont, en quelque sorte, des homologues terrestres. Pour rencontrer ces dernières, il suffit de joindre entre eux, en s'aidant d'une carte du ciel, quelques points géographiques particuliers, aux toponymes analogues, et le profil apparaît, net et précis, exempt de toute incertitude de caractérisation. Au reste, tout un chacun peut vérifier par lui-même, et avec beaucoup de facilité, les assertions des auteurs cités plus haut.

Dès lors une question primordiale peut surgir, en toute logique : sommes-nous là en présence d'un ouvrage conscient dû à la volonté humaine ? Répondre par l'affirmative reviendrait à dire que nos ancêtres s'adonnèrent à un incroyable travail de topographie, pour la réussite duquel plusieurs exigences doivent être réunies. Or, certaines des données fondamentales de pareil ouvrage procurent déjà une partie de la réponse.

Les tracés qui nous prouvent que le sol alpin est une véritable projection de la carte céleste, ainsi que nous le verrons plus loin, nécessiteraient, pour être matérialisés volontairement, que l'on fût en possession d'une carte aérienne du relief, puis de tout un matériel de visée fort sophistiqué nécessaire au traitement des informations. Et encore, cela ne suffirait pas, puisqu'une vue aérienne des Alpes ne permet pas de déceler avec certitude chaque pic : il faudrait, pour ce faire, une « carte tridimensionnelle » qui nous puisse donner tous les éléments indispensables à l'établissement du schéma terrestre recherché.

Ici un choix s'impose, quant au mode d'investigation adopté par les habitants du massif alpin, puisque deux voies contradictoires s'offrent à l'analyse. La première, qui ferait état d'une préméditation, aboutit à l'intellectualisme pur et place donc l'homme hors du relief sur lequel il jette un regard inquisiteur afin de construire, par le raisonnement, un ensemble de toponymes destinés à traduire un certain savoir dans le domaine des arcanes divins, qu'il décide de fixer positivement sur le sol qui s'y prête tout particulièrement : possédant la carte, il délimite le tracé *après* en avoir choisi les points, ce qui est absurde et ne concorde nullement avec les données scientifiques, historiques ou philosophiques que nous possédons.

Mais on peut supposer, et cela est beaucoup plus logique, que nos lointains devanciers établirent cette géographie sacrée, ainsi que la toponymie, sous le coup d'une transcendante inspiration.

Lentement, au fil de l'évolution terrestre, la Nature élabore, en un premier temps, le sol sur lequel viendront évoluer les différentes espèces et, en dernier lieu, l'homme. Elle en fait un paradigme du Cosmos, en accord avec l'affirmation de la « Table d'Émeraude » selon laquelle « ce qui est en haut » — le macrocosme — est semblable à « ce qui est en bas » — le microcosme.

Puisqu'il y a une identité d'archétypes entre le ciel et la terre, on peut dès à présent mieux comprendre l'idée ancienne qui voulait que notre planète fût au centre de l'Univers visible, tel un omphalos cosmique, point de matérialisation de toutes les Idées divines. Ce n'est évidemment pas la seule raison qui engendra le géocentrisme, puisque celui-ci se basait, on le sait, sur la théorie des « sphères célestes ».

Les aspects sacrés du sol alpin

On ne peut dignement pénétrer l'originalité profonde d'une ethnie si l'on ne considère pas, auparavant, les aspects sacrés de la région sur laquelle elle s'épanouit. En effet, si l'Histoire est un grand tout organique où se remarquent surtout les agitations sociales et politiques, d'autres données président à ces remous, qu'il faut découvrir dans les profondeurs des aspirations humaines et qui ne sont pas sans avoir un rôle prépondérant sur les aspects visibles du courant historique.

Il convient de savoir dès l'abord, pour le sujet présent, que la *montagne* tint une grande place dans les religions anciennes et que plus près de nous, le christianisme lui-même prolongea ce thème, puisque de la grotte de Bethléem au Calvaire, en passant par le mont des Oliviers, la vie du Christ s'articule, pour ses phases fondamentales, autour de lui. Or les Alpes sont une terre de montagnes par excellence, auprès desquelles les monts de Judée font figure de simples collines. Aussi bien les premiers habitants de ces lieux, ainsi que leurs descendants, connaissaient-ils parfaitement la valeur sacrée des pics, notion dont on a perdu de nos jours les plus élémentaires données.

Cependant, « de par son caractère massif d'éminence dominant la terre d'alentour, le dépaysement qu'on éprouve à s'y aventurer, la quasi-impossibilité d'y subsister longtemps, l'enveloppement des nuées, le déchaînement fréquent de la foudre, tout concourt à faire de la montagne un véritable autre monde : ces *montagnes éternelles,* ces *collines saintes* dont parle souvent la Bible, c'est l'endroit où la terre, comme un géant, se dresse, se soulève, s'étire à la rencontre du ciel [3] ».

De la montagne au temple

Parce que la montagne est le haut lieu par excellence, le point où s'interpénètrent la terre et le ciel, et se manifeste de façon privilégiée la divinité, elle fut très tôt assimilée au « centre du monde », puis au temple. Celui-ci fut un *espace sacré* avant que d'être un édifice, et les sacrifices avaient donc toujours lieu sur les cimes, points de communication avec le divin et, partant, axes de la Création où pouvait se matérialiser la réunion des univers visible et invisible.

Si l'on sait, par exemple, que le mont Thabor a reçu son nom du *Tabur,* dont la signification est le *nombril,* on comprendra mieux la valeur des précédents propos. Dans l'abondance des hauts sommets alpins, quelques-uns seulement revêtirent cet aspect sacré d'omphalos, alors que les autres, de moindre importance, n'eurent aucune fonction symbolique. La toponymie permettra aisément, à tout un chacun, de découvrir ces « temples naturels », dont nous allons examiner, tout au long des pages suivantes, les cas les plus significatifs.

Si toutes les églises chrétiennes furent bâties préférentiellement sur des lieux élevés, lorsque le profil du terrain s'y prêtait, ce fut en vertu de ce concept archaïque. Lorsque la platitude du terrain n'offrait point pareille possibilité, les peuplades antiques élevaient des montagnes artificielles ; et des pyramides égyptiennes aux ziggourats mésopotamiennes, nous assistons à la matérialisation de véritables temples-montagnes. Le tumulus, déjà, ne semble pas devoir être autre chose qu'une colline sacrée artificielle, et cette notion de « lieu élevé », c'est-à-dire plus exactement cette recherche d'un lieu privilégié et détaché du monde où l'oblation peut se réaliser, a indubitablement hanté tous les peuples d'Orient et d'Occident, pour ne point dire l'humanité dans son intégralité.

On conviendra donc aisément que les Alpes sont, dans cette optique, un terroir indéniablement privilégié, où les montagnes sacrées s'offrent en abondance.

Parce qu'elles étaient considérées comme des échelles ascen-

---

3. G. de CHAMPEAUX et dom S. STERCKX, *Introduction au monde des symboles,* p. 165.

sionnelles permettant à l'homme d'accéder au paradis, on trouvera, à leur opposé, le *désert,* assimilé à une porte s'ouvrant sur l'enfer ou, à tout le moins, au lieu privilégié de toute tentation.

De cela aussi rendent compte les Évangiles, tout comme la plupart des textes sacrés. Mais il n'est pas rare que les « esprits familiers » des Anciens, qui évoluaient dans le massif alpin, soient devenus, au fil des années, des êtres maléfiques. On est en effet passé parfois de la conception de « daïmon », ou esprit de la nature, à celle de Démon chrétien, et tel lutin qui hantait un vallon devint tout bonnement le Diable.

Pour cela, on trouve tout de même, dans le légendaire des Alpes, Lucifer et d'autres personnages ténébreux, s'escrimant dans des contrées maudites et peu recommandables. Cependant, il faut être persuadé que c'est là une version relativement moderne d'un ensemble de croyances qui ont été perverties par l'imagination humaine et les apports successifs des différents conteurs puisque, aussi loin que l'on remonte dans l'Histoire, la montagne fut toujours considérée comme un lieu sacré, quand bien même elle aurait abrité d'occultes puissances.

La conception de la cathédrale gothique, avec ses tours et sa flèche, relève de cette même nécessité de provoquer un élan vertical pour le fidèle, et d'établir un point de rencontre entre le ciel et la terre, dans l'harmonie parfaite des proportions de l'édifice. On peut donc considérer que les peuplades alpines évoluèrent, dès leurs origines, dans l'un des plus vastes espaces sacrés que nous offre la terre, et qui devait à leurs yeux avoir un caractère d'autant plus transcendant que la Nature elle-même l'avait délimité [4].

Que l'on songe enfin à cet omphalos par excellence qu'est l'Himalaya, qui correspond parfaitement à l'archétype évoqué précédemment, et l'on aura compris que les Alpes demeurent aujourd'hui encore un haut lieu de la spiritualité occidentale, dont les gardiens sont les Chartreux, établis au cœur du verdoyant massif d'où ils tirent leur nom.

L'horloge cosmique dauphinoise

Il semblerait que, dans les religions anciennes qui se développèrent tant en Europe qu'en Orient ou en Amérique latine et en

---

4. Cette conception de « montagne sacrée » s'applique aussi aux Andes.

Égypte, l'étude des astres et la connaissance des cycles astronomiques tinrent une place prépondérante.

Et ce fut en vertu de certaines données précises, conjointes à une féconde inspiration, que les lieux où les cités et les demeures devaient s'élever furent choisis.

Or, la découverte extraordinaire de Jacques Bourlanges prend ici toute sa valeur, qu'il convient d'évoquer une fois encore, tant elle revêt une importance capitale pour l'aspect sacré du massif alpin. Après avoir tracé sur le sol du sud de la France, avec beaucoup d'exactitude, deux quadrilatères correspondant, tels des homothéties, à la Grande et à la Petite Ourse, l'auteur de *Le Ciel est sur la terre* fut surpris par les résultats que donnaient ses investigations. Pour obtenir les premières constellations, il avait relié, en toute logique, sur une carte d'état-major, tous les lieux comportant le mot « étoile ».

« De plus, quelle ne fut pas notre stupéfaction, affirme-t-il dans son ouvrage, de voir qu'à partir du plus grand de ces quadrilatères, en traçant sur le sol de Provence le Timon prolongeant le Chariot de la Grande Ourse, l'extrémité se trouvait placée exactement sur le pic de l'Ours dans le massif de l'Estérel [5]. »

Poussant plus loin encore son inquisition, Jacques Bourlanges constata qu'« à partir de la Grande Ourse et de la Petite Ourse, situées précédemment, si nous reportons la carte du ciel à l'échelle voulue, nous voyons que Véga de la Lyre se place au pic de la Belle-Étoile près d'Albertville, face au sommet du Grand Arc situé sur l'autre côté de l'Isère non loin du point où celle-ci reçoit la rivière l'Arc. Ainsi se retrouvent côte à côte sur la terre la " Lyre " et l' " Arc " que les antiques légendes ont bien souvent chantés et évoqués l'un par l'autre.

« Quant à l'étoile " Alpha du Dragon ", elle se situe au village de Moustiers-Sainte-Marie... Capitale de la belle faïence, siège de l'Académie provençale de la Belle-Étoile, Moustiers-Sainte-Marie se trouve dans un site étonnant, dominé par l'étoile dorée, qu'en conséquence d'un vœu à Notre-Dame-de-Beauvoir, un baron de Blacas fit suspendre, entre deux falaises, par une chaîne de deux cent vingt mètres [6]. »

Mais c'est la suite de l'exposé qui se révèle fondamental eu égard aux particularités profondes des toponymes alpins. Car, continuant de tracer patiemment et simplement sur sa carte les diverses cons-

---

5. J. BOURLANGES, *Le Ciel est sur la terre*, p. 11.
6. *Ibid.*, p. 15.

tellations, Jacques Bourlanges, en arriva à cette conclusion stupéfiante :

« C'est ainsi qu'il nous a été possible de tracer, sur la terre, le cercle des pôles célestes successifs. Ce cercle passe par Avignon et par la Belle-Étoile de la vallée d'Aigues. Il passe aussi par une " Belle-Étoile " qui ne serait autre que Déneb, étoile Alpha de la constellation du Cygne [7]. »

Certes, le ciel est bien sur la terre mais, qu'il puisse se trouver matérialisé dans les Alpes une homothétie de l'horloge zodiacale réglant la précession des équinoxes, voilà bien de quoi ébranler les esprits les mieux affermis ! Et, cependant, tout cela est d'une rigoureuse exactitude ; toutes choses que l'on peut, répétons-le, aisément vérifier.

Le centre de ce cercle précessionnel qui reproduit le déplacement de l'axe terrestre tel qu'il est décrit dans l'espace, doit représenter, en toute logique, le « pôle de l'écliptique », point fixe d'a-temporalité et donc « ombilic » de cette horloge terrestre. Ce haut lieu n'est autre que la matérialisation de la « Montagne polaire », autour de laquelle se déroulent les cycles indéfinis du temps. Or, chose extraordinaire, au centre du cercle obtenu par le tracé de Jacques Bourlanges, se trouve bien une montagne !

Mais ce n'est point n'importe quelle montagne. Une première et rapide analyse permet de situer l'omphalos recherché dans la région de Grenoble, légèrement au sud. Et le pivot de cette horloge n'est autre que le mont Aiguille, immense mégalithe naturel que les anciens appelaient le Mont Inaccessible. Il se détache des autres sommets du massif du Vercors pour venir se découper dans le ciel et dresser sa majestueuse silhouette avec une évidence telle que nul ne peut manquer de l'apercevoir lorsqu'il se dirige vers le col de Lus-la-Croix-Haute par la route nationale. Mais le spectacle est plus impressionnant encore lorsque, prenant du recul, on le découvre se dressant tout au fond du paysage dès que l'on a dépassé le village de Monteynard et que l'on fait une halte au lieu dit le Mollard. Là, au premier plan, se déroule l'étendue de la retenue artificielle du barrage de Saint-Georges-de-Commiers, alors que la bande rougeâtre du Vercors se découpe au-dessus de la masse émeraude des forêts.

Oui, assurément, cette colonne rocheuse qui culmine à 2 097 mètres nous prouve bien, par sa présence au centre de cet inattendu cercle précessionnel terrestre, que les Alpes sont une région singu-

---

7. *Ibid.*, p. 15.

lière, d'où l'originalité n'est point absente. Gageons que son histoire, qui révélera les particularités attachantes d'un peuple méconnu, sera à l'image de ce terroir qui semble bien avoir été conçu pour que le mystère s'y complaise, au fil des siècles.

La Montagne polaire

Nous l'avons dit précédemment : la montagne fut, indéniablement, l'archétype du temple.

Or, il ne faut pas oublier que Dieu se révèle d'abord à l'homme dans la nature.

Selon saint Augustin : « C'est d'abord par les sens du corps que l'esprit de l'homme connaît les choses et en acquiert la notion, dans la mesure de la faiblesse humaine ; ce n'est qu'ensuite qu'il en recherche les causes, s'il peut par quelque moyen arriver jusqu'à elles. Car elles demeurent principalement et d'une manière immuable dans le Verbe de Dieu. Voilà comment, par des choses créées, il arrive à comprendre et à voir ce qu'il y a d'invisible en Dieu [8]. »

Aussi bien ces immenses aiguilles rocheuses, qui se détachent de l'ensemble du massif alpin, répondirent-elles à un symbolisme très particulier, celui de la « Montagne polaire ». Le mont Aiguille, pour sa part, est très exactement le pôle d'une « horloge » singulière, mais d'autres sommets, par leur aspect caractéristique, entrent dans cette catégorie. Le Cervin, par exemple, ne laissa point d'intimider les peuplades anciennes, puisque sa forme pyramidale en fait un omphalos parfait. Sans doute ne sera-t-il point superflu de le rappeler une fois encore :

« La montagne est le haut lieu de l'humanité. Les littératures religieuses en célèbrent l'excellence. Son sommet est le point où la divinité descend et rencontre l'homme qui monte vers elle. Aux Indes, on a coutume de dire que les dieux ne descendent jamais plus bas que les cimes des montagnes et qu'il faut y grimper pour les rencontrer. C'est le symbole de la ré-union : le premier et le plus sacré des sanctuaires, l'archétype de tous les temples [9]. »

La montagne, donc, est le lieu privilégié où se noue l'alliance avec Dieu ; ce qui est merveilleusement confirmé par l'épisode

---

8. G. de CHAMPEAUX et dom S. STERCKX, *Le Monde des symboles, De Genesis ad litteram*, ch. 32.
9. *Ibid.*, p. 165.

biblique du Sinaï : c'est Moïse qui monte vers le sommet afin d'y rencontrer Yahvé. Et déjà peut-on entrevoir ici le sens symbolique et sacré de l'alpinisme, qu'il nous sera loisible de développer plus loin. Cette ascension vers la transcendance, d'autres que Moïse l'accompliront. Élie, à l'issue d'un voyage de quarante jours dans le désert, gravit l'Horeb et rencontra l'ineffable. L'Alliance, donc, qui éclaire l'Ancien Testament, a fait une place de choix à la montagne sacrée. Elle est devenue le centre de la manifestation divine et le lieu privilégié par excellence. Or le Nouveau Testament, qui prolonge logiquement l'Ancien, ne faillit point à cette règle et à ce symbolisme.

Aussi bien, nous l'avons dit, les phases essentielles de la mission de Jésus se déroulent-elles sur le mont des Béatitudes, le Calvaire et le mont des Oliviers, sans oublier aussi la montagne sur laquelle il entraîna ses plus proches disciples lors de la Transfiguration. Ne sont-ce point là des preuves que la « montagne sacrée » est une échelle symbolique qui relie la terre au ciel ?

La colonne sacrée

L'étoile Polaire a toujours été considérée comme la clef de voûte de l'univers manifesté, le point autour duquel s'organise l'espace, et qui est en relation avec la terre par *l'axe du monde*. Mais il ne s'arrête point au sol terrestre : au-dessous s'étend le royaume des morts, le Shéol. Ce qui suit permettra de mieux comprendre l'importance des « pierres levées » nombreuses que l'on trouve dans les Alpes, et que le folklore a entourées de légendes singulières. Nous en citerons quelques-unes, plus loin, parmi les plus connues tant en Savoie qu'en Dauphiné.

Leur symbolisme est identique à celui de la montagne, et pour cette raison nous avons cru bon de les présenter au lecteur. Mieux encore que les sommets alpins elles témoignent de cette nécessité, pour les peuples archaïques, de relier le ciel à la terre, car ici ce n'est plus la nature qui façonne le « temple-omphalos », mais l'homme lui-même. Tous ces menhirs et dolmens témoignent de la volonté farouche, pour nos ancêtres, de préparer aux forces supérieures une échelle par laquelle elles descendraient et sacraliseraient le sol.

Cette même échelle, Jacob la vit en songe, « plantée en terre et (...) son sommet atteignait le ciel et des anges de Dieu y montaient et descendaient ! »

En ce même chapitre 28 de la Genèse, la signification des « pierres levées » nous est révélée.

« Levé de bon matin, il (Jacob) prit la pierre qui lui avait servi de chevet, et la dressa comme une stèle et répandit de l'huile sur son sommet. A ce lieu, il donna le nom de Béthel. »

Ici la pierre devient autel. Donc, si les cirques montagneux et les hauts sommets peuvent être considérés comme des temples, les pierres que les hommes dressèrent en des lieux parfois difficiles d'accès peuvent également être considérées comme des autels.

Pour les Anciens, l'univers est un ensemble cohérent, et le microcosme reproduit le vaste macrocosme. Tout étant lié, la montagne ne peut que se trouver sous l'étoile Polaire et s'élever au centre de l'univers.

Dès lors, on considérait que la voûte céleste s'appuyait sur la montagne centrale et tournait, lentement, autour de ce gigantesque pivot. Dans le prolongement de ce pilier sacré, se trouve l'*axe du monde,* qui relie le centre de la terre au centre du ciel, marqué par l'étoile Polaire.

Pour cette raison, on peut considérer que l'axe du monde, l'échelle cosmique et l'arbre paradisiaque — dont la croix du Calvaire est la réplique — sont un seul et même symbole.

On ne saurait mieux résumer les multiples significations qui font de la montagne un site sacré par excellence. Dans ses temples naturels, nous l'avons dit, des autels furent dressés, dont la tradition a gardé le souvenir que la fantaisie humaine a déformé au fil du temps, les détournant parfois totalement de leur sens premier et véritable.

Ainsi donc, puisque le temple et la montagne sont symboliquement identiques, nous pouvons en déduire que les Alpes connurent une étrange activité. De ce mystère lié au terroir et à sa conformation, on doit trouver la trace dans les témoignages que nous a légués l'Histoire au travers du patrimoine légendaire.

Les divinités singulières ou, plus simplement, les créatures mythiques ont dû hanter l'imagination des peuplades alpines qui leur ont rendu parfois un culte fervent. Les pages qui vont suivre nous permettront de découvrir certaines de ces manifestations particulières, que nous examinerons çà et là au fil d'une incursion qui pourrait peut-être paraître décousue, si le lien entre les différentes parties n'était, justement, cet aspect sacré des légendes et mythes évoqués.

Les lieux hantés et les pérégrinations du géant Gargantua par exemple, ne sont, en fait, que le souvenir gravé dans la pierre ou entretenu par les traditions locales, de ce respect que les hommes ressentirent toujours de tout temps en ces lieux où la terre et le ciel se rencontrent. Mais ce n'est point l'osmose douce et sans heurts qu'évoque, par ailleurs, le paysage marin. Ici ciel et terre ne se confondent point dans l'uniformité harmonieuse d'une union paisible. Car la terre se dresse de toutes ses forces vers le firmament qu'elle semble vouloir agripper et retenir. Et cet effort titanesque est plus impressionnant encore puisqu'il est pétrifié et comme arrêté dans sa course.

Mais que survienne un orage, que les nuages courent soudain et se déchirent sur les sommets acérés ; que l'éclair anime le paysage et que le tonnerre fasse hurler les vallées, et toutes les forces vives de la nature alpine s'animent soudain, répétant le drame grandiose qui se joue depuis les origines des temps.

De la Savoie au Dauphiné, nous allons donc rencontrer des lieux de culte archaïques, ainsi que les témoignages, selon le folklore, de l'activité des titans nombreux. Les pages qui vont suivre sont donc les pièces éparses d'un puzzle géant, celui de l'identité et de l'originalité de l'esprit alpin.

2.

Pierres et montagnes légendaires dans le Dauphiné et la Savoie

Ce ne furent point seulement les montagnes et les cols alpins qui se trouvèrent nantis d'un caractère sacré et légendaire, mais aussi des blocs de pierre de moindre importance qui, pour des raisons diverses, obtinrent ce privilège. Il en est ainsi de la *pierre-frite de Décines-Charpieu,* qui se dresse près du hameau de Coupe-Gorge, au nom évocateur, situé non loin de Vaux-en-Velin, dans l'Isère.

Ce bloc de granit de modestes dimensions — 4 mètres de longueur sur 1,30 de largeur et 89 centimètres d'épaisseur — passe pour avoir été jeté là par le bon géant Gargantua qui, dit-on, jouait un jour au palet au sommet du mont Ceindre. D'autres prétendent que cette pierre percée de cinq trous, qui ne seraient pas moins que les empreintes des doigts du géant, lui servit de but alors qu'un autre bloc, tout proche, fut utilisé comme palet.

Moras et son menhir

Le menhir de Moras n'est pas sans rappeler la mésaventure dont fut l'objet, dans la Bible, la femme de Loth. En effet, la légende affirme qu'une femme qui habitait la ville de Moras eut connaissance du décret divin selon lequel la cité, aujourd'hui disparue, devait être détruite. Ayant bénéficié d'une grâce particulière, et faisant serment de ne pas essayer de savoir comment la catastrophe se produirait, elle alla chercher son fils qui se trouvait dans les murs de la ville. Hélas ! sa curiosité l'emporta et, pendant sa fuite, elle se retourna. Mal lui en prit car elle fut incontinent changée en pierre dressée, que l'on nomme, près de Vénérieux, Pierre-Femme.

L'hypothèse est séduisante, selon laquelle ce menhir se trouverait à l'emplacement d'un ancien lieu de culte consacré à une déesse de la Fécondité, puisque le cas n'est pas rare qu'un symbole phallique soit rattaché aux pierres levées. Selon certains chercheurs, de là proviendrait le nom de la localité, puisqu'il est aisé de passer de *Vénus, Veneris*, à Vénérieux.

Les Dames de la Roche et la Chaise de la Vierge

Sur le chemin qui va du Mas-de-la-Roche aux ruines de La Roche-Commiers, dans le canton d'Allevard, le voyageur peut découvrir trois blocs singuliers, de petites dimensions, puisqu'ils ne dépassent point la taille d'un homme moyen et sembleraient même être plus petits.

Ce sont les Dames de la Roche, qui eussent pu être oubliées si une merveilleuse légende ne les avait tirées de l'anonymat. Nous sommes en présence, une fois encore, d'une mythique pétrification, dont furent l'objet les trois filles du sire de Commiers qui, ayant précipitamment quitté leur mari le jour de leurs noces, furent changées en pierres par un chevalier éblouissant de lumière. La métamorphose se déroula sous les yeux ébahis des maris, dont on dit qu'ils avaient déjà subi, avant leur mariage, maintes épreuves.

De fait, ces trois rochers qui se dressent près de Saint-Pierre-d'Allevard ne sont pas sans évoquer, par le renflement de leur partie supérieure, une silhouette vaguement humaine.

Quittant Saint-Pierre pour Le Collet, le promeneur peut découvrir la Chaise de la Vierge. Il s'agit en fait de roches que la nature facétieuse a taillées en sièges. C'est non loin de là que l'évêque Isarn aurait remporté une grande victoire sur les Sarrasins, en un lieu baptisé le Grand Charnier. Van Gennep propose une autre explication, puisqu'il rapproche « charnier » de carn, tsarn, cairn, carnero, signifiant « tas de pierres », ou encore de corn, cornier, cornet, « pointe de montagne ».

Pierre Mate et Pierre Notre-Dame

Le passage des traditions païennes aux coutumes chrétiennes est parfaitement illustré par la Pierre Mate de Merlas, près de Miribel-les-Échelles. Il s'agit en effet d'un dolmen qui ne dut pas être étranger à la religion druidique et à ses célébrations. Il fut transformé en oratoire, puisqu'une statuette de la Vierge Marie fut par la suite posée dans une niche.

Ce lieu, sans être l'objet de pèlerinages particuliers, passait néanmoins pour attirer les jeunes gens et jeunes filles de la région qui désiraient se marier. Une source qui coulait non loin de là avait la vertu miraculeuse de permettre d'exaucer les vœux des filles qui buvaient son eau : grâce à elle, elles étaient assurées de se marier dans l'année.

Sans doute est-il bon de remarquer ici l'association de la pierre levée et de la source, indiquant sans risque d'erreur possible qu'il s'agit bien d'un très ancien lieu de culte. Non moins remarquable est l'adjonction de la statue de la Vierge, dont on sait qu'elle est fréquemment accompagnée, sur ses lieux de dévotion, par une source miraculeuse.

L'association d'une pierre et de la Vierge se rencontre à nouveau à Merlas où se trouve la Pierre Notre-Dame, bloc que Marie elle-même aurait transporté d'un côté à l'autre du vallon. Elle aurait laissé, dit-on, l'empreinte de son pied sur la face supérieure du rocher brisé, lorsqu'elle descendit du ciel.

Les Trois-Pucelles

Beaucoup plus impressionnantes sont les Trois-Pucelles que l'on aperçoit distinctement au pied du Moucherotte, et par conséquent non loin du village de Saint-Nizier, là où le tremplin de saut fut installé pour les Jeux olympiques d'hiver de 1968, dont Grenoble fut la capitale.

Il s'agit de trois pics distincts, qui surgissent de la forêt, et donnent au paysage une touche de profonde originalité esthétique. Ils furent même illuminés à grands frais, au temps où la crise de l'énergie ne se faisait point encore sentir, et tous les habitants de Grenoble pouvaient jouir du spectacle grandiose.

La légende nous apprend qu'il s'agit de trois jeunes filles que poursuivirent un jour des mécréants, dans un but peu avouable. Saint-Nizier les changea en bloc afin qu'elles échappent à leurs poursuivants, et depuis elles se dressent, immobiles, au-dessus du village de Pariset, qui recèle une autre singularité, la Tour-sans-Venin, l'une des sept merveilles dauphinoises.

Henri Dontenville, pour sa part, affirme qu'avant d'avoir été les Trois-Pucelles ces aiguilles de pierre « ont été " dents de Gargantua ", objet, sous ce titre, d'une estampe de la fin du XVIIIe siècle.

(...) Elles n'étaient encore connues au milieu du XIXe siècle que sous ce nom ou celui de " roche de prou pena " (de beaucoup de peine) ».

Ainsi donc la légende populaire a-t-elle subi quelques transformations au fil des ans, allant jusqu'à perdre totalement ses caractéristiques originelles.

Le mythe de l'Arche

Il est très singulier de retrouver, dans l'ancienne Savoie, des récits faisant état de l'Arche de Noé, dont on veut qu'elle ait été fixée à certains rochers. C'est ainsi que l'on prétend que les trous, découverts sur les rochers de Montmin, près de Faverges, ainsi que sur la montagne de Culoz, sur la rive droite du Rhône, auraient été utilisés pour la fixation d'anneaux de fer auxquels l'Arche fut attachée lors du déluge. Parce que l'anneau de Culoz, dont on a aujourd'hui perdu la trace, aurait été fiché très haut au-dessus du niveau du Rhône, on croît qu'il aurait servi à ce même usage, et partant on le nommait dans le pays « anneau du déluge ».

Les recherches de Van Gennep lui ont en outre permis de découvrir que pareils anneaux, accompagnés de la même légende, se trouvent sur les principales montagnes de Haute-Savoie. Évidemment, puisque leur présence fut attestée par des témoins oculaires dignes de foi, bien qu'on ne puisse plus aujourd'hui les localiser, perdus qu'ils doivent être sous la végétation, on peut se demander qu'elle en était la primitive fonction. S'il paraît peu probable, voire impossible, que l'Arche biblique y fut un jour accrochée, il n'est pas invraisemblable que d'*autres bateaux* le furent, puisque la légende est unanime dans l'évocation d'embarcations. Voilà qui ouvre de singuliers horizons sur les peuplements successifs des Alpes et l'aspect du territoire à des époques lointaines.

Cela semblerait concorder, en tout cas, avec la récente découverte faite sur le plateau du Vercors où, à quelque mille mètres d'altitude, des chercheurs opiniâtres ont mis au jour une quantité très importante d'animaux *marins* fossilisés.

Cela signifie-t-il qu'en des temps très reculés la navigation avait lieu en des zones réservées aujourd'hui aux troupeaux alpins ? Pour singulière qu'elle soit, l'interrogation ne laisse de se montrer logique eu égard aux rapides constatations auxquelles se trouve conduit le chercheur.

L'omphalos d'Amency

Un singulier dolmen qui reposait sur quatre pieds pouvait encore être examiné sur le sol savoyard durant la première moitié du XIXe siècle, puisqu'il fut renversé en 1849, et qu'on en trouve la trace sur le cadastre de 1730.

La singularité ne réside point dans la facture de ce mégalithe, mais dans la légende qui s'y rattache.

Il s'agit de la *Pierre du milieu du monde,* dont l'appellation nous révèle qu'elle était la matérialisation d'un « axe » sacré que les Anciens avaient situé en ces lieux. Les archéologues et historiens n'ont pas toujours très bien compris ce qu'étaient réellement ces « omphalos », comme l'attestent les dires de Charles Marteaux, cité par Van Gennep.

« A Troinex (Suisse, canton de Genève) près de Collonges et en face de Bossey (Haute-Savoie) au mas de Pira Grand un menhir beaucoup plus élevé était désigné de la même façon. A dire vrai, aucun des deux menhirs n'occupait une position vraiment centrale... Quelle peut être cependant l'origine de cette singulière dénomination ? »

Le choix du lieu où l'on élevait un omphalos, ou « nombril du monde », n'était pas toujours lié à la configuration du terrain, mais aux vertus telluriques de celui-ci. Il fallait en effet que l'on fût convaincu qu'en cet endroit précis le ciel rencontrait la terre et que les cultes pratiqués bénéficiaient donc d'un maximum d'efficacité. La radiesthésie devait sans doute jouer un rôle prépondérant dans le choix du haut-lieu, comme elle semble l'avoir joué aussi, parfois, au Moyen Age. Le prêtre antique était aussi sourcier, chercheur de sources, et en particularité de sources sacrées, et il n'est pas interdit d'y découvrir l'origine du mot « sorcier », qui ne serait en fait qu'une dégradation du premier.

Ainsi donc la pierre d'Amency n'était autre qu'un omphalos que les premiers Celtes respectèrent, ainsi que les Allobroges, et qui devait succomber sous les coups de la barbarie moderne pour laquelle ces lieux antiques de culte s'étaient vidés de leur sens sacré.

Présence des fées

Les fées semblent avoir hanté les Alpes, sur toute leur étendue. On les retrouve à Saint-Gervais, grâce à la « Cheminée-aux-Fées ».

A Sixt on voit encore, selon la croyance populaire, leur lit en pierre et leur évier. A Lovagny, dans les gorges du Fier, se trouve la *Pierre-aux-fées,* bloc colossal posé sur trois petites pierres. La légende veut que douze de ces personnages mythiques aient habité le torrent, que les villageois associent à des récits extraordinaires où priment le merveilleux et la barbarie.

La commune de Graffy, en Haute-Savoie, possède également sa Pierre-aux-fées, dont on dit qu'elle a été transportée là par des fées filant leur quenouille.

Elles auraient du reste leurs tombeaux près de Moutiers, dans la Tarentaise, et chaque village de cette vallée passait pour être placé sous la protection de ces invisibles personnes, qui se livraient une âpre bataille. La tradition prétend que les tertres que l'on découvre aux croisements des sentiers ne seraient autres que leurs lieux de sépulture.

Sont-ce les fées qui sont responsables des curieuses cupules de la *Roche-aux-pieds*, située dans la commune de Lans-le-Villard, à trois mille mètres d'altitude ? La légende ne le dit pas, mais ce curieux bloc schisteux et lustré, de soixante-dix mètres cubes environ, ne laisse pas d'intriguer les chercheurs.

En effet, les cupules sont groupées par paire et offrent très exactement la forme d'une empreinte de pied humain. Elles sont généralement accompagnées d'une troisième excavation située entre les deux autres. Les pieds ainsi représentés sont de tailles diverses, bien que les plus grands ne dépassent pas 23 centimètres de longueur. Selon certains folkloristes, on serait là en présence d'un autel qui matérialise également un lieu de pèlerinage dont l'origine se perd dans la nuit des temps. Sans doute y adorait-on une divinité particulière en rapport avec les curieuses représentations. Il est extraordinaire de découvrir un lieu de culte à pareille altitude, si l'on songe qu'il ne fut jamais accessible plus de quelques semaines dans l'année, puisque ce domaine est celui de la neige et de la glace.

Combien de particularités se peuvent découvrir encore dans les Alpes, qui en dégagent le caractère magique ! Il n'aura pas été superflu de sentir vibrer l'esprit des anciennes croyances, dispersées très largement, avant que d'aborder ceux des personnages mythiques qui appartiennent à la mythologie française et qui hantèrent, tout particulièrement, le massif alpin dès l'aube de l'Histoire.

Avant que les hommes ne s'emparent de leur destinée, dieux, demi-dieux, géants et déesses évoluaient dans les imaginations des peuplades qui habitaient les basses terres et les hautes vallées.

3.

Gargantua dans les Alpes

Il y avait longtemps déjà que le bon géant Gargantua avait pris place dans la tradition légendaire lorsque maître Alcofribas Nazier, entendons par là François Rabelais, entreprit d'en retracer les exploits d'une manière toute personnelle.

Selon l'étude brillamment menée par Henri Dontenville et consignée dans son ouvrage fondamental [1], ce n'est en effet pas à Rabelais seul que l'on doit d'avoir mis en lumière ce personnage prépondérant de notre patrimoine légendaire. Se basant sur une phrase de Rabelais, il entreprit de démontrer ce que celle-ci recelait de vérité historique.

« Vous avez naguère vu, lu et su les grandes et inestimables [...] je, votre humble esclave [...], vous offre de présent un autre livre de même billon... »

Voici donc la conclusion de M. Dontenville à ce sujet :

« Quel lecteur de Maître François n'a en sa mémoire ces phrases ? Mais lequel s'est demandé pourquoi le texte portait : " de même billon " plutôt que : " de même façon, manière, métal, acabit, farine " ? C'est tout bonnement et simplement parce que le confrère et devancier qui a si bien vendu sa chronique, et par là stimulé Rabelais à continuer sur le même ton, s'appelle Billon [2]. »

Après avoir rendu hommage, donc, à Billon d'Issoudun, rédacteur premier des *Grandes Chroniques*, l'auteur des *Dits et récits de mythologie française* entreprend d'en retrouver les lointaines origines.

Selon les *Chroniques gauloises*, texte du XIIe siècle, le roi légendaire *Belinus* aurait été le père de *Gurgunt, Gurguntius* ou *Gurgiunt*.

---

1. Henri DONTENVILLE, *Les Dits et Récits de mythologie française.*
2. *Ibid.*, p. 63.

Déjà transparaît, derrière Bélinus, le dieu solaire celte *Belenos*, ainsi que le légendaire prince *Belin*. Le caractère solaire du géant est renforcé encore si on le rapproche de saint Christophe, qui porta le Christ enfant selon la *Légende dorée* et qui est donc le géant *christophore,* tout autant que *chrysophore*, puisque le jeu de mots est ici licite, autorisé par la personnalité même du « Soleil de Justice », ainsi que Jésus est nommé dans les Évangiles.

Les innombrables pérégrinations de Gargantua n'ont pas manqué de laisser leur trace dans les toponymes des diverses provinces françaises, et les Alpes furent également honorées de sa présence. Il sera aisé de le suivre dans ses voyages mythiques, mais retenons dès à présent que « sous ce nom raboteux et accidentel se sont assemblés la plupart des souvenirs populaires de ce qui fut, pour le commun, la religion gauloise [3]. »

Cependant, la paternité littéraire de ces faits et gestes ne revient pas à Charles Billon, mais à François de Tours, évêque de Paris en 1519, qui se fit voler ses manuscrits alors qu'il était incarcéré, ainsi que Billon, dans les murs de Vincennes.

Du souvenir populaire à la gloire littéraire, Gargantua suivit donc des chemins tortueux qui le menèrent enfin sous la plume géniale de François Rabelais.

Gargantua dans le massif de la Chartreuse

Passant dans l'actuel département de l'Isère, nous avons vu le géant s'exercer au palet du haut du mont Ceindre, et lancer un dolmen marqué de cinq trous entre Décines et Vaux-en-Velin, aux limites du département du Rhône. Cette pierre passait pour rendre fécondes les femmes stériles qui s'accroupissaient sur elle.

Buvant l'eau du Rhône entre Brangues et Groslée, avalant force bateaux, Gargantua laissa ensuite sa trace dans le massif de la Chartreuse, où il fit une halte afin de satisfaire à un besoin naturel. Posant ses pieds sur deux sommets voisins, il matérialisa ainsi l'aiguille de Caix, alors que son urine donnait naissance au torrent de la Vence. Cet « étron » de Gargantua est nettement visible lorsqu'on aborde la ville de Grenoble par la cluse du même nom, puisqu'il se détache très nettement de la masse montagneuse boisée. L'effet est plus saisissant encore lorsque l'on gravit les pentes qui mènent au

---

3. Henri DONTENVILLE, *Histoire et géographie mythiques de la France*, p. 228.

col de Porte par la route de Clémencières, pittoresque et agréable.

On sait que Gargantua jouissait d'un appétit à la mesure de sa taille, et si « gargantuice » ou « gargantoice » était utilisé au XIVe siècle pour dénoncer le péché de gourmandise, on peut penser qu'un excès dans ce domaine fut funeste à la dentition de notre « ogre ». Pour cela, peut-être fut-il contraint de s'extraire lui-même une molaire qui devint, toujours dans le massif de la Chartreuse, le pic de *Chamechauve* ou Chamechaude. Sans doute se trouva-t-il fort édenté après que trois autres dents s'en vinrent former les Trois-Pucelles, rencontrées précédemment, dans le Vercors. Sa pérégrination dans la région de Grenoble se poursuivit ensuite en direction du massif de l'Oisans, extrêmement riche dans le domaine des légendes. Là il s'assit, au col d'Ornon, et plus précisément sur le « fauteuil de Gargantua » près du village de Chantelouve.

Au demeurant, jusqu'au début du XVIIIe siècle, on promenait dans la ville de Grenoble un mannequin appelé « Garganet », tous les ans, au premier janvier. Les sévices dont il était l'objet ne sont pas sans évoquer la « malédiction » de l'année qui vient de s'écouler, que l'on supprime ainsi, dans l'attente que le second visage du dieu Janus éclaire les temps à venir.

Passages en Haute-Savoie et en Suisse

La Haute-Savoie porte également des traces patentes du passage du géant. Creusant le lac Léman, il en entassa les détritus qui formèrent le *Salève,* puis il vint s'asseoir près du lac d'Annecy où son *fauteuil* et ses *escaliers* sont visibles. Quant au col des Aravis, il n'est qu'un passage que se fraya Gargantua qui lança la pierre Menta près du sommet du Gargan.

En Savoie, on le retrouve aux bords du lac du Bourget. Un pied sur la *Dent du Chat,* l'autre sur le Grand Colombier, il but les eaux du Rhône. On le localise également au mont Galgant, près de Moutiers, et la légende dit qu'il but dans l'Arc, en laissant une empreinte de son pied sur le Crêt de la Chaz.

La Suisse fut aussi honorée de sa présence en de nombreux endroits. Buvant la Sarine au val de Gruyère il l'asséca, ce qui lui permit de jeter un pont. Se penchant, donc, pour étancher une soif dont on peut remarquer qu'elle fut intarissable, le contenu de sa hotte s'échappa et forma la butte du Château-d'Oex. Quant à la hotte elle-même, on la retrouve à Glion, puisque la dent de Jaman

n'est autre que celle-ci, qui tomba lorsqu'une bretelle se rompit.
 Buvant encore au Rhône, il buta contre la Roche-Saint-Triphon et sa hotte, décidément très instable, versa. Le contenu forma, sur la rive opposée, le mont de Bex.
 Rabelais, pour sa part, donne à ce fleuve une origine toute particulière et si l'on s'en tient à son récit « drolatique » on voit mal Gargantua boire de ces eaux-là...
 Voyageant, « entre Savoye et les Allemaignes — donc en Suisse — (...) print envie de pisser à Gargantua, qui pissa trois mois tout entiers, six jours, treize heures trois quarts, deux minutes, et là engendra le fleuve du Rosne... et là pissa si roidement que oncques puis ne cessa le Rosne de courir comme un carreau d'arbaleste ».
 On rapporte aussi qu'il but la moitié de la Drance de Bagnes, en amont de Lourtier.

De Gargantua à saint Gorgon

Ce qui ne laisse point de se montrer singulier, c'est que le géant n'est pas un démiurge : toutes les productions, faits et gestes qui lui sont imputés n'offrent qu'un aspect strictement organique, en sorte que toute visée métaphysique s'en trouve exclue. Que l'on fasse intervenir dans ces récits le Diable ou saint Martin n'ajoute rien à l'horizontalité spirituelle des actions et des démêlés des différents personnages. Et, peut-être, est-ce parce que le mythe de Gargantua se trouva amputé, au fil des âges, d'une valeur quasi religieuse, qu'il fut abandonné, telle une vieille dépouille d'où tout esprit se trouverait absent.
 Pourtant, aux origines, le « Garganus mons », le mont Gargan, devait avoir une tout autre valeur, puisque Mélan, Ptolémée, Strabon, Horace et Lucain l'avaient chanté. Or, cette montagne italienne n'est que la réplique de l'un des nombreux « Gargan » ou « Galgan » de France.
 On trouve aussi, près de Mycènes, le mont *Kalkani*, qui se dresse sur les terres des Doriens, lesquels passaient pour être la postérité d'Héraclès, eu égard à leur haute stature.
 L'Église, qui actualisa toutes les mythologies, aura plus tard son saint Gorgon, dont l'histoire rapporte qu'il fut martyrisé sous Dioclétien et mourut en odeur de sainteté. Henri Dontenville ne semble pas accorder un énorme crédit à ces dires ; mais comment peut-on expliquer, dès lors, que ses reliques vinrent à Rome au IVe siècle ?

La particularité de saint Gorgon ou Gorgonio est de régir, en quelque sorte, les eaux, dans la croyance populaire, puisque de vieux dictons affirmaient que la pluie du jour de sa commémoration était un présage de mauvais temps pour tout l'automne.

Au demeurant Gorgon est à rapprocher de Démogorgon, dont le sieur de Nuysement veut qu'il actionne les puissants mécanismes naturels qui, du centre de la terre, président aux productions minérales, ainsi qu'il l'affirme dans ses *Traittez du sel secret des philosophes* [4].

Gargantua fut donc, dans la mythologie française, un être particulièrement attaché aux montagnes et aux eaux, dont il était un grand consommateur. Une étude toponymique détaillée, ainsi qu'une recherche approfondie dans ce domaine révèlent des singularités troublantes, toutes choses qu'ont fort bien remises en lumière la Société de mythologie française et son érudit président Henri Dontenville. On peut regretter seulement que les chercheurs officiels ne s'attachent pas à développer ces travaux, voire seulement à les prendre en considération.

L'esprit bouillonnant du peuple alpin mit souvent en scène, cela est certain, cette étonnante « force de la Nature » à laquelle il imputa une partie des singularités géologiques et des modifications du paysage. Mais comment ne point sentir la puissance d'un occulte ouvrage lorsque, par exemple, franchissant le col du Coq, dans le massif de la Chartreuse, on se trouve au pied de la dent de Crolles qui rougeoie sous les feux de l'aube ? Comment, aussi, ne pas être saisi d'une profonde admiration devant le paysage qui se reflète dans le lac immobile, tout en bas du col du Petit-Saint-Bernard ? Comment ne pas arrêter sa marche dans le chaos des pentes du col de l'Isoard ou du Galibier, lorsqu'on est brusquement saisi par la grandeur de l'ouvrage démiurgique, alors que la végétation se raréfie et que ne subsistent plus que l'herbe et les lichens...

Saurait-on rester insensible à pareil spectacle et n'évoquera-t-on pas, dès lors, le travail titanesque de quelque géant nomade, afin de satisfaire aux désirs d'une avide imagination ?

---

4. Clovis HESTEAU DE NUYSEMENT, *Traittez du vray sel secret des philosophes*.

4.

La fée Mélusine

Il est un autre personnage mythique, d'une grande importance, qui a laissé la trace de son passage dans les légences populaires et, tout particulièrement, à Sassenage, près de Grenoble.

Mélusine, tout à la fois et selon les circonstances, femme et sirène, aurait épousé, dit la légende, Raimondin comte du Forez, dans cette ville de Sassenage. Elle était la plus agréable des épouses et sa beauté ne le cédait en rien à celle des plus belles dames d'alors. Cependant, un pacte singulier avait été scellé entre elle et son mari, qui ne laissa pas d'intriguer celui-ci, lors même que les joies des premiers temps du mariage le lui faisaient quelque peu oublier. Mais, au fil des semaines, l'absence de Mélusine, qui se répétait régulièrement le samedi, commença à l'intriguer profondément et la jalousie ne tarda pas à se manifester. Ne lui avait-il pas promis cependant de ne jamais chercher à percer le secret de ses départs ? Il ne put, au demeurant, tenir longtemps sa promesse et, un samedi, rongé par le doute, il ouvrit brusquement la porte de la pièce où elle s'était retirée... Quelle ne fut pas sa surprise de la découvrir métamorphosée, puisqu'elle avait un corps de femme jusqu'à la taille, et que ses membres inférieurs avaient disparu pour être remplacés par une énorme queue de serpent ! Dans un cri épouvantable, elle s'échappa par la fenêtre pour aller se réfugier dans les grottes avoisinantes, qui sont dotées d'un important complexe hydrogéologique, et cela dans le plus parfait respect de la tradition, puisque Mélusine est toujours associée aux eaux souterraines. Les légendes diffèrent quant aux fuites de la « serpente », et certains récits rapportent qu'elle se métamorphosa en *colombe* pour quitter le château à la faveur d'une fenêtre ouverte. C'est qu'il y a un lien entre la vipère et Mélusine, remarquablement mis en lumière par Guy Béatrice dans une étude parue dans le numéro 288 de la revue *Atlantis* et intitulée « De la colombe du Saint-Esprit à la serpente Mélusine ».

La démonstration est parfaite et fort riche, grâce à laquelle on découvre comment l'on peut passer de colubra, la *couleuvre*, à columba, la *colombe*. Beaucoup plus souvent, c'est en *pie* que se métamorphose la fée, dont elle adopte aussi le cri strident.

Mélusine et la lumière

Nous ne pensons pas, comme le propose l'historien François Richard, que Mélusine soit une déformation de Mel-Isis, puisque cela ne correspond qu'imparfaitement à la fonction de la " serpente " dans la mythologie française. En outre, les premières graphies sont Mellusigne, Melusigne, Mellusine et, en Poitou surtout, on prononce Mère Lusine. Cela est très important, si on se souvient aussi que Raimondin rencontra la fée sur le site de Lusignan, alors que François Rabelais signale qu'il venait de Poitiers en passant par la fontaine *Caballine* de Courtelle. Autrement dit, l'enseignement qui se cache derrière cette légende est à rechercher dans la *cabale* phonétique et les jeux de mots dont le sage de Chinon, François Rabelais, fit un large emploi dans ses œuvres.

A n'en point douter, Lusine révèle la racine *lux*, la lumière, la clarté ou la blancheur étincelante et, selon ce que précise Henri Dontenville, « ces qualités conviennent à une déesse Lucine, comme à toutes les Lucies, tous les Luciens, mais il s'en faut que le

Mélusine, d'après une gravure de *L'Azoth*

vocable qui exprime l'idée date seulement des Grecs, Latins et Celtes [1] ».

Il est possible aussi d'évoquer ici la nymphe grecque *Lyké*, dont le nom est fort évocateur, puisqu'il se rapporte à cette même lumière mythique.

Les métamorphoses de la fée étant exclusivement nocturnes, on peut en conclure, il est vrai, que « derrière la Mater Lucina, Mélusine en son nom le plus archaïque est une " mer luisant ", attirant naguère encore les " pêcheurs de lune ", suggérée par un miroitement captieux ; elle est, sans préjudice des formes qu'elle prendra, un vivant frisson de l'onde [2] ».

S'il est vrai que Mélusine n'est pas une véritable sirène, mais un être qui sort des entrailles de la terre, on peut cependant constater qu'à Sassenage, surtout, le symbolisme dont elle s'entoure est parfait, puisque nous trouvons associées les eaux souterraines et la caverne mythique. Une autre caractéristique d'importance est rattachée à la fée des Cuves de Sassenage : c'est qu'elle est une *vouivre*. Or l'image de la vouivre réunit le serpent et l'oiseau. Pour cette raison, on passa quelquefois aisément, dans l'imagination populaire, de la fée au dragon volant.

Dans le mystère des grottes

Personnage singulier que celui-là, puisqu'il réunit des attributs apparemment contradictoires, tels que la *lumière* et la *nuit* de la caverne, la *terre* et *l'eau*. Ne pourrait-on pas dire, dès lors, que Mélusine est la gardienne de la lumière incluse sous l'écorce de la matérialité, et qu'elle préside à l'équilibre du sec et de l'humide ? On comprendra ainsi pourquoi les alchimistes du Moyen Age la choisirent pour symboliser leur « mercure philosophique », ou mercure double — Mélusine à *deux* queues, telle qu'elle est représentée sur la façade du château des Béranger à Sassenage.

Et ce mercure, tant convoité par les « Fils de Science », s'en vient surnager dans les flots de la mer hermétique dès après avoir quitté la sécheresse de la terre philosophique. C'est là ce que révèlent les traités anciens d'alchimie, et en particulier *L'Azoth* [3], sur

1. Henri DONTENVILLE, *Histoire et Géographie mythiques de la France*, p. 172.
2. *Ibid.*, p. 181.
3. *L'Azoth ou le moyen de faire l'or caché des philosophes*, Éd. Aménothes, Gênes, 1976 (réédition).

une planche duquel Mélusine presse ses seins pour en faire jaillir deux jets de lait virginal.

Les grottes dauphinoises sont maintenant son domaine, et l'on veut qu'elle y ait laissé de nombreux souvenirs, que le visiteur peut admirer lors d'une visite. Auparavant, il aura quitté la commune de Sassenage par le sentier qui serpente, à flanc de montagne, et tout au long duquel s'offriront à lui des perspectives aussi diverses que riches, où le torrent et la forêt unissent leurs attraits dans une harmonie d'une rare beauté.

Ayant quitté les frondaisons, il apercevra, à sa gauche, l'ouverture béante des Cuves dans lesquelles Mélusine a laissé profondément gravé dans la pierre son « lavabo », et où elle a conçu son « labyrinthe » et ses « oubliettes ». Tout, dans ce paysage magique, laisse transparaître le surnaturel et le merveilleux. En un temps où la vie était rythmée par les saisons, et où l'on savait encore discerner les voix multiples qui récitent le poème de la nature, il était sans doute aisé de sentir la présence de ces dynamismes naturels particuliers qui inspiraient, tout à la fois, le respect et l'admiration.

Et il n'est pas rare, de nos jours encore, qu'au gré d'une promenade estivale on sente planer, sous ces arbres majestueux, une ombre particulière, et qu'on respire un mélange de parfums étranges... Tout évoque encore, ici, la présence mystérieuse de l'ancestrale Mélusine.

5.

Les sept merveilles dauphinoises

Terroir où s'affrontent les éléments dans les titanesques combats du cycle saisonnier, les Alpes sont jalonnées de « merveilles », de contes et de légendes qui, naissant de l'imagination populaire et primitive, trouvent parfois aujourd'hui une explication matérielle, de nature à satisfaire le moderne rationalisme.

Combien se montraient cependant poétiques ces visions d'un monde tout peuplé de fées, de gnomes, de sylphes et d'ondines, aujourd'hui disparus des sommets alpins ! Et si les orages n'éveillent plus une « crainte sacrée », ils n'en continuent pas moins d'ébranler les massifs montagneux, alors que le tonnerre parcourt les vallées dans un vacarme assourdissant...

Un dernier exemple suffira pour caractériser, plus précisément encore, les multiples visages des Alpes souveraines, qu'il convient de rechercher dans celles qui furent, tout particulièrement, des *merveilles* par excellence. Il s'agit des sept merveilles du Dauphiné qui surpassaient en valeur, pour le peuple de France et au temps où Louis XI était dauphin, leurs homologues mondiales. C'est là, en tout cas, l'avis qualifié de Nicolas Chorier. Plus près de nous, Mme Madeleine Rivière-Sestier s'est attachée à les remettre en lumière dans son bel ouvrage *Au fil de l'Alpe,* en sorte que les pages qui vont suivre ont pu être rédigées grâce à sa pertinente et savante compilation. Mais il y a un autre mérite qui revient à cet écrivain, et que ne peuvent partager l'unanimité des historiens patentés : Madeleine Rivière-Sestier était douée d'une sensibilité qui vibrait à l'unisson avec ces Alpes qu'elle aimait. Aussi bien l'érudition historique est-elle toujours accompagnée, dans ses écrits, d'un indéniable amour pour les légendes, qui sont le facteur déterminant de l'originalité d'une ethnie.

Comprendre un pays, ou une région, ce n'est pas seulement collationner les démêlés humains. C'est, surtout, en explorer la psychologie, en sonder les gouffres de la créativité, là où se peuvent découvrir les clés d'événements historiques dont on ne perçoit pas toujours de prime abord les motivations.

Les Cuves de Sassenage

Les grottes dans lesquelles évoluait jadis Mélusine firent de tout temps l'admiration des historiens du Dauphiné. Nicolas Chorier, ainsi que Guy Allard, les évoquent dans leurs récits avec un émerveillement mêlé de respect qui traduit leur sentiment profond. Ce que l'on appelle dans un ouvrage du XVIIIe siècle « le cinquième Miracle de la Province », fut également chanté par les poètes locaux. Quant aux écrits du géologue Faujas de Saint-Fonds et du marquis de Béranger, ils n'en sont pas moins savoureux pour célébrer ces grottes extraordinaires, auxquelles on attribuait jadis une valeur oraculaire. En effet, selon le niveau que l'eau du Germe atteignait dans les vasques naturelles qui se trouvent à l'entrée des grottes, on en déduisait l'abondance du blé et du vin dans le courant de l'année. C'était la veille de la fête des Rois que l'on allait interroger les eaux du torrent ; depuis combien de générations se perpétuait la croyance, alors que Léo Ferry en parlait encore en 1870 ? Nul ne saurait le dire avec précision et l'on se perd ici en conjectures.

L'intérieur de ces grottes inspira à Faujas de Saint-Fonds une réflexion intéressante, en rapport avec l'ancien culte de Cérès dont on dit qu'il fut pratiqué par les Cassenates, peuplade qui s'était installée sur les pentes du Vercors.

« L'obscurité de ces antres profonds, le bruit des cascades et le mugissement des eaux étaient faits pour imprimer à l'âme un caractère de terreur ; le secret et le mystère pouvaient faire regarder ce lieu comme recommandable et sacré. Nulle caverne n'était sans doute aussi propre aux rudes épreuves de l'initiation. »

Quant au marquis de Béranger, à qui l'on doit un *Petit Guide des grottes,* il ne laissa pas d'évoquer en termes chaleureux l'originalité des différentes salles souterraines.

« Les sources tombent, pareilles à des fils d'argent... Les bougies allumées, on se croirait dans la grotte de Calypso avec tout un cortège de nymphes, de dryades, de dauphins, tous accompagnant Vénus et l'aimable Cupidon. (...) On croit voir la cour des

Grâces, des personnages mythologiques de la plus raffinée et de la plus galante époque, et les beautés dont parlent les vieilles légendes grecques. C'est un vrai décor d'opéra, une fête pour l'esprit, le regard et l'ouïe, d'un charme unique et exquis, une véritable évocation d'un passé merveilleux. »

En guise de « décor », on affirme que les Cuves de Sassenage inspirèrent Dante Alighieri pour la rédaction de son *Enfer*. Voilà qui semble disputer aux Baux de Provence la primauté de ce fait ! Claude Muller, chantre contemporain du Dauphiné, rapporte dans sa plaquette consacrée à Sassenage le résultat de l'enquête patiente de deux historiens, MM. Touvard et Richard pour lesquels il apparaît qu'au XIIIe siècle « Sassenage fournissait avec une troublante et éblouissante clarté, l'indication géographique, l'ambiance, le pôle ésotérique, carrefour d'une secrète doctrine, les fleuves souterrains représentant l'Achéron et le Styx, les différentes salles, les Enfers, l'Allée des tombeaux, etc., autant d'aspects en concordance avec chaque strophe de l'Enfer décrit par le prince des poètes. »

Sans doute, si l'on accorde quelque crédit aux dires de ces auteurs, le Val-d'Enfer des Baux perd-il de son prestige unique. Que faut-il en penser ? La prudence est ici de mise, bien que les faits soient troublants et que l'on puisse dire que l'*Enfer* de Dante est bien *un monde souterrain,* telles les Cuves de Sassenage, et que les carrières provençales n'offrent pas autant de recoupements. Comme le fait remarquer pertinemment Claude Muller : « Rien ne manque et chaque évocation concorde presque exactement avec ce qu'on peut voir encore aujourd'hui dans les cent premiers mètres des Cuves : la salle des Géants, le couloir des Tombeaux, la descente aux Enfers, le Germe, le trou des Larmes, la galerie des Dames, les galeries en spirale où l'eau s'engouffre, etc., et, détail curieux, non seulement les noms correspondent, mais les salles et galeries des grottes banlieusardes sont décrites avec précision dans l'œuvre de Dante ! »

Quelle merveilleuse thèse, en vérité, que celle-là, à laquelle il est bon tout de même d'accorder quelque attention ! Dante... Mélusine... Mélange subtil de réalité et de fiction, étroit mariage d'histoire et de mythologie, secrets enfouis dans le ventre de la terre, qui bouillonnent dans les eaux glacées du torrent souterrain...

Les pierres ophtalmiques

Depuis que Mélusine est contrainte de vivre dans les Cuves de Sassenage, le désespoir la gagne parfois. Est-ce le regret de ne plus jouir du merveilleux spectacle du massif de la Chartreuse ou de la chaîne de Belledonne qui fait que des larmes, glissant sur ses joues, tombent dans les eaux du torrent ? Nul ne le sait. Néanmoins, une réalité est rattachée à la légende, et c'est celle des *pierres de Sassenage* ou *pierres ophtalmiques,* dont on veut qu'elles soient une transformation des larmes de la fée.

Nicolas Lémery, le savant chimiste du XVIIIe siècle, les décrit dans sa *Pharmacopée,* en indiquant quel en est le mode d'emploi.

« On en met une dans l'œil lorsqu'il est entré quelque ordure, elle s'y agite, elle s'unit à l'ordure et elle la fait tomber avec elle. »

Toutes choses que Nicolas Chorier affirma également en des termes semblables : « Si quelque festu y estant tombé (dans les yeux) les incommode ou les importune, on n'a qu'à en faire glisser une sous la paupière. Elle roule d'abord autour de l'œil qui a besoin de son ayde et poussant devant elle ce qui la blesse, elle tombe enfin avec ce qu'elle a combattu dans sa marche. »

Lémery, en bon scientifique du siècle des Lumières, esquissa une explicitation du phénomène qui retint déjà l'attention de Claude Jourdan, puisqu'il cite ces « pierres » dans ses *Voyages historiques,* dès 1645.

« Cet effet provient ou de ce que la pierre de Sassenage étant alcaline elle est pénétrée, raréfiée et amollie par la sérosité de l'œil qui est acide, c'est ce qui la fait remuer et rencontrer l'ordure qui s'y agglutine en sorte qu'on les retire ensemble, ou bien elles tombent par leurs propre poids après que l'acide a agi ; ou de ce que cette pierre est très polie et peut par cette raison rouler entre les paupières et le globe de l'œil sans blesser ses parties. »

Toujours est-il que les *chélidoines* sassenageoises passaient pour être de véritables panacées ! Faujas de Saint-Fonds, beaucoup plus sceptique, affirma que tous les corps « également polis auraient la même propriété ».

C'est faire insulte aux Anciens que de raisonner de la sorte : pourquoi auraient-ils eu la naïveté d'aller patiemment chercher des pierres dont la rareté est attestée, si leur effet eût été commun ?

Selon Madeleine Rivière-Sestier, les pierres ophtalmiques seraient en fait des orbitolines.

On a perdu de nos jours la trace de l'emplacement précis où elles se trouvaient, puisqu'on ne les découvrait pas indifféremment sur tout le lit du torrent. Quelque habile chercheur saura peut-être déceler prochainement le « Préciosier » où les larmes de Mélusine sont transmuées en pierres précieuses. Salvaing de Boissieu, poète local, voulait en son temps qu'elles fussent propres au Dauphiné afin, disait-il, de « fortifier les yeux des curieux attachez à la contemplation de tant de choses rares ».

Une merveille, en somme, qui confortait la vision des autres merveilles...

Les grottes de la Balme

Au rang des sept merveilles dauphinoises se trouvent les grottes de la Balme, qui n'ont pas l'honneur d'être hantées par quelque esprit familier, et n'ont retenu l'attention, depuis les temps les plus reculés, que grâce aux attraits de leurs salles.

L'entrée en est imposante : 33 mètres de hauteur sur 27 de largeur, alors que la longueur est de 800 mètres. Nous ne sommes pas éloignés des dimensions — hormis la longueur, bien entendu — d'une nef d'église ! Et de fait, dans ce curieux « temple » souterrain et naturel, de surprenantes formes pétrifiées accueillent le visiteur. Que les eaux aient pu, par un lent et patient travail multimillénaire, produire pareilles œuvres d'art, c'est bien ce qui ne laisse point de surprendre. Jamais la main et l'ingéniosité humaine n'eussent pu donner ici le change à la nature.

Que ce soit le *Labyrinthe,* la *Grotte des Diamants* ou celle des *Chauves-Souris,* ce n'est que beauté et harmonie qui déjà stupéfiaient l'auteur du *Voyageur françois* au XVIe siècle.

Nicolas Chorier, si avide de singularités, parce qu'il savait combien celles-ci ajoutent de noblesse au caractère d'une province, ne manqua pas de les célébrer. Et ses propos furent repris par Guy Allard, presque intégralement.

Il n'y eut guère qu'Émile Gueymard, en 1844, pour trouver ridicules tous les contes qui entouraient alors les grottes de la Balme, abrité qu'il était derrière le bouclier du scientisme. Quant au baron d'Haussez, il reconnaît que l'abondance de stalactites, dont les formes sont celles « de colonnes, d'autels, de gradins, tantôt descendant du plafond des voûtes », n'est pas sans évoquer les particularités de l'architecture gothique.

Puisque « Balme » signifie déjà grotte, le nom même du réseau de galeries et de salles est en quelque sorte un pléonasme : « les grottes de la grotte » ! Mais l'appellation est si profondément ancrée dans la tradition populaire qu'il sera désormais impossible de rendre justice à la syntaxe.

Le lac dont les eaux claires reflétaient les lueurs des torches des visiteurs de jadis les intrigua si fort que, le 27 août 1782, Bourrier fils entreprit vaillamment de l'explorer à la nage. Poussant devant lui des plaques de liège sur lesquelles on avait fiché des bougies, il fut le premier qui osa s'aventurer dans les eaux glaciales animées par les ombres fantastiques et mouvantes, créées par la lumière vacillante.

Ce ne fut qu'en 1789 que le marquis de la Poype entreprit le même périple sur une petite embarcation : la position était déjà nettement moins inconfortable.

L'illumination moderne des grottes ne fait que mieux ressortir les multiples splendeurs qu'elles recèlent. Dans une salle, un portrait grandeur nature de François Ier attend le visiteur. L'effet produit par cette peinture, la stature du monarque et celle de sa blanche monture sont d'un effet très surprenant. Mais ce n'est là qu'une singularité humaine ajoutée à toutes celles que dame Nature a élaborées dans le silence des entrailles de la terre. De cet occulte labeur des éléments, est né ce monde de formes merveilleuses et féeriques.

S'il n'y a point ici de Mélusine, une chapelle construite à l'entrée des grottes, haut perchée sous la voûte majestueuse, montre bien que le sacré y a sa place, non plus sous la forme d'un mythe, mais sous celle de la religion.

N'est-ce point là, en vérité, le plus extraordinaire des temples, préparé de date immémoriale et proposé à l'attention des hommes ?

Les générations successives ont eu garde de ne point laisser tomber dans l'oubli ce site qui attire encore de nombreux visiteurs.

La Tour-Sans-Venin

Le voyageur qui décide d'aller contempler de plus près les Trois-Pucelles, et qui emprunte conséquemment la route conduisant de Grenoble à Saint-Nizier, ne manquera pas de découvrir, au lieu-dit *Pariset,* les restes d'une tour.

Ce n'est qu'un humble pan de mur qui, résistant aux injures du temps, se dresse, à droite de la route, sur une éminence qu'on ne peut pas ne pas apercevoir, eu égard à l'antenne imposante du relais de télévision qui l'avoisine. Les exigences d'aujourd'hui et les souvenirs d'un riche passé se partagent ce territoire privilégié qui fut chanté, dès 1525, par Symphorien Champier.

C'est en effet dans l'ouvrage consacré au *Preulx Chevalier Bayard* que cet écrivain fit l'éloge de certaines singularités dauphinoises. Voici ses propos touchant à celle évoquée présentement.

« La seconde singularité du noble pays du Dauphiné est la Tour-Sans-Venin, sur près dudict Grenoble environ le milieu de la montagne, de la rivière de l'Isère et du Drapt. En laquelle beste venimeuse ne peult vivre, car incontinent que l'on a bouté dedans elle meurt... »

Oui, voilà bien la particularité de cette terre de Pariset : les serpents ne peuvent y vivre et, mieux encore, « elle ne souffre rien de vénéneux ».

Passons sur les considérations de Symphorien Champier qui en fait le symbole de la perfection dauphinoise, mais remarquons tout de même que le hameau de Pariset tient une place d'honneur dans les légendes locales.

Gervais de Tilisbery affirmait déjà au XIIe siècle que « si on prend de la terre du château de Pariset, en quelque lieu que ce soit, et qu'on la mette en poudre, cette poudre fait aussitôt fuir la peste des animaux nuisibles ».

On prétend que cette vertu provient du fait que Roland apporta en ces lieux un peu de terre parisienne. Or on sait que la croyance populaire, rapportée notamment par Grégoire de Tours, affirmait qu'à Paris ne se trouvaient ni rats ni serpents...

Par voie de conséquence, Pariset ne serait qu'un diminutif de Paris. Il est à remarquer qu'un culte à Isis était rendu en ce lieu, puisqu'on a découvert une inscription l'attestant : « A Isis Mère, Sextus Claudius Veranus a dédié cet autel et ses ornements, comme il en avait fait vœu. »

Aussi bien Pilot de Thorey affirme-t-il que le bourg de Pariset s'appelait autrefois *Parisiis*, de Par-Isis, adorateur d'Isis.

Une explication est fournie, qui ne semble pas avoir de solides fondements, concernant l'origine de la Tour-Sans-Venin. Cette appellation ne serait que la déformation de « saint Vrai, saint Vérand, saint Vérin, saint Séverin (qui) plus ou moins mal prononcé aurait donné dans le patois local *Sans-Venin*. Explication ingénieusement réfutée par Pilot de Thorey qui affirme que ladite chapelle était dès 1214 vouée à la Vierge[1] ».

Cela paraît d'autant plus plausible qu'un culte marial, remplaçant celui d'Isis, répond à la logique religieuse.

Écoutons encore Madeleine Rivière-Sestier :

« D'anciens auteurs estiment que la Tour-Sans-Venin devrait son étonnante efficacité à la présence d'une plante appelée par eux

---

1. Madeleine Rivière-Sestier, *Au fil de l'Alpe*.

échion. Or l'échion des Anciens, qui n'est autre que l'*Echium vulgare* ou vipérine, se trouve en effet avec abondance sur la terre de Pariset. Cette labiée, hérissée de poils piquants, possède une hampe florale d'un gris tacheté de bleu violacé, qui se plie et se replie à l'image des couleuvres. Les anciens auteurs, en lui attribuant la propriété de chasser ou de tuer les reptiles, apporteraient ainsi un témoignage supplémentaire à la théorie de la signature, si en honneur dans les vieilles pharmacopées [2]. »

Le site, par sa singularité, puisqu'il domine la cuvette grenobloise, a donné naissance à quelques légendes mettant en scène Roland neveu de l'empereur Charlemagne, qui démontrent combien un terroir peut se révéler important dans le courant d'inspiration des conteurs.

Dressant son squelette mutilé et battu par le vent, la Tour-Sans-Venin n'en demeure pas moins aujourd'hui chargée de mystère. On peut se demander, du reste, si des fouilles ne révéleraient pas une partie de ses secrets, qui dorment sous l'épaisse couche de cette terre aux singulières « vertus ».

La Fontaine ardente

Il ne s'agit pas ici d'une fontaine très ordinaire, dont les eaux auraient la simple caractéristique d'être chaudes, mais d'une source d'où jaillit le feu lui-même !

C'est au sud de Grenoble, près de la commune de Prélenfrey, sur les pentes du Vercors, que se cache, dans un vallon, cette « merveille ». On en retrouve trace, déjà, dans *La Cité de Dieu* de saint Augustin : c'est dire l'ancienneté de sa découverte, puisque ce traité date du IVe siècle.

Pour Symphorien Champier, rencontré précédemment, elle était la première, et donc la principale, singularité dauphinoise. Il faut être attentif aux descriptions qui en furent données successivement, car elles révèlent que la Fontaine ardente a changé quelque peu d'aspect au fil des ans. Au XVIe siècle, la flamme s'élève au-dessus d'une nappe d'eau. Voici du reste les propos d'Aymar de Rivail à ce sujet :

« (...) l'eau s'allume et s'enflamme par le feu qu'on y jette ; plus on jette d'autre eau sur cette flamme, plus le feu devient actif, et par temps pluvieux la flamme est encore excitée davantage ».

2. *Ibid.*

D'augustes personnages examinèrent ensuite le phénomène : Jean Tardin au XVIIe siècle, puis Abraham Gölnitz au XVIIIe et Nicolas Chorier en donnèrent des descriptions. Cependant, il apparaît que la plus précise est celle de Chorier qui affirme que les eaux s'émeuvent et bouillonnent, alors que les flammes passent aux travers d'elles sans s'éteindre, et qu'il est admirable « de voir deux ennemis aussi irréconciliables que l'eau et le feu... se caresser et désirer le commerce l'un de l'autre ».

Puisque l'eau bouillonne, c'est qu'un gaz la traverse et que c'est lui qui fournit le combustible à la flamme qui effrayait les promeneurs.

Sans doute s'agit-il d'une nappe souterraine de gaz naturel, qui s'est tarie au fil des âges, puisqu'aujourd'hui on ne peut allumer ce feu singulier qu'à grand-peine.

Lorsque l'abbé Lescot l'observa, au XVIIIe siècle, la nappe d'eau avait disparu, puisqu'il évoque un terrain d'une surface de huit pieds, duquel il s'exhale « une odeur de soufre minéral, qu'on sent à quinze pas de distance ; et quoique la terre de ce sol semble brûler aussi, cependant elle ne consume rien de son volume ».

Et pour cause, puisqu'il s'agit de la combustion d'un gaz. En 1804 le professeur Martin parle aussi de « terrain inflammable », donc, dans ce cas encore, il n'est point question d' « eau ardente ».

Les différentes descriptions trouvent leur justification dans le fait qu'un torrent coule non loin de là, et que chaque crue remplissait d'eau la cuvette d'où jaillissait la flamme. Cependant, au fil du temps, l'eau disparaissait obligatoirement. Aussi bien, selon le moment où était faite l'observation, était-on en présence d'eau qui brûlait, ou de « terre ardente ».

Il semblerait qu'un ex-voto s'élevait en ce lieu, attestant l'existence d'un ancien culte voué au feu éternel, *ignibus aeternis*.

Les archives communales de Prélenfrey-du-Guâ révèlent qu'en 1885 le sieur Piret a demandé et obtenu l'autorisation d'effectuer un forage au lieu-dit « la font qui brulle ». En 1920 M. Brion projette d'utiliser le gaz pour la consommation des Grenoblois, puisqu'un rapport du doyen Léon Moret conclut que l'on était en présence de méthane : la légende s'estompe et l'on passe du sacré au profane. Depuis lors, la trace en avait été perdue.

Mais voici que la curiosité des Éclaireurs de France va venir au secours de la « merveille » mémorable. Ils entreprennent des recherches dès 1971, et Jacques Piraud, professeur au C.E.T. de Sartrouville, aidé de quatre cents personnes, va ressusciter la Fontaine ardente. Après avoir découvert les traces du forage du siècle dernier et creusé davantage encore, le miracle se produit. Le 13 juillet 1973, on approche un briquet du trou fraîchement pratiqué et la flamme jaillit à nouveau !

La Manne de Briançon

On trouvait autrefois sur les mélèzes de la région de Briançon, la plus haute ville d'Europe (1 321 m), tous les matins du mois d'août, « et avant le jour, une rosée céleste... Elle s'épaissit d'abord, se convertit en cette gomme si nécessaire à la médecine, et prend le nom de manne », selon Nicolas Chorier.

Il s'agissait donc là, une fois encore, d'une admirable panacée, célébrée, entre autres, par Guy Allard dans son *Dictionnaire historique*, Jordans et Léonard Fuchs. Pour Salvaing de Boissieu, le délicat poète, les gouttelettes de manne n'étaient autres que les larmes d'une nymphe, et parce que le monde moderne ne veut plus des mythes et ne se nourrit plus de légendes, les nymphes ont disparu... et la manne de Briançon avec elles !

Dominique Villars qui lui consacra un abondant passage dans son *Histoire des plantes du Dauphiné*, fait remarquer qu'elle est « blanche, concrète, sucrée, douce comme le miel le plus frais ».

On pensait alors que cette liqueur résineuse provenait des bourgeons et se déposait sur les feuilles des mélèzes. Néanmoins, les auteurs sont unanimes à reconnaître que c'était un produit rare, comme il sied à une panacée. L'*Encyclopédie* de Diderot et d'Alembert cite également cette suriosité alors que Marcellin Fornier, au XVIIe siècle, la considérait comme une liqueur divine, une « médecine universelle » digne des meilleurs traités d'alchimie, puisqu'il n'hésitait point à dire qu'elle était « un présent du Ciel et un médicament singulier aux yeux et aux ulcères », mais aussi pouvait-elle retirer les hommes « du pas de la mort » puisque ce nectar était comparable à celui « qui rend les dieux immortels » ! Sans doute sont-ce là des exagérations.

Hélas ! Ce produit merveilleux devait disparaître, puisqu'en 1900, lorsqu'on voulut en présenter à l'Exposition de Paris, trente gardes forestiers ne purent en recueillir que soixante grammes. On conservait alors à la faculté de Strasbourg une branche de mélèze chargée de manne et, en 1938, J. Pons, pharmacien à Briançon, estimait qu'elle avait pratiquement disparu. C'était entre le 15 et le

20 juillet qu'elle apparaissait avec le plus d'abondance et il fallait la ramasser au plus tôt.

Ce fut en 1942 que M. Pons leva le voile sur cette mystérieuse médecine naturelle : elle n'était autre que la sécrétion d'un insecte particulier, voisin de l'abeille, l'*Apis laricis,* ou abeille du mélèze. Aspirant le suc des jeunes feuilles de l'arbre, il le rejette par l'anus sous forme d'un sucre particulier appelé *mélézitose.*

Aussi légère et délicate qu'une nymphe, l'abeille du mélèze a quitté la région de Briançon, et avec elle la manne a disparu.

Néanmoins, en 1962, on en recueillit encore quelque grains : là aussi, après des lustres d'oubli, une « merveille » des Alpes venait d'être retrouvée.

Le mont Aiguille

« Il y a environ soixante-dix ans qu'un jeune homme du Dauphiné trouva le secret de voler (comme les oiseaux, car il faut expliquer cela " en français ") et le motif qui lui donna un désir si vif de voler, ce fut l'amour. »

Ainsi s'exprime Restif de la Bretonne dès la première page du second chapitre de sa *Découverte australe,* paru en 1781. Quoi de plus naturel, pour l'intrépide Victorin, que de découvrir une contrée où il pourra filer le parfait amour avec Christine, mais non point une contrée ordinaire. Il fallait qu'elle fût à la dimension de l'utopie qui allait naître et, lorsqu'on vole d'aussi belle manière, plus rien n'est impossible. Car ce lieu existait, qui hantait bel et bien, depuis des siècles, l'imagination de tous les montagnards.

Dès que le héros de Restif « avait été dans la campagne, il s'était envolé vers le mont Inaccessible, et il y arriva à l'aurore naissante. Il trouva sur cette montagne une esplanade très agréable, avec un petit filet d'eau qui filtrait entre les rochers et entrait dans la terre presqu'aussitôt qu'il était sorti. Une douce pelouse tapissait cet endroit charmant ».

Il s'y trouvait aussi « mille oiseaux différents », des « arbres sauvages », une « caverne assez profonde » et quelques « chèvres sauvages ». Sont-ce là des visions poétiques sorties tout armées du cerveau fertile de l'auteur des *Nuits de Paris ?* Certes non ; tout cela est tiré du récit de dom Jullien de Beaupré, seigneur, capitaine, chambellan et conseiller de Charles VIII, qui fut le premier à escalader, en 1492, le mont Inaccessible, ce pivot de l' « horloge cosmique terrestre » évoquée plus haut.

En effet, au sommet de cette singulière montagne, le seigneur de Beaupré rencontra « des oiseaux inconnus au plumage brillant, aux ailes rouges et bleues, qu'accompagnent des vols de corneilles aux pieds et aux becs multicolores, tandis qu'autour d'une source où boivent des chamois, des tulipes de pourpre et d'or jaillissent du gazon[3] ».

Mais point de fées, que la légende évoquait pourtant, et qui étendaient leur linge afin de le faire sécher, puisqu'on l'apercevait des montagnes avoisinantes ; pas de trace, non plus, des lutins qui faisaient tinter les écus dans leurs escarcelles, ou des moutons aux toisons d'argent, toutes choses que les habitants de cette contrée évoquaient souvent. Et François Rabelais s'est donc trompé, qui attribue la gloire de la première ascension à un dénommé Doyac.

Ayant donc atteint le sommet grâce à des engins « subtils et mirifiques », dom Jullien y séjourna six jours, faisant célébrer la messe chaque matin par Sébastien de Carrette et chantant le *Te Deum* avec ses six hommes. Le noble Yves Levy, huissier au Parlement, chargé d'authentifier dûment l'exploit, effrayé par la muraille qui se dressait devant lui, n'osa point escalader les échelles et établit son rapport au pied du *Fort-l'Eguille*. Ainsi fut baptisé le mont qui n'était plus inaccessible...

Il resta inviolé trois cent quarante-deux années durant, puisqu'il fallut attendre le 16 juin 1834 pour qu'un dénommé Liotard y accédât seul : il trouva les vestiges des murs dressés par son prédécesseur, mais la source était tarie. Le 7 juillet suivant sept intrépides alpinistes effectuèrent à leur tour le même exploit, devenu de nos jours commun.

Mais si les dieux et les fées ont quitté depuis longtemps le mont Aiguille, une autre réalité s'est aujourd'hui affirmée, beaucoup plus merveilleuse encore que toutes les légendes véhiculées par la tradition. Car la position privilégiée qui est la sienne, eu égard à la « géographie sacrée » alpine, le revêt d'attributs beaucoup plus extraordinaires. Et l'Histoire, qui désacralise, puis tantôt resacralise, témoigne que l'intuition première des peuplades alpines n'était pas seulement une forêt touffue de fantasmes psychologiques, mais était en étroite harmonie avec les rapports subtils qui reliaient, ésotériquement entre eux, les pics montagneux.

---

3. Madeleine RIVIÈRE-SESTIER, *op. cit.*, p. 169.

De la mythologie à l'Histoire

   Il n'aura pas été vain de parcourir les Alpes au travers de leur âme légendaire, de ces racines occultes qui aideront grandement à comprendre le caractère des actions historiques qui s'y déroulèrent.
   Terre de merveilles où les forces de la nature s'affrontent ou se conjoignent, où chaque pierre évoque un mythe, où les sources ont d'étranges vertus, le massif alpin, plus que tout autre terroir, était, et demeure toujours, prédisposé aux bouillonnements humains.
   Les exemples qui jalonnent l'itinéraire qui précède ces lignes n'ont aucune valeur limitative : beaucoup d'autres merveilles et de personnages légendaires composent la trame de la mythologie alpine. Il était nécessaire, cependant, d'en restreindre l'énumération et de n'évoquer que les plus représentatifs de l'« esprit magique » qui hante ces lieux.
   Tout ici est démesuré : le décor et le travail saisonnier acquièrent une valeur démiurgique, en sorte qu'on doit s'attendre à voir s'y dérouler une histoire peu banale. Mais le moteur, c'est-à-dire les motivations, seront souvent secrètes et discrètes, à l'image du caractère des hommes qui vivent dans le silence des montagnes comme suspendus entre ciel et terre.

6.

Le travail minier, la Terre-Mère et le symbolisme de l'alpinisme

Les propos de Glauber, extraits de son ouvrage *La Troisième Partie de l'œuvre minérale,* s'appliquent davantage encore à aujourd'hui qu'au xviie siècle, durant lequel ils furent écrits.

« Quoique la façon d'extraire les métaux des mines, soit à présent si basse et si méprisée par le bon usage qu'elle ne passe plus pour un art mais pour un métier qui s'exerce en tous lieux, toutefois, au commencement, avant qu'elle fût si connue, elle passait pour un art merveilleux. »

Car il n'est pas que l'aspect hiératique et majestueux des montagnes qui inspira à l'homme un sentiment sacré. Ce qui s'élaborait en leur sein, et qui était le fruit d'une occulte activité, n'était pas moins merveilleux. Mais encore faut-il connaître la conception ancienne du travail minier et de la métallurgie pour retrouver la sacralité de ces labeurs particuliers. Au xvie siècle, déjà, on assiste à une laïcisation de ces concepts qui remontent, pourtant, à la plus haute Antiquité.

Or les Alpes ne furent pas seulement un immense temple naturel. Des mines nombreuses permirent à ses habitants d'en extraire les minerais les plus divers dès l'aube de l'Histoire.

Les mines dauphinoises

Le massif de l'Oisans fut considéré comme un « paradis minéralogique », tant sont nombreuses et variées ses productions.

« Blotti dans l'ombre de la Meije, le canton de La Grave et de Villard-d'Arène contient le pourcentage le plus élevé de gisements de minerais précieux. De l'or, de l'argent, des cristaux, il y en a partout, si bien que l'Oisans tout entier a souvent été comparé à une véritable carte d'échantillonnage minéralogique [1]. »

Si le premier inventaire de tous ces gîtes fut dressé en 1339 par Humbert II, on peut supposer que leur exploitation était bien plus ancienne.

Que de merveilles s'élaboraient lentement dans le secret des massifs montagneux, éloignées des regards curieux : l'or, mais aussi l'argent, le cuivre, l'étain, le plomb et d'autres métaux encore apparaissaient sous les coups répétés des pics acérés que maniaient les mineurs !

Le dauphin prestigieux que fut Louis XI accorda une grande attention à l'exploitation de ces mines et, devenu monarque, il la réglementa sévèrement par l'édit de 1471. Il connaissait fort bien, en effet, l'importance de ces gisements dont le rapport s'avérait des plus intéressants.

Le gisement du plateau de Brandes, non loin de l'Alpe-d'Huez, est sans aucun doute le plus extraordinaire, puisqu'il se trouve à plus de 1 800 mètres d'altitude ! Les fouilles récentes ont permis de constater que toute une agglomération entourait la mine d'argent qui fut fermée vers le milieu du XIVe siècle. Bravant les rigueurs de l'hiver, une population entière vécut là dès l'époque féodale, afin d'extraire le précieux minerai. Combien la singularité du lieu, son éloignement de toute autre agglomération, ainsi que son élévation, ont-elles dû alimenter l'imagination des hommes !

« Mais bien d'autres mines existent encore dans l'Oisans. En plus du gîte d'Auris et de la mine d'or du lac de Belledonne, Ernest Chabrand a signalé un filon de galène aurifère au Mollard, près d'Allemont, exploité en 1785, la mine d'or de la Demoiselle près du col de la Cochette dans les Petites-Rousses, la mine du Pontraut au-dessus d'Oz et de Vaujany, la mine de Challanche, et celle de Casse déserte, au sud du Clot de la Cavale, dans la montagne de la Grande-Ruine, qui passe pour avoir été exploitée sous les dauphins, mais dont actuellement on ne retrouve plus l'emplacement, oublié au cours des siècles [2]. »

Les Chartreux eux-mêmes exploiteront les mines de fer près d'Allevard et perpétueront ainsi une solide tradition. Certes, il faut ajouter à ces activités celles des « cristalliers », puisque le cristal de roche y était d'excellente qualité et trouvait alors de nombreux emplois ornementaux.

1. *Au fil de l'Alpe,* p. 9.
2. *Ibid.,* p. 10.

Les sites, ainsi que la particularité du travail des mines, dont nous verrons plus loin sur quels préceptes il reposait, ont donné naissance à de multiples légendes peuplées de démons et d'esprits familiers. La quête de l'or, surtout, revêt un caractère mythique et sacré en rapport avec les attributs dont a toujours été entouré le noble métal. Et de miracle en maléfice ce ne sont que passages secrets qui s'ouvrent au chercheur la nuit de Noël, ou gouffres béants qui enserrent le curieux dans leurs ténèbres...

La métallurgie valdôtaine

Tout comme le Dauphiné, l'exploitation minière en Val d'Aoste remonte aux temps anciens. Bien que les métaux précieux aient toujours reçu les faveurs des hommes, on note déjà, en 1433, l'existence d'une modeste fonderie à Cogne. Il s'agit, bien entendu, de traiter le fer dont l'utilisation sera de plus en plus importante.

Au XVIIIe siècle, ainsi que le précise Bernard Janin dans son très bel ouvrage, *Le Val d'Aoste, tradition et renouveau*, la situation est florissante.

« De 1783 à 1806 fonctionnent 22 établissements qui traitent le minerai de fer et produisent de la fonte ou du fer, ou les deux. Ils sont répartis en deux groupes. A l'ouest, un groupe est totalement autonome. Il comprend six martinets approvisionnés par la mine de Cogne (Liconi) : ceux de Cogne, Aymavilles, La Salle, Morgex, La Thuile, et Arvier qui s'alimente aussi à un gisement découvert sur place (à Planaval) en 1766. A l'est, le second groupe est très pauvre en minerai. Le gisement de Châtillon (Ussel) se trouve épuisé avant 1806. Les petites réserves de Champdepraz et Pontey ne sont pas encore exploitées. C'est donc le minerai de Traversella, en Piémont, qui vient à la rescousse et soutient l'activité des fonderies de Nus, Pontey, Champedepraz, Challant-Saint-Victor, Arnad, Hône, Donnas, Pont-Saint-Martin qui procurent du travail aux forges de Torgnon, Châtillon, Verrès, Pont-Bozet, Issime, Gressoney-Saint-Jean [3]. »

La métallurgie du cuivre fut également très importante dans le Val d'Aoste mais, comme celle du fer, elle connut un déclin au milieu du XIXe siècle. Il faut en effet savoir que tous ces travaux nécessitaient un apport important en combustible et que celui-ci

---

3. Bernard Janin, *Le Val d'Aoste, tradition et renouveau*, p. 161.

était essentiellement constitué par le bois des forêts. Or, en l'espace d'un siècle, celles-ci virent leur superficie diminuer de 50 pour 100 !

Peu à peu, donc, ce fait, joint à d'autres impératifs économiques, fit que la rentabilité des mines se montra de plus en plus aléatoire. Si 1840 marque l'apogée de l'activité métallurgique, la conversion du royaume de Sardaigne au libre échange en 1853 marqua son inéluctable régression.

Symbolisme originel du travail des mines

Jusqu'à la fin du Moyen Age, les conceptions touchant au travail minier étaient identiques à celles que prônait l'alchimie, puisqu'on a toutes raisons de croire que la métallurgie, sous son aspect sacré, servit de base expérimentale à la philosophie hermétique.

L'historien des religions Mircea Eliade est le seul à avoir parfaitement dégagé ce lien de parenté, qui nous permet de savoir que l'extraction des minerais ne fut pas toujours considérée comme une banale besogne. Saisissons, au passage, quelques propos consignés dans son excellent ouvrage *Forgerons et Alchimistes* :

« (...) si les sources, les galeries des mines et les cavernes sont assimilées à l'utérus de la Terre-Mère, tout ce qui gît dans le " ventre " de la terre est vivant, encore qu'au stade de gestation. Autrement dit, les minerais extraits des mines sont en quelque sorte des embryons : ils croissent lentement, comme s'ils obéissaient à un autre rythme temporel que la vie des organismes végétaux et animaux — ils ne croissent pas moins, ils " mûrissent " dans les ténèbres telluriques [4] ».

Les métallurges étaient donc investis d'une mission sacrée, et pour cette raison « l'ouverture d'une mine ou la construction d'un fourneau sont des opérations rituelles souvent d'un surprenant archaïsme. Les rites miniers se sont maintenus en Europe jusqu'à la fin du Moyen Age : toute ouverture d'une nouvelle mine comportait des cérémonies religieuses [5] ».

Certes, voici bien un autre aspect sacré du sol alpin qui, joint aux autres — mythologie des montagnes et de l'élévation, sacralisation des pics, érection des dolmens et menhirs — prouve bien que nous nous trouvons ici en présence d'un véritable « creuset » de croyances. Et il ne faudrait point croire, parce que nous les avons

---

4. Mircea ELIADE, *Forgerons et Alchimistes*, p. 34.
5. *Ibid.*, p. 46.

aujourd'hui oubliées, qu'elles n'ont jamais eu cours dans les Alpes. Il suffit, en fait, d'examiner les particularités du paysage à la lumière des us et coutumes anciens pour dégager de la gangue du temps les fondements de toutes ces croyances.

Revenons donc encore au travail minier, et suivons à nouveau Mircea Eliade, puisqu'une autre conception apparaît ici :

« (...) En accélérant le processus de croissance des métaux, le métallurgiste précipitait le rythme temporel : le tempo géologique était par lui changé en *temps* vital. Cette audacieuse conception, où l'homme assure sa pleine responsabilité, laisse déjà percer un pressentiment de l'œuvre alchimique [6] ».

Ainsi donc, mineurs et métallurgistes étaient-ils considérés comme des « maîtres du temps » car, dans cette optique, accélérer le travail naturel confère à l'être humain une véritable fonction démiurgique. Avec elle se confond l'immense responsabilité de ses actes vis-à-vis de la nature et de la terre tout entière... On peut trouver ces notions bien primitives, voire définitivement dépassées ; cependant, elles évitaient les excès de toute sorte et conféraient à ceux qui œuvraient en accord avec les lois naturelles une véritable *mission*. Cependant dès la fin du Moyen Age le métallurgiste perdit sa fonction « sacerdotale ».

Une véritable mythologie minière existait également et s'opposait, en quelque sorte, à celle de la montagne, c'est-à-dire à celle de l'infiniment grand. Car, dans les entrailles de la terre, évoluaient des génies souterrains :

« Pygmées, gnomes, knockers, snebergs, kobolds, lutins et farfadets se caractérisent par leur taille minuscule.

« Gaston Bachelard a bien dégagé le sens de cette " rêverie lilliputienne ", qui est celui de l'intimité matérielle : le rêveur se miniaturise pour pénétrer au cœur des choses, dans leurs moindres particules, et les visiter toutes. Alors contemplant les êtres dans leur intériorité, il en acquiert une connaissance intime et profonde [7]. »

C'est à un véritable mariage avec la Terre-Mère qu'ont donc été appelés les habitants des Alpes. Admirant, du fond de leurs vallées, la majesté des sommets qu'ils entourèrent de légendes nombreuses, ils se plongèrent dans l'intimité des profondeurs, là où les métaux les plus précieux sont en « gestation ». Un trait d'union reliait ces deux univers — celui du ciel et celui de la terre — que constituait l' « admiration sacrée » pour un terroir dont la

---

6. *Ibid.*, p. 34.
7. Sylvain MATTON, préface à *Dernier Testament*, de B. Valentin, p. 23.

configuration forçait le respect et ouvrait les cœurs au merveilleux dont ils étaient avides.

L'élévation vers la transcendance

Tout autant que l'exploration des secrets arcanes souterrains, la recherche de l'élévation fut toujours l'une des préoccupations majeures de l'*Homo religiosus*. Les temples nombreux qu'il bâtit en portent témoignage, puisqu'ils étaient le symbole, élaboré de main d'homme, du haut lieu naturel.

« Le lieu sacré est par nature un symbole du transcendant, de l'inaccessible, du surhumain. Une même enceinte cerne le Sinaï, la montagne sacrée, l'église, le sanctuaire, le baptistère, le cimetière, tous les lieux sacrés. Dans les églises, elle est souvent matérialisée que ce soit par une dénivellation qui peut être importante ou par la rupture du plan, comme il est fréquent en Poitou, entre nef et chœur ; le plus souvent la grille du sanctuaire marque la limite que, comme Moïse, les seuls ministres de la liturgie sont appelés à franchir [8]. »

De fait, les vallées alpines entourées de hauts sommets peuvent être considérées comme des répliques naturelles de l'espace sacré. Cela n'échappa nullement aux hommes qui les habitèrent, puisque l'ascension vers ces mêmes sommets est un exploit très tardif : auparavant ils inspiraient une crainte indubitable. Personne n'osait s'aventurer dans ce royaume mystérieux et les cols alpins étaient, seuls, franchis régulièrement. Au-dessus de 2 500 mètres, là où commence véritablement la montagne avec ses glaciers éclatants et ses pics granitiques, personne, jusqu'au XVIIIe siècle, ne s'était engagé. Aimé Michel nous le confirme dans son texte paru dans l'excellent ouvrage, *Histoire et guide de la France secrète* :

« Jusqu'au milieu du XVIIIe siècle, toute la partie du territoire français située au-dessus de 3 000 mètres, dans les Alpes et les Pyrénées, était aussi inconnue, même des savants, que le sol de la Lune. Les savants répétaient, sous réserve d'inventaire, ce que leur disaient les montagnards [9]. »

En ce temps-là, qui n'est pourtant pas très éloigné du nôtre, la mythologie montagnarde exaltait encore les créatures fabuleuses

---

8. G. de CHAMPEAUX et dom S. STERCKX, *Le Monde des symboles*, p. 176.
9. Aimé MICHEL, *Histoire et guide de la France secrète*, p. 145.

qui habitaient les sommets, tant les déchaînements soudains et spectaculaires des éléments frappaient les imaginations.

« Au moment où Montesquieu écrivait ses *Lettres persanes,* l'ambassadeur d'Angleterre à Genève, sir Abraham Stanyan, croyait encore que les montagnes étaient peuplées de dragons. Il y en avait dans les grottes du mont Pilate et près des rives du lac de Lucerne. Il y en avait tellement que la police de Lucerne, pour garantir la vie de cette bonne ville, leur interdisait l'approche de la région infestée. Dans son savant ouvrage, *Itinera Alpina,* publié à Zurich en 1723, le naturaliste Scheuchzer consacre de longues pages à l'étude des dragons. Et puisque Scheuchzer y croyait, pourquoi l'ambassadeur anglais n'y aurait-il pas cru ? Et tous les gens sérieux avec lui [10] ? »

Les premiers alpinistes

Ce fut sans aucun doute le désir de mieux pénétrer les secrets de la nature hostile qui poussa les premiers aventuriers à gravir les montagnes. Munis de l'instrument nouveau que Pascal avait expérimenté au Puy-de-Dôme en 1647, ils allaient ainsi pouvoir effectuer de nouvelles mesures d'altitude. Et ces hommes, donc, furent en priorité des *naturalistes,* dont l'un des plus représentatif fut Villars [11], médecin des Hautes-Alpes, dont Aimé Michel nous dit qu'il parcourut à pied, sac au dos, de la Provence à la Suisse, des milliers de kilomètres, allant parfois jusqu'à se hisser jusqu'à 4 000 mètres d'altitude. Il fut l'un des premiers à sentir le secret appel des sommets, que perçurent, après lui, Jean et Guillaume Deluc, médecins suisses. Ces derniers gravirent en 1770 le Buet, sommet des Préalpes du Nord, qui culmine à 3 109 mètres.

Tous ces précurseurs demeurent cependant étrangement discrets quant aux réelles motivations de leurs exploits et aux sentiments éprouvés lors de la réussite. Est-ce à dire que l'exploit est banal ? Il faut, pour mieux comprendre ce fait singulier, se replacer dans l'esprit du XVIIIe siècle, où il semblerait que le seul plaisir de contempler un paysage inconnu justifiait l'activité des premiers alpinistes, sans qu'aucune implication spirituelle n'intervienne.

10. *Ibid.,* p. 144.
11. Dans ce domaine, il faut encore citer au XVIIIe siècle ce pionnier des explorations montagneuses, natif de l'Alsace, que fut Ramon de Carbonnières, qui arpenta l'un des premiers les sommets des Alpes suisses et des Pyrénées (voir *Voyage au Mont Perdu*).

« La superstition du paysage est donc née à la fin du XVIIIe siècle parce qu'il était le siècle des Lumières. Que quelques hommes obéissant à une inquiétude aussi vieille que l'espèce, pussent se lancer dans l'aventure montagnarde obscurément reconnue comme l'échelle d'une ascension au-delà de soi-même, vers une surhumanité à la fois fascinante et invisible, cette idée était aux antipodes des régions de l'esprit explorées par Voltaire, qui recommandait, dans son *Dictionnaire philosophique,* de donner le fouet aux extatiques pour les guérir de leur dérangement [12]. »

Alpinisme et initiation

L'initiation traditionnelle est l'ensemble des épreuves par lesquelles l'homme acquiert des facultés de perceptions idoines à lui faire dépasser les limites du quotidien. Ce n'est point qu'il vive, dès lors, « autre chose », mais il s'intègre différemment à l'activité vitale dans laquelle il est plongé, et qui n'est que l'ensemble des pièces visibles du jeu de construction qu'est l'Univers. La face invisible des réalités, l'initié la perçoit ainsi analogiquement, en pénétrant les arcanes du monde vivant et visible.

Or la montagne peut être considérée comme un terrain de prédilection pour l'initiation. Dès lors, les escaliers symboliques que l'on fait gravir à l'initiable dans certains rituels, dont le nombre de marches est soigneusement compté, prête à rire, car, pour que l'initiation soit effective, il faut qu'elle s'imprime dans la chair du néophyte. Il doit éprouver et surmonter réellement les épreuves, et non seulement les imaginer, voire les comprendre. Il n'est de véritable initiation que celle qui change radicalement l'individu parce qu'il a positivement lutté. Aussi bien, les rites pratiqués aujourd'hui encore chez certaines peuplades d'Afrique nous instruisent-ils grandement quant à son sens : le candidat à l'initiation risque sa vie durant le déroulement des épreuves, et s'il en sort vainqueur, il sera véritablement métamorphosé.

Voici comment le regretté compagnon Raoul Vergez raconte l'initiation de Colas de Montdidier, au Moyen Age.

« Sans un mot de trop, le Rouleur prit le bras de Colas et par une simple mimique de la tête désigna un énorme tas de grosses pierres (il y en avait soixante stères) et dit simplement... — Une à une, tu les transporteras jusqu'au bout de la nef... Toutes, Colas, ce

---

12. Aimé MICHEL, *Histoire et guide de la France secrète,* p. 151.

sera non ta punition, mais au contraire ta rédemption spirituelle...
Va ! Colas, toutes !... Jusqu'au bout de la nuit... Jusqu'au bout de tes souffrances [13] !

Cet effort rédempteur, librement consenti, n'est-ce point également la clé de voûte de l'alpinisme ?

Écoutons Gary Hemming lors d'une entrevue recueillie au lendemain du 22 août 1966, où il parvint à sauver deux alpinistes allemands perdus sur la face ouest des Dru, exploit que soixante sauveteurs n'avaient pu accomplir :

« La montagne, c'est une *initiation*, au sens propre du mot. C'est une façon de s'éprouver (...) La montagne est une initiation que tu renouvelles chaque année. Tu t'en vas, tu te testes, tu te retrouves. Après, tu es plus capable de t'accepter toi-même. Tu vois, je vis dans le royaume des rêves, la montagne me met dans le royaume de la réalité. En face de la vie et de la mort, tu te prouves ta propre sincérité [14]. »

Ainsi chaque année, de plus en plus nombreux sont les hommes qui viennent se plonger dans ce « royaume de la réalité ». Ils arrivent des contrées les plus lointaines : Japon, États-Unis, et il n'est pas un pays qui n'abrite son candidat à l'initiation alpine. De plus en plus nombreux, également, sont ceux qui périssent dans cet univers implacable où aucune faiblesse n'est acceptée. Ici, c'est la nature elle-même qui juge les hommes et délivre les accessits et les prix d'excellence.

Comparant la quête alchimique à l'alpinisme, Aimé Michel a touché sans aucun doute le fond du problème, puisqu'il est profondément vrai que cette quête transforme le chercheur « en lui ouvrant d'autres mondes ou d'autres dimensions de lui-même. Comment ici encore ne pas penser à la montagne, où l'on sait bien que le sommet, but concret de l'effort, n'a aucune importance, mais où en revanche sa longue, difficile et dangereuse conquête transforme, peu à peu, le grimpeur jusqu'à faire surgir de lui, parfois, des pouvoirs cachés ? On a vite fait de parler alors de surnaturel, de cabanes hantées et de cordées fantômes. Il ne s'agit peut-être de rien autre que des premières lueurs d'un monde caché, habituellement invisible derrière les apparences, et qu'un effort surhumain fait entrevoir à travers les barrières de l'inconscient un moment écartées [15] ».

13. Raoul VERGEZ, *Les Illuminés de l'Art royal*, p. 83.
14. In Aimé MICHEL, *Histoire et guide de la France secrète*, p. 152.
15. *Ibid.*, pp. 57, 58.

Retenons encore ceci : « Le surhumain entrevu ne répond qu'à la mise. Il ne délivre nul affinement moral, nulle illumination intellectuelle propres. Il ne nous transforme pas : il se borne à transfigurer ce qu'on est en le révélant [16]. »

Oui, alchimie et montagne sont bien des *miroirs* qui ne nous montrent que nous-mêmes. A partir de cet instant, qui est l'initiation — du latin *initium,* commencement —, on peut réellement espérer se dépasser. Nous sommes ici en conformité avec l'adage philosophique célèbre : *Connais-toi toi-même.*

Car de cette connaissance intime rayonne, immanquablement, celle de l'Univers qui nous entoure.

---

16. *Ibid.,* p. 159.

DEUXIÈME PARTIE

*Les énigmes du néolithique
et l'occupation romaine*

DAUPHINÉ

1.

Des temps préhistoriques aux Allobroges

Profil originel du Dauphiné

En 1972, le compte rendu des recherches menées durant de longues années par trois Dauphinois suscita quelques remous dans le domaine de la géologie, voire de l'ethnologie, puisqu'il bousculait les données ordinairement admises. Comme cela se produit toujours, une vague de protestations déferla sans même que l'on prît la peine de vérifier les assertions de Florent Camoin, spéléologue et historien, Francis Camoin, technicien hydrogéologue licencié ès sciences mathématiques, physiques, géologiques et minéralogiques, et leur ami Marc Brissand, licencié ès sciences mathématiques, ingénieur hydraulicien et géologue.

Ces trois chercheurs, au cours de leurs patientes pérégrinations, ont fait sur le plateau du Vercors des découvertes extraordinaires, qui donnent de précieuses indications quant au profil des Alpes, dans ce secteur du Dauphiné, voici plusieurs dizaines de millions d'années. Le plateau était alors en partie immergé, ainsi que l'attestent, tout à la fois, le profil actuel du terrain et les restes de petits animaux marins : coquilles de bivalves, débris d'ursidés, restes de spongiaires et de bryozoaires, et même de coraux !

Ces derniers, récupérés dans une grotte dont on veut qu'elle soit d'origine glacière, démentent irréfutablement cette hypothèse. Que dire, aussi, du cimetière de tortues géantes découvert près du col de la Croix-Perrin, à plus de 1 000 mètres d'altitude ? On ne saurait, en effet, nier l'évidence lorsqu'elle se propose avec autant d'insistance. Mais celle qui eut le plus grand retentissement, parmi toutes ces découvertes, fut celle d'une « tête minéralisée », vieille de 300 000 à 400 000 années. Jusqu'à ce jour, les ossements humains les plus anciens découverts dans les Alpes datent de 90 000 ans ; dès lors on perçoit l'importance de l'affirmation des trois géologues.

Une « tête minéralisée » ?

L'être à qui appartint cette tête d'une capacité crânienne d'environ 780 cm^3, semble avoir été un intermédiaire entre le sinanthrope et le pithécanthrope de Java. Il semblerait avoir disparu du Vercors voici quelque 250 000 années, lors du déroulement d'un cataclysme qui aurait dévasté la région.

Néanmoins, Jacques Debelmas, directeur de l'Institut de géologie de l'université de Grenoble-I, et Aimé Bocquet, directeur du Centre de préhistoire alpine, ne semblent pas partager l'enthousiasme de Florent et Francis Camoin, puisqu'ils affirment qu'il ne s'agit point là d'une « tête minéralisée » et que cette découverte ne comporte donc aucun intérêt. C'est là une querelle de spécialistes qu'il est malaisé de trancher, bien que les restes d'animaux marins, découverts en nombre important, et ne se rattachant pas directement à l'origine de la « tête » du préhominien du Vercors, fournissent de précieux renseignements sur l'évolution du profil de ces plateaux alpins.

Le Dauphiné, composé actuellement des trois départements de l'Ain, de l'Isère et de l'Ardèche, se partage en basses et hautes régions. Le but de cet ouvrage étant de découvrir ce que fut l'histoire des Alpes, il ne sera pas indispensable d'examiner tout ce qui n'est pas enclos dans le massif montagneux, eu égard au fait, aussi, qu'une histoire générale du Dauphiné nécessiterait une recherche quelque peu différente [1].

Néanmoins il est bon de savoir que cette province se trouve caractérisée par deux territoires nettement distincts, le Bas et le Haut-Dauphiné, ce dernier étant essentiellement constitué par le Briançonnais, l'Oisans, l'Embrunnais, le Champsaur et les autres massifs de moindre importance.

---

1. On consultera avec profit notre ouvrage écrit en collaboration avec Guy Béatrice, *Terre du Dauphin et Grand Œuvre solaire,* où l'histoire secrète du Dauphiné, ainsi que ses origines mythiques, sont examinées avec précision.

Un peuplement énigmatique

Les connaissances sont extrêmement pauvres, concernant la préhistoire et la protohistoire de ces lieux. On suppose simplement que les premiers occupants remontèrent des régions méridionales, au fur et à mesure que les glaciers, se retirant, livraient un terrain habitable. Il y eut cependant une rencontre avec des hommes venant du nord, comme nous le verrons plus loin. Le mont Rachais, ainsi que les sites de Saint-Martin-le-Vinoux, La Buisse, Fontaine, le lac de Paladru et les grottes du Vercors ont livré à l'analyse quelques rares vestiges. Des silex taillés aux fragments de poterie, on peut suivre en pointillé la ligne d'une évolution humaine qui ne s'épanouit que lentement et progressivement.

Il ne saurait en être autrement, puisque le Haut-Dauphiné dut être, en ce temps-là, profondément inhospitalier. Le gibier lui-même, dont les migrations étaient suivies par les tribus de nos lointains ancêtres, devait y être rare ou, en tout cas, peu accessible.

Les vallées et contreforts qui entourent Grenoble n'ont guère été habités par des sédentaires que vers le IXe siècle avant Jésus-Christ, c'est-à-dire au premier âge du fer. Pour cette période, les vestiges sont encore rares, et puisqu'ils concernent la zone la plus hospitalière des Alpes dauphinoises, on peut supposer qu'aux alentours, là où la montagne s'élève brusquement à des altitudes respectables, toute activité humaine devait être, sinon absente, à tout le moins fort réduite. Qui pouvait avoir la prétention téméraire de s'engager au sein de ce relief hostile, alors que la cuvette grenobloise offrait des possibilités acceptables d'installation ?

Un peuple singulier : les Allobroges

« Les Allobroges, affirme Alphonse Vernet, sont simplement, ainsi que l'indique leur nom, des Celtes, habitants des montagnes de la Suisse et de la Savoie, qui se sont étendus dans la plaine entre le Rhône au nord et à l'ouest, l'Isère et la Romanche au midi, les Alpes à l'est. Leur nom est formé de deux mots celtiques, *All-brog*, qui signifient hauts villages. (...) Les Allobroges, aussi anciens en Europe que les Celtes dont ils faisaient partie, ont sur leurs compatriotes le mérite d'avoir conservé leur territoire malgré les invasions et les conquêtes [2]. »

2. Alphonse VERNET, *Histoire populaire et anecdotique de Grenoble*, p. 9.

Bien que leurs origines demeurent obscures, on peut affirmer qu'ils étaient totalement étrangers au massif alpin, puisqu'ils ne l'occupèrent que 700 ans environ avant Jésus-Christ. Si l'on en croit les historiens du Dauphiné, bien que les Allobroges aient « été des Celtes, il n'y a pourtant eu que la Gaule lyonnaise et narbonnaise qui ait composé le pays celte et ait fait la Gaule celtique [3] ».

Nicolas Chorier n'hésite point à affirmer, pour sa part, que ce sont les prédécesseurs des Celtes :

« Les Allobroges et leurs voisins ont eu premièrement le nom de Celtes et se sont aidés à le rendre si illustre que les Grecs l'ont donné depuis indifféremment à toute nation d'Occident [4]. »

Selon Albert Grenier, enfin, ils seraient venus indubitablement d'un autre pays, puisqu'une scholie de Juvénal explique ainsi leur nom : *ex alio loco translati*. Néanmoins leur installation dans les Alpes précéda la seconde invasion celtique venue du Harz, puisque Valbonnais nous indique, à la suite d'autres historiens, que « sept siècles avant J.-C., d'autres Celtes abandonnent le nord de la Gaule, chassent les Ligures à la gauche du Rhône et les Ibères au sud des Cévennes, s'avancent jusqu'à la Méditerranée et l'Espagne ».

Alphonse Vernet résume pour sa part l'ensemble des croyances légendaires relatives aux origines des Allobroges, sans toutefois trop y croire : « Chaque peuple veut avoir une origine exotique et illustre. Je ne suivrai pas *Annius de Viterbe* faisant remonter les Allobroges aux premiers hommes de la Genèse — ni après lui *Taillepied* prétendant que la diffusion des langues n'arriva que sept cents ans après le déluge ; que *Gomer,* descendant de Japhet, fils de Noé, partit vers cette époque pour s'établir en Gaule, et qu'*Allobrose,* arrière-petit-fils de Gomer, fut le quinzième roi des républiques druidiques ; — ou encore le *Fodéré,* indiquant l'arrivée en Ligurie, puis au pied des Alpes Cottiennes, d'une colonie sous la conduite de *Tuiscon,* arrière-petit-fils de Japhet. Un de ses successeurs, Allobrose, iduméen de naissance, élu roi par une portion de cette colonie, aurait donné son nom au pays qu'elle occupait [5]. »

---

3. H. GARIEL, *Dictionnaire du Dauphiné,* t. I, p. 24.
4. Nicolas CHORIER, *Histoire générale du Dauphiné,* p. 12.
5. Alphonse VERNET, *op. cit.,* p. 9.

L'épopée de Brennus

La religion des Allobroges était évidemment celle des druides, dont le nom signifie « les très savants », si l'on s'en tient à la forme gauloise *dru-wid-es*. On y découvre par la même occasion la racine latine de *videre*, « voir », le gothique *witan* ou l'allemand *wissen*, « savoir », la racine gaélique *droi*, autant d'indications qui confirment que les druides furent des mages et des voyants.

Au reste, *druidheacht* signifie « divination », « magie ». Les initiés avaient leur siège, pour l'Allobrogie, à Vienne, alors que Cularo, l'ancêtre de Grenoble, était sous l'autorité d'un Ovate. La légende rapporte également qu'un collège de druidesses s'y épanouit, au sein duquel se distingua Velléda, une druidesse qui semble bien avoir eu une existence toute mythique. Elle est, dans la religion druidique, une sorte d'archétype, et plus précisément celui de la voyante ; pour cette raison, on lui attribue des textes prophétiques en rapport avec la fin des temps.

Un autre personnage dont la vie historique se mêle à la légende fut issu de ce terroir dauphinois. Il s'agit de Brennus dont le nom signifie « petit roi » ou « roi de la tribu » et qui, ayant été recueilli par le roi des Allobroges Segin, en épousa la fille. Levant une armée, il part à la conquête des territoires sur lesquels gouverne son frère Bellinus et, après une réconciliation, tous deux décident de passer en Italie où ils s'emparent de la ville de Rome. L'épopée de Brennus — deux personnages se distinguèrent successivement sous ce même nom — est l'une des plus initiatiques de la mythologie celtique, et son examen révèle des arcanes d'importance. On peut en déduire, en définitive, que Brennus fut un « ferment » de l'histoire gauloise et que sa vie retrace les multiples étapes de la réalisation spirituelle de son peuple. Il aura joué, en quelque sorte, un rôle archétypal auquel put s'identifier l'Allobrogie tout entière avant qu'elle ne devînt le Dauphiné.

Et lorsqu'on sait que l'un des deux « Brennus » se rendit à Delphes pour y conquérir son or, on comprend pourquoi le territoire des Allobroges qui revinrent de cette lointaine expédition aurait pu s'appeler, dès lors, *Delphinatus* [6].

Les Allobroges-Médules, installés sur la rive droite de l'Isère

---

6. « Delphinatus » étant évidemment ici l'équivalent latin d'un vocable celte ayant un sens analogue. Ce que nous voulons dire, c'est que le territoire fut peut-être placé sous l'égide du « dauphin » apollinien.

dont le nom évoque Isis la Noire, s'allièrent très tôt aux Voconces-Tricolles qui occupaient la rive gauche du fleuve. A partir de ce moment-là Cularo s'étendit de part et d'autre de cette importante voie de communication car, dès 590 avant J.-C., les Allobroges l'utilisèrent pour leur commerce avec Massalia. On rapporte que les qualités de ces guerriers indomptables dépassaient très largement le cadre de la Gaule. C'est ainsi que lors de la prise de Rome par Brennus, la seule vue des guerriers celtes effrayait les Romains. Tout en faisant la juste part de la vérité et de l'exagération, on peut remarquer cependant qu'Hannibal, lors de son passage dans les Alpes en 219 avant J.-C., les enrôla dans ses troupes, tant ils lui avaient fait forte impression. Grâce à eux, il fut conduit en Italie par Brigantium (Briançon) et le mont Genèvre, qui était alors le mont Januarius dédié au dieu Janus, divinité des *portes* et des *passages*.

Situé en un lieu de transit privilégié, Cularo devint rapidement florissante grâce, surtout, au commerce avec Massalia, qui ne cessait de prendre de l'expansion. Les alluvions du Drac ne permettaient pas que la bourgade s'étendît au sud, là où s'ouvre la cuvette naturelle située entre les trois massifs alpins et où aboutissent, conséquemment, trois vallées. Pour cette raison, sans doute aucun, la ville qui s'étirait de part et d'autre de l'Isère, serrée contre le mont Rachais, revêtit en ces temps-là une importance moindre, comparativement à Vienne. Tout ici devait être inhospitalier, et le terrain et le climat. Ces difficultés nombreuses devaient néanmoins servir de moule au caractère des Allobroges qui apprirent à vivre avec elles. Il ne semble pas que les traits caractéristiques, tant moraux que physionomiques, des habitants des vallées alpines, aient subi des modifications marquantes au fil des âges.

La montagne les a protégés, en sorte qu'il n'est pas rare, aujourd'hui encore, de rencontrer dans les villages des personnes qui répondent au « modèle » primitif de l'Allobroge, tel que le décrivent quelques historiens : taille moyenne, membres maigres à la musculature longiligne et vigoureuse, visage aux pommettes saillantes et ovales, nez mince et aquilin, yeux clairs et vifs.

Comme cela arrive toujours en pareil cas, la richesse des Allobroges suscita des envies, et les Romains, qui découvrirent très tôt l'importance stratégique de Cularo, s'y installèrent, obligeant ceux des habitants qui ne voulurent point se soumettre à fuir dans les montagnes avoisinantes.

2.

L'influence romaine et l'installation des Burgondes

La conquête romaine

L'Eduen Acco, jaloux de la puissance de Brancus et des Goessates, fit appel aux légions romaines pour assouvir sa haine et sa soif de pouvoir. Alors qu'il venait de battre les Liguriens, Domitius Ænobarbus, étendant sa puissance jusqu'à la Durance, s'avançait vers l'Allobrogie à la tête d'une armée de 40 000 hommes. Les Allobroges, commandés par Dunowing, malgré leur courage et leur énergie farouche, ne purent que repousser la première attaque lors de la bataille de Vindalie ou de Sargues. La seconde poussée romaine fut fatale au peuple alpin qui, perdant son chef dans le combat, ne put point contenir l'armée trop nombreuse des Romains.

Dès − 154 les troupes romaines avaient pénétré en Gaule et battaient successivement les Voconces et les Salyens en − 125 et − 122. Ces victoires, qui précédèrent celle remportée aux dépens des Allobroges, inauguraient une longue période de domination romaine et des disgrâces multiples pour le peuple alpin. Après la dispersion d'une partie de la population dans les différentes vallées, la vie s'organisa dans les bourgades. Les sciences et les arts prospérèrent sous l'impulsion des apports romains et grecs, et l'esprit vif des habitants du Viennois fit beaucoup plus que s'adapter aux techniques de l'occupant latin. Selon Pline, les Allobroges étaient passés maîtres dans le travail du verre et on leur devrait également la découverte du vilebrequin et de la tarière. Quant à Philostrate, il affirme que les Romains apprirent à leur contact le moyen de construire des chars particuliers et de fixer les charges pour chacun d'eux selon le nombre des essieux. Cela dénote un extraordinaire esprit inventif pour un peuple dont on voudrait qu'il ait été barbare et primitif. Il n'en avait pas moins pour autant perdu toute autonomie ainsi que ses biens. Frappés de lourds impôts, humiliés et parfois martyrisés, les Allobroges subissaient la terrible loi de l'envahisseur.

Le temps des incertitudes

Après la mort de César, Octave allégea quelque peu le joug qui pesait sur leurs épaules. Vienne devint cité romaine, alors que Cularo, Genève, Aoste, entre autres, furent ses *vici*.

Le paganisme romain ne supplanta pas immédiatement le druidisme. Celui-ci lutta quelque temps et persista grâce à sa puissante et occulte organisation. Mais l'on ne possède aucun document qui puisse, avec précision, nous renseigner à ce sujet. Et pourtant, la Grèce, par exemple, donnait naissance, à cette même époque, à des chantres qui devaient l'immortaliser : Homère, historien de la guerre de Troie ; Hérodote, conteur des guerres médiques ; Thucydide, historien de la guerre du Péloponnèse. A ces vers passionnés ne répondent que les brumes de l'histoire gauloise : rien de tout cela ne s'épanouit dans le pays des druides dont on sait néanmoins qu'ils avaient élaboré toute une croyance religieuse complexe et raffinée.

Les Romains, pour leur part, construisent des temples dédiés à Mars, Saturne, Diane, alors que parallèlement subsistent les temples allobrogiques dédiés à Teutatès et à Hésus. Ce n'est certes pas en vertu de l'apophtegme qui veut que les peuples heureux n'aient point d'histoire que les Allobroges ne nous ont rien légué de leur passé. Leur captivité fut en effet durement ressentie, mais l'on sait qu'il n'était pas admis dans la religion druidique d'écrire, si peu que ce fût, les événements d'une histoire qui gardera à tout jamais ses secrets. Vivant pleinement dans un présent qui leur imposait l'autorité d'un peuple étranger, obligés de se mêler à lui pour la multitude des activités quotidiennes, les Allobroges n'en gardèrent pas moins leur profonde identité et ne firent que s'entourer davantage encore de mystère, afin de préserver ce qui, dans leur intimité, faisait leur originalité.

Avec Tibère et Caligula, l'administration romaine régulière fut partout imposée, mais sous le règne de Claude les vexations et les cruautés qui avaient été oubliées depuis trente années recommencèrent. Vestinus, profondément peiné par cette situation, décida de se rendre à Rome où il avait rempli la fonction de consul. Rencontrant Néron à qui il exposa les faits, il obtint le rétablissement des franchises et immunités. On prétend cependant que ce fut Statilie Messaline, son épouse, qui se montra le plus convaincante, peut-être malgré elle : Néron en devint éperdument amoureux et, afin de parvenir à ses fins, il n'hésita point à faire exécuter Vestinus, en 65, après qu'il fut accusé d'être complice du conspirateur Pison. On imaginera sans peine l'indignation des Allobroges à l'annonce de cette condamnation.

Julius Vindex, qui venait de lever une armée, lassé des crimes de l'empereur, se préparait à la révolte et il n'eut aucune peine à faire accourir les Goessates. Néron n'a dès lors qu'une seule ressource : lui opposer la colonie romaine de Lugdunum, sur laquelle marchent déjà Julius et les Allobroges. A la suite de son refus d'être nommé empereur, ce sera Galba, gouverneur d'Espagne, qui assumera cette charge. La bataille fait rage et Virginius Ruffus défait les troupes insurgées, alors que leur chef trouve la mort au cours de ce combat, en 69 de l'ère chrétienne.

Avec les débris de l'armée défaite, Galba arrive à Cularo et décide de marcher sur Rome. C'est alors que lui parvient la nouvelle de la mort de Néron et la proclamation à l'empire de Vitellius. Il revient à Cularo avant que de se rendre à Rome, en pure perte. Car déjà Vitellius et les troupes de Germanie sont en marche pour atteindre l'Italie, et ils devront traverser le territoire allobrogique.

Agé de soixante-quatorze ans, Galba sera assassiné sur le Forum le 15 janvier 69, laissant aux Allobroges le souvenir de ses libéralités.

Dès lors Fabius Valens pille inexorablement la province, dépouille les habitants riches, vend les autres comme esclaves et distribue les femmes à ses officiers. Othon décide de venger ces offenses, mais sa tentative échoue et il se suicide aux portes de Cularo.

L'ordre ne sera rétabli qu'après le départ des troupes de Fabius pour la Bretagne : en effet, Vitellius, inquiet devant les nombreuses exactions, prend cette décision salutaire.

La province connaît enfin une période de calme qui se maintiendra sous les règnes de Vespasien, Titus et Domitien.

L'arrivée du christianisme

Le christianisme fit son apparition dans les Alpes dauphinoises dès le Ier siècle après J.-C. avec la venue de saint Nazaire et saint

Polycarpe. Il semblerait que la doctrine nouvelle ne rencontra pas un succès immédiat auprès des Allobroges : peut-être étaient-ils trop absorbés par les démêlés politiques et humains qui les opposaient aux Romains pour accorder une attention suffisante à l'effort d'évangélisation de Nazaire, dont la renommée se répandit sous le règne de Trajan. Originaire d'Asie Mineure, il parcourait d'immenses territoires à la recherche de son fils qui avait été enrôlé dans l'armée romaine et aboutit un jour à Genève. C'est ce que raconte la légende populaire. Ne rencontrant qu'un succès limité en ces lieux, le christianisme se répand rapidement au nord, gagne le territoire des Germains et revient vers le sud, jusqu'à Lugdunum. Peu à peu, des insurrections accompagnent les « porteurs de la bonne nouvelle », qui prêchent l'égalité, la justice et condamnent les sacrifices sanglants. Cette religion révolutionnaire, qui prétendait que les esclaves étaient fils de Dieu et méritaient par conséquent de vivre en liberté, ne tarda pas à inquiéter l'empereur Marc Aurèle. Sans doute ne peut-on juger à sa juste valeur ce que fut le raz de marée chrétien dans le monde d'alors, où la liberté de culte était totale, à la seule condition que chaque religion païenne prêchât une rigoureuse hiérarchie, et que rien ne fût mis en question dans ce qui était le domaine de la politique. Tout au plus voulait-on donner à cette dernière une certaine perspective « mystique » ; l'on allait au temple comme l'on se rend de nos jours au théâtre. Et voici venir, de la lointaine Palestine, une doctrine que prêchait un charpentier accompagné de quelques illuminés, lesquels n'étaient que des grains de sable dans l'immensité de l'empire ! Mais l'on sait que les mécanismes les mieux réglés sont parfois mis en échec, très justement, par un simple grain de sable...

Il faut voir, dans la lenteur de l'évangélisation en Allobrogie, le résultat d'une puissante machination romaine. Au reste, lorsque cette emprise faiblira, les Allobroges, comme tous les Celtes, seront rapidement gagnés par la religion chrétienne et cela se fera sans heurts apparents. On peut en conclure, sans risque d'erreur possible, que les druides, non seulement ne furent pas hostiles au christianisme, mais y découvrirent l'épanouissement, voire peut-être la continuité, de leurs propres croyances. L'Histoire demeure muette devant ce phénomène mystérieux d'osmose et les théories les plus invraisemblables ont été émises à ce sujet. Un fait est évident cependant : la conversion au christianisme des Celtes s'est opérée avec une rapidité inouïe qui témoigne d'une indéniable harmonie d'idées entre la religion révélée du Christ et le druidisme.

L'épanouissement de la religion nouvelle

En 227, de nouvelles invasions menacent les Alpes dauphinoises. Crocus et les Vandales, franchissant le Rhin, se dirigent vers le midi de la France, dévastant tout sur leur passage. Les habitants du Nord fuient devant les hordes barbares et viennent se réfugier en pays goessate, car la réputation de bravoure de ses habitants ne leur est pas inconnue. Crocus lui-même, courageux mais point téméraire, franchissant le Rhône, hésite avant de rencontrer les troupes de Posthume. Effrayés, les envahisseurs sont pourchassés et rejoints en Arles où ils sont battus. Leur seule ressource demeure dans la fuite vers les Pyrénées, alors qu'ils ont perdu leur chef dans ce furieux combat.

Il faudra attendre l'avènement de Constantin et le IVe siècle de l'ère chrétienne pour que le christianisme prenne véritablement son essor en Allobrogie. Passant les Alpes en 319, l'empereur bien-aimé y revint en converti, puisque déjà il avait séjourné en 312 à Vienne et Cularo, lors des préparatifs de sa marche sur Rome.

En accord avec Lucinus, il révoqua les édits encore existants qui freinaient l'expansion de la religion chrétienne, mais déjà les habitants de la province désertaient en masse les autels païens pour s'adonner aux rites du culte nouveau.

A partir de ce jour on assistera à une querelle de doctrine opposant les chrétiens aux ariens qui rencontrèrent beaucoup de succès dans les Alpes. Cette lutte durera jusqu'au VIe siècle et il convient sans doute d'en donner ici un aperçu. Arius, prêtre d'Alexandrie, s'était plié tout à fait aux préceptes chrétiens, mais il était un point particulier de la théologie nouvelle qu'il ne voulait pas accepter. Que le Christ fût le plus sublime des êtres créés, le plus noble des prophètes, cela lui paraissait évident; mais qu'il fût l'égal de Dieu et par conséquent l'une des hypostases de la Trinité, voilà bien une notion qu'il ne pouvait admettre. Il eut néanmoins un grand nombre de partisans qui, se répandant dans le Nord, convertirent les Alemani, les Goths, les Francs, les Wisigoths, les Bourguignons. Clovis, ainsi que Récarède, roi des Wisigoths, étaient également ariens. C'est aux Bourguignons, du reste, que l'on doit l'épanouissement de cette doctrine dans les Alpes, dès le Ve siècle, alors que le concile de Nicée que présida Constantin l'avait condamnée en 325, date à laquelle Arius fut excommunié. Le pape Sylvestre qui rencontra à cette occasion un appui particulièrement efficace de la part de l'évêque de Vienne, fit de cette ville la métropole chrétienne des Gaules.

Un autre concile, celui de 364 qui se déroula à Valence, nous livre des détails intéressants quant aux mœurs de l'Église d'alors. On y arrêta, entre autres choses, que les bigames ne pourraient accéder à la prêtrise, ce qui laisse supposer que non seulement les prêtres étaient mariés, mais qu'ils avaient gardé la coutume gauloise autorisant tout homme à avoir une concubine. Ce ne sera donc que par « décantations » successives que se modifieront les mœurs et la vie de ceux qui devaient devenir « pêcheurs d'hommes » et « pasteurs de l'Église du Christ ».

D'illustres figures du christianisme marquèrent cette province de leur présence. Saint Émilien et saint Sexte dirigèrent la destinée spirituelle de Vienne. Il ne faudrait point oublier non plus saint Marcellin, fondateur vers 360 des évêchés de Gap et Embrun ; Restitut, que la légende apparente à Sidoine, aveugle-né auquel le Christ donna la vue, et qui fut le premier évêque de Saint-Paul-Trois-Châteaux ; saint Crescent, saint Zachaire, saint Just, saint Denis ; saint Avit, évêque de Vienne de 490 à 518 et frère de saint Apollinaire. Autant de personnages qui contribuèrent à implanter définitivement le christianisme dans le Dauphiné qui devait accueillir, dès le Ve siècle, les Bourguignons.

Des Bituriges aux Bourguignons

Les origines historiques des Bourguignons sont très mystérieuses et certains historiens en font les descendants des Bituriges qui, sous les ordres de Sigovèse, entrèrent en Allemagne et s'installèrent sur les rives de la Vistule et de l'Oder ainsi qu'en Prusse méridionale.

On verra plus loin ce qu'il convient de penser de cette hypothèse puisque les Bourguignons auront leur juste place dans le chapitre consacré plus spécialement à la Savoie qu'ils habitèrent vers 438.

En 442, donc, on annonça à Gratianopolis qu'un grand nombre d'hommes, vêtus étrangement, avaient été aperçus à *Tovetum* (Le Touvet) se dirigeant vers le sud-est. Une troupe sommairement levée et armée se rua à leur rencontre et s'arrêta, stupéfaite, devant le groupe d'hommes, de femmes et d'enfants à peine vêtus, vidés de toute énergie par la longue marche. A leur tête marchait Hlode-Gisile, fille de Gundioch, qui venait demander asile et protection aux habitants de Gratianopolis. Portée en triomphe, elle prépara l'entrée de son père connu aussi sous le nom de Gundicaire, et le christianisme servit de ciment à l'union fraternelle des deux peuples. Peu à peu, les Burgondes remplacent les Romains dans toute l'Allobrogie. L'empire vieillissant s'écroulait lamentablement et la sagesse de Gundicaire séduisit rapidement la population alpine qui supportait, depuis de nombreux siècles, une autorité souvent capricieuse et versatile, et vivait dans la crainte constante des invasions venant du nord et de l'est. Trouvant dans le chef burgonde l'homme doux, vertueux et ferme qu'elle cherchait depuis longtemps, l'Allobrogie devint l'une des pierres maîtresses du premier royaume de Bourgogne.

SAVOIE

Les brumes de la préhistoire

Du Rhône aux Alpes

Il n'est que de parcourir, de nos jours encore, les Alpes savoyardes pour comprendre les propos de Marc R. Sauter, professeur à l'université de Genève et directeur de l'Institut d'anthropologie, qui s'est penché sur la période préhistorique de cette région. « C'est un territoire serré entre la crête des Alpes et le Rhône. La montagne y dicte sa loi, d'autant plus tyrannique qu'elle s'applique à des hommes encore mal armés pour y résister. Massifs alpestres aux vallées mal contournées, vite encombrées par les glaciers en crue, Préalpes peu propices aux passages, plis jurassiens doublant d'un relief très orienté la barrière du Rhône, prolongeant celle, plus sévère, du Léman : au milieu de tous ces obstacles — où les lacs d'Annecy et du Bourget ne facilitent rien —, il ne reste qu'un entonnoir assez étroit, ouvert du côté de Genève et dirigé sur l'Isère et sur la plaine du bas Dauphiné[1]. »

Voilà bien le cadre où évoluèrent les peuplades primitives qui occupèrent l'actuelle Savoie et dont on ne connaît, au demeurant, que peu de chose.

Ce dont on peut être certain, en tout cas, c'est que le déterminisme du relief joua un grand rôle, tant pour le mode de vie que pour la formation et l'épanouissement de l'idéal religieux de ces hommes dont l'ombre seule nous est parvenue, en quelque sorte, alors que tout se perd dans la nuit des temps d'avant — 100 000.

Esclaves des glaciations successives, poussées au gré des changements de climat, ces tribus laissèrent néanmoins dès 70 à 60 000

1. Marc M. SAUTER, *Histoire de la Savoie*, p. 14.

avant J.-C. des traces de leur vie de chasseurs dans différentes grottes, répertoriées avec précision depuis le début du siècle.

L'explosion d'un abri, en 1916, permit de découvrir, par exemple, le squelette d'un homme sur lequel on remarqua d'indéniables traces de fractures (tibia, péroné, crâne) qui entraînèrent sans doute une incapacité tant physique que psychologique. Or cet abri, qui se trouvait à l'écart des autres déjà explorés dans le secteur des marais de Troinex, recelait un nombre peu ordinaire d'ossements de batraciens : plusieurs centaines de milliers, selon les chercheurs de l'époque ! Ce fait singulier mérite d'être noté, ainsi que la supposition du professeur Sauter, selon lequel la grenouille fut, pour cet infirme, une proie d'élection.

Certes, les misères de la condition humaine ont dû être un bien lourd fardeau pour l'habitant de la « station aux grenouilles », dont le souvenir nous est parvenu.

Alignements et mégalithes

Avec les agriculteurs néolithiques du IIIe millénaire apparaissent des témoignages archéologiques plus spectaculaires que ceux qui nous furent légués par leurs prédécesseurs. Ce sont ces fameuses « pierres-aux-fées » des légendes populaires citées dans la première partie du présent ouvrage, ainsi que tous les dolmens et pierres à cupules.

On n'ignore plus, de nos jours, que les monuments mégalithiques obéissent à d'étranges schémas et qu'ils matérialisent fréquemment sur le sol d'une région des alignements très stricts. Ces faits ne sont pas les moins singuliers si l'on songe qu'il n'était pas question, en ces temps-là, d'utiliser des méthodes de visée rationnelle. Et pourtant le fait, pour curieux et invraisemblable qu'il puisse paraître, demeure : les alignements mégalithiques témoignent d'une volonté d'ordonner un ensemble et de le rendre cohérent.

Quatre dolmens ne font pas exception, en Savoie, à cette règle, puisqu'on peut les joindre, avec une précision suffisante, par une ligne droite. Deux d'entre eux ont aujourd'hui disparu, ceux de Pers-Jussy et de Cranves-Sales, alors que deux autres demeurent, à Saint-Cergues et à Reignier.

On peut supposer qu'il s'agit, dans tous les cas d'alignements mégalithiques, de la matérialisation d'une certaine « géographie sacrée ». Percevant l'aspect divin d'un terroir, les hommes qui nous ont précédés ont en quelque sorte entrepris de bâtir des lieux de culte en conformité avec les données astronomiques et astrologiques. Cette tradition, du reste, nous est confirmée par les propos du Poïmendres consignés dans les textes attribués à Hermès Trimégiste.

« Ignores-tu donc, Asclepius, que l'Égypte est la copie du ciel ou, pour mieux dire, le lieu où se transfèrent et se projettent ici-bas toutes les opérations que gouvernent et mettent en œuvre les forces célestes ? *Bien plus, s'il faut dire tout le vrai, notre terre est le temple du monde entier* [2]. »

Il ne s'agit plus cependant, dans le cas des dolmens savoyards, de la projection *naturelle* du ciel sur la terre, mais de l'élaboration d'un ensemble *artificiel* qui prolonge et achève la première.

Serait-il sensé de supposer que le hasard présida à l'alignement long de quelque 13 kilomètres sur le sol de l'actuelle Haute-Savoie ?

On ne saurait prétendre que les Anciens n'avaient point de « cartes » pour établir leurs ensembles, ni qu'ils manquaient de points de repère pour les alignements : il leur suffisait, tout simplement, de suivre les tracés célestes, d'épouser les mouvements solsticiaux et équinoxiaux pour être en conformité avec les réalités naturelles. Oui, il ne leur suffisait que de lever les yeux au ciel, chose que l'on ne fait plus guère aujourd'hui.

« Temples » et autels archaïques

Non moins singuliers peuvent paraître les mégalithes situés à 2 000 mètres, voire 3 000 mètres d'altitude. Bien que l'on se refuse à admettre péremptoirement que les pierres à cupules découvertes en ces lieux soient les témoignages de pratiques religieuses archaïques, il est difficile de penser qu'elles puissent avoir une autre fonction.

Au reste, les peuplades d'alors semblent avoir séjourné à des altitudes plus que respectables, comme en témoignent les trouvailles datant de l'âge du bronze. Il semblerait que la recherche du minerai, alors prisé, fût à la base de ces découvertes qui sont les plus intéressantes et qui se situent, pour la plupart, au-dessus de 1 400 mètres.

L'âge du fer ne fera pas exception à la règle, puisqu'un vaste

---

2. *Asclepius*, t. II, p. 326.

cimetière, datant de cette époque, a été découvert dans la région de Moûtiers à plus de 1 100 mètres d'altitude.

Les plus spectaculaires des ensembles mégalithiques sont néanmoins les *cromlechs,* dont deux exemples caractéristiques ont été découverts en Savoie. Le premier au col du Petit-Saint-Bernard, et qui fut traversé par le tracé de la nouvelle route, voici un siècle. C'était un cercle de 72 mètres de diamètre avec, prétendent certains auteurs, une pierre en son milieu. Il est inutile d'insister sur le caractère cosmologique de pareil ensemble, puisque l'on sait que traditionnellement le cercle représente l'univers manifesté circonscrit par la limite que lui a assignée la divinité, et que l'autel trouve sa place parfaite en son centre, où étaient sacrifiés les holocaustes. Cela explique que l'on ait découvert des ossements au centre de ce cromlech alpin.

Un autre ensemble du même type, mais ovale cette fois, se trouverait à quelque 1 275 mètres sur le mont Salève. Le grand axe, orienté nord-sud, aurait 270 mètres de longueur.

Ces vastes ensembles nous prouvent bien qu'un culte était célébré sur les hauteurs, qui étaient des autels par excellence, car *altare,* en latin, vient de « lieu élevé ». Or, pourrait-on découvrir ailleurs un espace sacré qui se plierait avec plus d'exactitude à cette exigence cultuelle fondamentale ?

Les habitants des stations lacustres

On ne peut point passer sous silence la découverte très importante faite dès 1854 en Suisse, qui jette un éclairage nouveau sur le délicat problème des *cités lacustres,* car c'est l'une des énigmes nombreuses de l'Histoire qui se trouve ainsi levée.

Il apparaît en fait que les cabanes n'étaient pas construites sur le plan d'eau lui-même, mais à même la berge, ou très près d'elle, en sorte que la forme ordinairement imaginée se trouve fortement controversée.

On peut se poser de nombreuses questions quant aux aspects singuliers de ce choix, puisque le sol humide des rives n'était sans doute pas le lieu idéal pour qu'une population pût y prospérer. D'autres possibilités ne s'offraient-elles pas, qui auraient pu présenter des caractères plus propres à l'établissement des hameaux ?

Cette objection est la pierre d'angle sur laquelle s'appuient certains esprits critiques pour affirmer que les cités lacustres sont une absurdité – voire une « invention » – sortie tout armée du cerveau de certains historiens. Ce sont là les attaques de quelques archéologues qui basent leur recherche sur des vaticinations de salon et qui n'ont jamais pris la peine de se rendre sur le terrain ni de considérer l'influence fondamentale des changements climatiques survenus durant ces périodes éloignées.

Car, « la forêt que nous avons vue se reconstituer au mésolithique, à la faveur de l'adoucissement postglaciaire, s'est modifiée ; ce ne sont plus les bois relativement légers de la corylaie (noisetiers). Ceux-ci ont cédé la place à des associations forestières plus vigoureuses : la chênaie mixte (chêne, orme, tilleul). On a là une sorte de forêt vierge drue de feuillus, que le paysan primitif des environs de 3 000 av. J.-C. ne peut défricher qu'à grand-peine, par écobuage [3] ».

Cela paraît être une raison suffisante pour expliquer la prolifération des cités lacustres autour du lac Léman, dont certaines se trouvaient à l'actuel emplacement des villes de Genève et Thonon-les-Bains.

Occupation et soumission des Allobroges

La Savoie ne correspondit pas, originellement, à une entité territoriale distincte. Elle appartenait en fait au territoire fort vaste sur lequel les Allobroges exerçaient leur domination. On peut cependant dire que celle qui deviendra la *Sapaudia* du Bas-Empire couvrait la partie des terres allant du Rhône à l'Isère, ainsi que des districts de moindre importance dans les vallées de l'Arve, de l'Isère et de l'Arc.

Sans doute est-il utile de revenir ici sur l'épisode relaté par Tite-Live, concernant la venue, en Allobrogie, d'Hannibal. Son projet de combattre Rome par voie terrestre et non plus maritime, s'il s'est avéré profondément original, n'en a pas moins posé de sérieux problèmes, eu égard à l'inhospitalité du territoire qu'il traversa et à l'hostilité que lui manifestèrent ses habitants.

Les combats livrés par les troupes carthaginoises ne nous sont pas connus avec exactitude, pas plus, du reste, que l'itinéraire précis que suivirent ces 40 000 hommes et leurs animaux. C'était véritablement une population tout entière qui se déplaçait ainsi, qu'éprouva indéniablement le climat auquel les Africains n'étaient nullement habitués. A partir de cette date (− 218 environ), l'histoire de

---

3. Marc M. SAUTER, *op. cit.*, p. 31.

l'Allobrogie s'appauvrit et il faudra attendre la conquête romaine, qui eut lieu un siècle plus tard, pour que des jalons sérieux apparaissent.

On sait déjà, pour l'avoir précédemment rencontré, que l'épisode douloureux de *Vindalium,* en − 122, devait inaugurer une longue période de disgrâces pour le peuple alpin. Si l'on s'en tenait aux relations des Romains, les Allobroges nous apparaîtraient comme d'obscurs barbares. C'est ainsi, en effet, qu'ils furent présentés lors du procès de Manilius Fonteius que défendit Cicéron, avec, on l'imagine, un franc succès. Fort heureusement, l'Histoire nous a laissé les témoignages dignes de foi de Pline et Philostrate qui rendent tous deux hommage au génie de ce peuple écrasé sous le joug romain. On sait, hélas ! que les vainqueurs embellissent toujours les faits à leur avantage. Ainsi, sans doute, les conquérants du vaste continent américain tinrent-ils les Mayas et les Aztèques pour de méprisables primitifs. Or nous ne faisons que découvrir, avec émerveillement, le raffinement de ces civilisations énigmatiques.

Pareillement, comment peut-on taxer de barbarie les artistes à qui l'on doit les magnifiques ornements, vases, coupes et statuettes que l'on découvre dans les Alpes et qui datent, par exemple, du Bronze final, soit une période se situant douze siècles av. J.-C. !

Après avoir défendu la plupart des oppresseurs des Allobroges, Cicéron reconnaît cependant leurs mérites au procès de Catilina. Il est néanmoins difficile de savoir où commençait l'honnêteté du célèbre orateur et où s'arrêtait sa part de démagogie...

En ce Ier siècle avant J.-C., donc, l'histoire de la Savoie proprement dite se confond avec celle de tout le territoire allobroge.

Néanmoins, en − 58, la tentative d'émigration des Helvètes amènera César à prendre un certain nombre de décisions qui concernent, tout particulièrement, Genève et la rive gauche du Rhône.

Aussi singulier que cela puisse paraître, les Romains, qui occupaient les terres transalpines depuis de nombreuses décennies, n'avaient point entrepris encore la conquête des Alpes proprement dites, ce qui, on le conçoit aisément, rendait les communications et les passages très difficiles. On verra dans la partie consacrée au Val d'Aoste comment fut élaboré et appliqué le vaste plan d'Auguste qui entreprit de soumettre plus de quarante tribus et d'occuper huit cents kilomètres carrés de terres inexpugnables.

Barbares et envahisseurs

En 277, les invasions barbares alamaniques ravagèrent totalement la Savoie. Cependant les Alamans seront enfin battus par Probus, et lors de leur seconde et plus tardive incursion, par Windisch.

On ne peut qu'à grand-peine imaginer ce que fut cette époque où se déchaîna une rare violence et, lors même qu'on veuille aujourd'hui exalter une certaine insécurité urbaine, il n'est que de se souvenir du banditisme et de l'existence précaire de nos ancêtres au début de l'ère chrétienne pour être convaincu que nos temps ne sont en rien comparables à ceux-là. Les déferlements de troupes barbares, véritables raz de marée humains, qui appelleront une répression non moins puissante, firent couler de véritables fleuves de sang.

Par surcroît, la tiédeur du pouvoir alors en place, qui était sous l'emprise de tiraillements internes intenses, ne fit qu'aggraver l'état extrême de confusion qui régnait dans les Alpes. Il fallut attendre quelques décennies et le règne de Constantin pour que se manifestent à nouveau la prospérité et la sécurité.

C'est alors que fut divisé en deux parties ce vaste territoire. D'un côté les Alpes Graies et Pennines rattachées à la Gaule, et de l'autre le diocèse de Viennois d'où, plus tard, seront détachées Genève (Civitas Genavensis) et Grenoble (Civitas Gratianopolitana).

A cette époque apparaît enfin pour la première fois le mot *Sapaudia*, dont l'étymologie incertaine est mal définie.

Comme partout ailleurs le christianisme apparaît, qui marque la fin du monde antique, alors que les grandes invasions du IVe siècle s'abattent à nouveau sur cette région, véritable plaque tournante des civilisations.

Les Vandales, les Alains et les Suèves déferlent sur la Gaule qu'ils ravagent impitoyablement jusqu'à l'Espagne : rien ne résistera à leur passage. Les villages seront rasés, les populations décimées et le pays ruiné.

Destinée douloureuse que celle des Allobroges qui durent affronter les Romains, subir leur occupation puis, après, déplorer l'impuissance de ces mêmes occupants devant les hordes nordiques.

Ce fut cette atmosphère de désastre humain que les Burgondes rencontrèrent en Savoie en 443, et avec eux commença le Moyen Age. Mais qui étaient-ils, ces mystérieux barbares qui devaient marquer d'une empreinte indélébile la Sapaudia romaine ?

L'arrivée des Burgondes

Il n'est que de se pencher sur l'enrichissante *Histoire secrète de la Bourgogne*, de G. Darcy et M. Angebert, pour découvrir l'aspect mystérieux de cette peuplade qui occupa la Savoie, ainsi que tout le territoire des Allobroges, au début du ve siècle de notre ère.

Nous avons assisté à leur rencontre avec la troupe sommairement levée à Grenoble, rencontre qui s'effectua au pied de la Dent de Crolles, dans la vallée du Grésivaudan. Mais ces « pèlerins de l'Histoire » qui arrivèrent du nord de l'Europe, qui étaient-ils au juste ? Peut-être est-il bon de se pencher sur l'une des étymologies de ces « géants » qui impressionnèrent fortement les habitants des lieux qu'ils allaient occuper, et cette étymologie-là s'avère être la plus plausible.

« Burgonde » pourrait en effet dériver de « Bergenland » mais, plus probablement, de « Bornholm », île de la mer Baltique qui a l'avantage de s'accorder avec la légende selon laquelle les Bourguignons étaient natifs d'une île mythique. Le symbolisme de l'île, tout comme celui de la montagne, est des plus répandus dans la littérature traditionnelle. On ne retiendra pour mémoire que Delphes, où naquit Apollon, ou encore l'Avallon arthurien, la terre des « pommes d'or » que l'on peut assimiler au jardin des Hespérides. Et puis, dans une synthèse éblouissante, le mont Saint-Michel, à la fois île et montagne.

Donc, être natif d'une île, et surtout d'une île nordique, c'est avoir des origines « supra-naturelles », sinon divines. On ne peut s'empêcher de penser à l'Hyperborée, qui pourrait bien être l'île d'Héligoland, territoire solaire et entouré de légendes.

« Littéralement — peut-on lire dans l'*Histoire secrète de la Bourgogne* — « Burgundarholm » veut dire « l'île Burgund ». Kurt Stjerna, dans sa très sérieuse recherche, *Contribution à l'étude de l'histoire des peuplades de Bornholm pendant l'âge du fer,* nous précise que « Burgund » signifie « île haute » ou encore « île montagneuse ». Ses habitants, les « Burgunder », seront donc « ceux de l'île haute [4]. »

Eu égard aux propos qui précèdent cette importante citation, on comprendra ceux qui vont suivre, et qui les complètent :

« De nos jours, Bornholm n'est plus qu'un morceau de terre

---

4. Gautier DARCY et Michel AUGEBERT, *Histoire secrète de la Bourgogne*, p. 75.

ouverte à tous. Mais en ces temps antiques, elle se voulait sans doute contrée interdite. On la regardait de loin comme un temple aux portes fermées. " Ile haute " aurait alors le même sens que " haut lieu ", et constituait probablement un territoire aussi sacré sinon plus que l'était la colline d'Alésia ou le mont Beuvray [5]. »

Si l'on admet que les Allobroges eux-mêmes étaient un peuple qui venait du nord, on concevra dès lors pourquoi l'occupation de leur territoire par les Burgondes se fit sans heurts : par-delà le temps, établissant un pont sur l'empire romain qui s'écroulait, cette alliance fut celle de deux peuplades de même origine géographique et dont les traditions, conséquemment, ne se heurtaient point. Elles étaient essentiellement *solaires*, puisque les uns comme les autres venaient de ces territoires de l'ambre, dont la portée symbolique était immense.

Leur divinité majeure fut donc Belenus-Granos, l'Apollon gaulois. Dès lors pourquoi ne se vérifierait pas l'hypothèse que nous avions émise avec notre ami Guy Béatrice, selon laquelle Grenoble ne serait qu'une forme contractée de Granos-Belenus ou « Granobel » et non une forme francisée de « Gratianopolis » ? Au reste, par quelle gymnastique linguistique peut-on justifier la différence énorme qui existe entre « Gratianopolis » et « Grenoble » ? Et, même dans le cas d'un passage intermédiaire à « *Gran*opolis », on retrouve le nom de la divinité antique *Granos* [6].

Pourquoi les Allobroges et les Burgondes, ces frères nordiques qui se retrouvaient enfin, ne purent-ils pas décider de sceller cette rencontre tout près de Gratianopolis en baptisant cette ville du nom de leur ancienne divinité solaire ? Ce n'est là qu'une hypothèse, bien entendu, mais elle mérite peut-être d'être retenue. Elle nous apparaît d'autant plus plausible que Tovetus, le lieu présumé de leur rencontre, se situe non loin du mont *Granier*, voué, très justement, à Apollon-Granos...

L'écroulement de l'empire romain

Quittant donc leur « île-montagne » sacrée, les Burgondes venaient s'installer au carrefour des Alpes, là où, très justement, toute une mythologie de la montagne existait. N'oublions pas que

---

5. *Ibid.*, p. 75.
6. *Cf. Terre du Dauphin et Grand Œuvre solaire, op.cit.*

leur établissement en ces terres tourmentées était le but d'une longue et pénible migration.

Or, « pour les peuples antiques une migration constituait un acte solennel et sacré [7] ».

Ce ne fut donc pas fortuitement que les Burgondiones s'établirent dans le sud-est de la Gaule romaine : ils avaient dû trouver là le lieu qui répondait à leur attente et qui satisfaisait aux exigences sacrées de l'annexion d'un territoire. Dès lors commencera l'épopée mythique moyenâgeuse teintée par le christianisme qui triomphait peu à peu des croyances anciennes, alors que les cendres du vaste empire romain achevaient de s'éparpiller au vent de l'Histoire.

Si le territoire initial qui échut aux Burgondes n'est pas connu avec précision, en revanche leur poussée vers le sud est parfaitement datée. On suppose qu'en 443 ils occupaient la bande de terre comprise entre l'Ain (Indis) et le Rhône. Genève est alors leur capitale... En 470 ils occupent Lyon puis, vers 474, Vaison et le sud de la région rhodanienne, alors que parallèlement ils gagnent Langres, au nord, dès 485.

Dès lors leur royaume s'étend de la Champagne méridionale à la Durance et aux Alpes-Maritimes, ce qui témoigne de leur indéniable et rapide expansion [8].

Quelles étaient, enfin, les particularités de ces hommes venus du nord, et dont l'île de Bornholm aurait pu avoir été, en fait, une simple étape lors de leur interminable migration ?

Henri Baud nous dit que les corps exhumés des tombes savoyardes « frappent par la grandeur inusitée des ossements découverts, par la puissance de l'appareil masticateur et la belle conservation des dents [9] ».

Ce qui lui permet de conclure que ces hommes étaient puissants et de taille élevée. Sidoine Apollinaire, quant à lui, les appelait « les géants burgondes hauts de sept pieds » : *Burgondio septipes*.

Leur race, si différente de celle des habitants précédents de la Sapaudia, semble n'avoir laissé que peu de traces sur le caractère ethnique actuel, puisque les évaluations les plus récentes relatives au nombre d'envahisseurs font état de 25 000 à 50 000 Burgondes.

Leur culture devait également bouleverser peu à peu les assises de celle qui la précéda. On sait qu'ils travaillaient l'or, l'argent, le

---

7. Gautier DARCY et Michel AUGEBERT, *op.cit.*, p. 75.
8. Cf. Marc M. SAUTER, *op.cit.*, p. 100.
9. Henri BAUD, *Histoire de la Savoie*, p. 101.

fer, le bois, et que ces activités côtoyaient les occupations rupestres au rang desquelles il faut compter la culture de la vigne. Leurs bijoux témoignent aujourd'hui encore d'un certain raffinement, où viennent se mêler adroitement diverses influences. Quant à leur christianisation, nous avons déjà vu que les Burgondes étaient disciples d'Arius et furent donc considérés comme chrétiens hérétiques.

Insensiblement, l'instabilité du royaume devint de plus en plus marquante, jusqu'à ce que les Francs l'absorbent, sans toutefois étouffer totalement les caractéristiques, si marquées, des émigrés de Bornholm.

VAL D'AOSTE

1.

Préhistoire et protohistoire

L'ère méconnue

Blotti au creux des Alpes, le Val d'Aoste fut très tôt un lieu de passage qui devait remplir une fonction de carrefour jusqu'au Moyen Age.

On sait que l'apparition de l'homme en ces lieux date du néolithique, conformément aux résultats des recherches archéologiques. Selon que le confirme le professeur Bernard Janin, les principaux vestiges « sont des tombes à cistes, semblables à celles du Valais, découvertes dans la vallée principale, à Sarre, Montjovet, Villeneuve, Pontey, et sur l'adret, à Saint-Nicolas. Leur datation a été récemment rajeunie et ramenée au IIe millénaire [1] ».

Le caractère désordonné de ces recherches et le manque de méthode dans le classement des vestiges exhumés font que l'on ignore, la plupart du temps, d'où proviennent les objets que l'on possède. Beaucoup plus précis sont les renseignements qui nous sont parvenus datant de l'âge du bronze, puis de l'âge du fer. Au cours de ce dernier, le trafic s'intensifie, et il semble bien que les cols du Grand et du Petit-Saint-Bernard ont été fréquemment utilisés. Il peut paraître surprenant, lorsqu'on connaît ces sites, que nos lointains ancêtres aient pu s'y aventurer. Le Grand-Saint-Bernard, surtout, offre un spectacle grandiose par son paysage sauvage et inhospitalier. Et pourtant, Bernard Janin nous dit que ce col a bien été utilisé à partir du néolithique.

« On en a plusieurs preuves — d'abord, les haches de jadéite, mises au jour dans le bas Valais et le Val d'Entremont : or le Valais

---

[1]. Bernard JANIN, *op.cit.*, p. 116.

se trouve dépourvu de gisements de jadéite, et le plus proche est en Val d'Aoste, dans la zone des roches vertes de Saint-Marcel [2]. »

Il est un autre élément qui révèle l'importance et l'ancienneté de cette voie de communication. Il s'agit de la « parenté culturelle entre Valais et Val d'Aoste, déjà soulignée à propos des rites funéraires [3] ».

Le « creuset » valdôtain

Le climat particulier du Val d'Aoste fut sans aucun doute un élément déterminant de son peuplement. En effet, pour qui connaît cette région, il est superflu de vanter l'extrême limpidité du ciel, le caractère bien marqué des saisons et la sécheresse, toutes choses qui, conjointes à l'abri constitué par les montagnes, font de la cuvette valdôtaine l'une des plus belles régions alpines. La végétation y est variée, et les aspects changeants d'un paysage majestueux ne laissent pas de séduire les touristes, aujourd'hui encore.

Nul doute, dès lors, que les hommes du néolithique trouvèrent là des conditions de vie privilégiées, auxquelles venaient s'ajouter les indéniables avantages d'une plate-forme de communication.

On peut regretter, à la suite de Jean-Baptiste de Tillier, que les lointaines origines du peuple valdôtain nous soient aussi peu connues. Mais s'il est vrai que les gens heureux n'ont point d'histoire, gageons que durant ces périodes noyées dans les brumes d'un passé incertain, les hommes ont dû jouir d'un profond bonheur... Cependant, sans aller jusqu'à accepter inconditionnellement pareille affirmation, disons aussi que longtemps la destinée de ce « creuset » culturel a été celle d'un lieu de passage, ainsi que l'exprimait le docte auteur de l'*Historique de la vallée d'Aoste*.

« Il est pourtant certain qu'à remonter dans les siècles les plus reculés cette vallée a servi de passage le plus commun aux armées les plus formidables des plus anciens héros de l'Antiquité, qui ont cherché à faire des conquestes, ou des établissements, les uns dans la Gaule, les autres dans l'Italie, entre lesquelles régions elle servoit presque de barrière (mais qui n'a cependant pas été impénétrable à leurs troupes, ny a l'énormité des machines de guerre et du tracas inséparables des vivres avec lesquelles ils les faisaient suivre) [4]. »

2. *Ibid.*, p. 117.
3. *Ibid.*
4. Jean-Baptiste de Tillier, *Historique de la vallée d'Aoste*, p. 3.

Dès les temps protohistoriques, les invasions des Celtes traversent le Val d'Aoste en franchissant le col du Grand-Saint-Bernard. Ce furent, tout d'abord, les Boïens et les Lingons. Au demeurant, le trafic semble avoir été intense également au Petit-Saint-Bernard. Il est vrai que celui-ci est d'accès plus facile que le premier, ce qui explique la fréquentation considérable dont il était l'objet.

Si l'on veut avoir une exacte opinion de ce que pouvait être la mythologie qu'inspiraient ces paysages, il n'est que de se rendre au Val d'Aoste par l'un ou l'autre de ces cols, en boudant le moderne tunnel creusé sous le Mont-Blanc. Pour peu que l'on ait encore au tréfonds de l'âme un reste de faculté d'émerveillement, on ne manque point, en ces lieux, d'être saisi de respect devant la majesté des pics qui se réfléchissent dans les lacs. Et la route qui serpente, dans les deux cas, à flanc de montagne, obligeant le voyageur à réduire sa vitesse, permet de goûter pleinement au sentiment d'élévation de l'ascension, puis au vertige de la découverte lors de la descente.

Que l'on se trouve pris dans l'un de ces orages qui se déclenchent, à plus de 2 000 mètres d'altitude, avec une soudaineté surprenante, et tout aussitôt on comprendra ce qu'était la « peur sacrée » des Anciens. Ici, tout est démesuré : le paysage, et donc, par voie de conséquence, les sentiments des hommes de ce terroir paradisiaque. Sur cette particularité nous aurons à revenir dans les chapitres suivants, et l'auteur de ces lignes qui naquit dans ce berceau alpin et passa le plus clair de son enfance au cœur même de ces montagnes, pense être particulièrement qualifié pour porter un jugement à ce sujet. Ces années vécues dans la richesse architecturale insigne de la petite ville d'Aoste, entrecoupées d'incursions dans les alpages, ont chargé notre mémoire d'une galerie de portraits et de caractères d'une rare richesse qui, tous, ont d'indéniables points communs.

Si le Valdôtain authentique a horreur du vain verbiage, il acceptera peut-être, un soir, au coin du feu de bois, de raconter quelles furent les origines mythiques, selon que les rapporte la légende populaire, de ses ancêtres, les énigmatiques *Salasses*.

Et souvenons-nous, avant que d'évoquer la légende, des propos de Daniel-Rops rapportés par J. Bréan dans l'un de ses écrits[5].

« Chacun de nous est fils d'un pays, d'une terre, l'héritier d'une tradition ; il a en main tout un faisceau d'exigences et de fidélités, qui lui est légué par le passé. »

5. J. Brean, *La Tradition valdôtaine*.

Avant l'occupation romaine

Si l'on en croit les propos de J. B. de Tillier, les Salasses, sous la conduite de leur chef Cordelus, fils de Statiel, n'étaient autres que les compagnons d'Hercule, le héros grec. Et Statiel lui-même aurait été apparenté à Saturne ! Assurément, pour des origines mythiques on n'eût rien trouvé de mieux, puisque le dieu grec, maître du temps et des cycles, occupe dans la mythologie une place très importante, voire prépondérante. Mais écoutons plutôt l'historien dont le texte remonte à 1737 :

« Ce Cordelus, un des chefs de l'armée du grand Hercule, étant à la suite de ce fameux héros lors qu'après avoir subjugué plusieurs nations voisines des Alpes il se cherchoit une route à travers ces affreuses montagnes, pour passer aux Hespéries, à présent appelées les Espagnes (« *Graiis Hercule transiisse memorarunt* », Pline, *Naturalis Hist.*, lib. 3, cap 16) [le susdit Cordelus] fut laissé en cet endroit avec un certain nombre de peuples appelés Salasses, des quels les habitants et toute contrée ont retenu le nom [6]. »

Une variante de cette légende dit que Cordelus était le frère de Jupiter et que tous deux, fuyant la colère de Saturne, s'en vinrent fonder la cité de Cordèle. Bien évidemment, il ne convient pas d'accorder quelque crédit que ce soit à ces propos dus à la plume quelque peu fantaisiste de Richard de Val d'Isère, chroniqueur du XVe siècle [7].

Le territoire des Salasses était assez considérable et débordait largement du cadre de la vallée elle-même, puisqu'il s'étendait jusqu'aux plaines du Pô. On dit qu'un village fut fondé, à l'actuel emplacement de la ville d'Aoste, qui portait le nom de Cordeles, toutes choses attestées par l'écrivain romain Julius Obsequeus.

Aux environs du Ve siècle avant J.-C., cette ville, ainsi que tout le territoire, fut occupée par les Celtes, à la tête desquels se trouvait Bellovèse. De là devaient être jetées les bases d'une invasion de l'Italie du Nord, et il semblerait que la Lombardie ancienne fut également occupée par ce peuple venu de l'ouest de la Gaule.

La position de plaque tournante qu'occupait ce réduit alpin qu'est le Val d'Aoste incita également les rois des Allobroges à s'y installer quelques siècles après Bellovèse. Profitant du conflit qui opposait les Romains aux Carthaginois en Espagne, l'histoire dit

---

6. *Ibid.*, p. 9.
7. André ZANOTTO, *Histoire de la vallée d'Aoste*, p. 17.

que Congolitan et Aneroeste assemblèrent une importante armée qui franchit les Alpes Cottiennes, Graies et Pennines [8]. Sans doute, dans les deux derniers cas, les troupes empruntèrent-elles les cols du Petit et du Grand-Saint-Bernard. De ce passage, les Salasses devaient beaucoup souffrir, avant que les Allobroges ne quittent la vallée pour livrer bataille aux troupes romaines dans les plaines de la Toscane, emplies tout à coup par les hurlements et les chocs rudes des armes issus de ce combat d'une rare violence, qui devait se solder par une amère défaite des Gaulois, selon les historiens latins.

Quelques années plus tard, en 219 ou 218 avant J.-C., Hannibal devait à son tour franchir les Alpes, après avoir obtenu l'aide des Allobroges, trop heureux qu'ils étaient de trouver dans le général carthaginois le chef qui les conduirait sur leurs anciens lieux de bataille.

Les historiens ne s'accordent guère, nous l'avons dit, quant au possible trajet emprunté par Hannibal, cependant, si l'on admet qu'il traversa le Val d'Aoste, et qu'il bénéficia des conseils des Allobroges, on doit prendre en considération les propos de Jean-Baptiste de Tillier.

« Avec ce secours, Hannibal entreprit le voyage des Alpes, et se chercha une route au travers de ces périlleuses montagnes, par les trois endroits mêmes que Congolitan et Aneroeste avoient fait passer leurs troupes [9]. »

De la fable à la vérité historique

Il est en effet logique de reconnaître qu'une troupe aussi importante que celle des Carthaginois se scinda en plusieurs groupes pour franchir les montagnes, tant le nombre important d'animaux et d'hommes eût pu constituer un handicap sérieux pour le franchissement en masse d'un col, ou la marche dans les étroites et dangereuses vallées.

Certains historiens s'accordent à dire qu'Hannibal faisait partie du groupe qui franchit les Alpes Pennines. Si tel était le cas, nous pouvons imaginer qu'il emprunta le col du Grand-Saint-Bernard qui était alors très connu et, nous l'avons vu, fréquemment franchi.

8. Jean-Baptiste de TILLIER, *op. cit.*, p. 11.
9. *Ibid.*, p. 12.

La tradition locale rapporte que l'on doit au général célèbre l'élargissement de certaines voies de communication, rendu nécessaire par le passage des chariots et des éléphants. Ces travaux auraient été menés à bien grâce à un artifice utilisant la combustion du bois et l'emploi de vinaigre qui rendait la roche apte à être effritée et coupée avec des instruments métalliques. Selon de Tillier, « l'endroit le plus fameux, c'est l'incision qui est à l'entrée occidentale du bourg de Donas, longue d'environ cent pas et d'une hauteur perpendiculaire en quelques endroits de quarante et plus de pieds ».

Cependant, André Zanotto rétablit la vérité dans son bel ouvrage en affirmant que ce furent « les Romains qui exécutèrent ce pénible ouvrage, en employant de simples burins [10]. »

Avec le passage dans le Val d'Aoste d'Hannibal, il est aisé de constater que l'Histoire et la légende se mélangent : les fabuleux animaux venus d'Afrique, les étranges attelages et l'importance de ce mouvement de troupe, en un mot l'exotisme joint à l'action n'a pas laissé d'embraser les imaginations.

Mais après cela, une période d'un siècle et demi de calme allait être inaugurée, pendant laquelle les Salasses s'employèrent surtout à rentabiliser les mines que les montagnes recelaient en leur sein.

Grâce à l'abondance des bois et à l'utilisation des cours d'eau, ce travail de métallurgie connut une rapide expansion, qui profita ensuite à l'occupant romain.

Le col du Petit-Saint-Bernard

A maintes reprises il nous a été donné de voir que les deux cols du Petit et du Grand-Saint-Bernard furent des voies de passage privilégiées depuis la protohistoire. Peut-être ne sera-t-il pas inutile d'examiner rapidement les caractéristiques de ces deux portes alpines qui s'ouvrent, respectivement, sur la Tarantaise et le Valais.

Le Petit-Saint-Bernard est situé sur les anciennes Alpes Graies. Cette appellation se perd dans la nuit des temps, mais l'on sait que Pline l'emploie dans son *Histoire naturelle* à plusieurs reprises et que du temps des Salasses elle était déjà usitée. Si l'on s'en réfère aux premières lettres, G.R.A., il ne sera peut-être pas vain d'évoquer, une fois encore, la divinité gauloise Granos. Au reste, les Romains eux-mêmes élevèrent au sommet du col une colonne en l'honneur

---

10. André Zanotto, *op. cit.*, p. 18.

de Jupiter. Cette « Columna Jovis » n'atteste-t-elle pas, ainsi que le cromlech situé plus bas, l'ancienneté d'un culte ?

Les Alpes Graies pourraient donc être les montagnes d'Apollon-Granos, qui fut remplacé par Jupiter Olympien. Ce col est donné pour avoir été franchi par Hercule et ses troupes, lorsqu'elles marchaient vers l'ouest et l'or des Hespérides. Sans doute aucun il fut fréquemment employé pour transiter de part et d'autre des Alpes Graies, puisqu'il est d'un accès extrêmement aisé. On peut le constater également de nos jours puisque, de La Thuile au sommet du col, la route qui serpente à travers les alpages n'offre aucune difficulté. Elle s'étire, en s'élevant progressivement, au travers d'une riche prairie, et les derniers kilomètres sont d'une pratique plus aisée encore. Dès lors il est loisible d'admirer les pics de Lancebranlette qui se mirent dans le lac reflétant le paysage, en contrebas de la route.

Pas davantage la descente sur Bourg-Saint-Maurice n'offre de difficulté majeure : la chaussée traverse des bois de conifères sans que l'on frise jamais le moindre danger.

L'appellation « Petit-Saint-Bernard » vient de l'hospice qui fut construit par Bernard de Menthon aux environs de 982, afin de porter secours aux éventuels voyageurs qui s'égareraient en ces lieux par mauvais temps, voire en hiver. Il est vrai que la tourmente s'y abat avec une soudaineté surprenante, et si Jean-Baptiste de Tillier ne l'avait précisé en son temps, nous eussions été en mesure de le faire, pour l'avoir éprouvé, un jour de novembre, au pied même de la statue du saint...

Le col du Grand-Saint-Bernard

Les origines de l'appellation « Alpes Pennines », auxquelles appartient le col du Grand-Saint-Bernard, ne sont pas moins obscures que celles des Alpes Graies. La plus plausible d'entre elles est fondée sur un ex-voto qui y fut trouvé, et qui fait état d'un « Deo Pennino » ou dieu Pennin, à qui l'on rendait donc honneur en ces lieux élevés. Mais quel est donc cette divinité dont les mythologies ne conservent aucune trace ? Ne s'agirait-il pas, dans le cas précis de cet ex-voto, d'un adjectif employé comme substantif ?

Aussi bien convient-il d'en rechercher l'origine par une approche étymologique.

En réalité, le latin *Poeni* désigne les Carthaginois, ou *Puniques*, et dérive du grec Phoïnix. Cela explique qu'Hannibal lui-même fut appelé parfois *Poenus*. Ainsi donc les Alpes *Poeninae* ne sont autres que les Alpes des Carthaginois, ce que confirme une citation de Pline, tirée de son *Histoire naturelle* et que rapporte J. B. de Tillier : « *His Alpibus Poenus transiisse memorarunt* » — donc ces montagnes semblent attester le passage des troupes d'Hannibal. L'érudit historien valdôtain préfère se rallier, dans son *Historique de la vallée d'Aoste*, à l'avis de Tite-Live, pour lequel il existait en ces lieux un culte rendu à un énigmatique « dieu Pennin ». Peut-être, au fil des années, une dévotion prit-elle naissance là où Hannibal — ou les Carthaginois — voulurent marquer sur le sol l'empreinte de leur passage en érigeant une statue. En tout cas, l'hypothèse de Pline l'Ancien paraît fort plausible et répond à la logique historique.

Tout comme son homologue des Alpes Graies, le Grand-Saint-Bernard vit s'ériger une statue en l'honneur de Jupiter. Il subsiste l'épître dédicatoire, qui en fait le « génie du lieu » : « *Iovie O.M. Genio Loci, fortunae reducit, Terentius Varro dedicatus.* » C'est donc à Terentus Varron, général romain sous Auguste, que l'on doit cette plaque de marbre gravée. Cela nous indique déjà que les Romains honoraient Jupiter, divinité suprême, au sommet de chaque col dès lors qu'il leur paraissait correspondre à une certaine idée qu'ils se faisaient du « haut lieu ». Évidemment, ne serait-ce que par l'altitude, on comprend le respect qui s'exerçait à ces portes du monde antique. On comprend aussi que l'imagination populaire ait voulu que ces montagnes fussent hantées par des « esprits de la Nature », que le christianisme allait « exorciser » lors de son établissement.

Le mont Iovis devint donc, logiquement, *Montioux* et là encore, Bernard de Menthon, archidiacre de Genève, établit un monastère en 982, ainsi qu'une église dédiée à Saint-Nicolas [11].

Des religieux de l'abbaye de Saint-Maurice-de-Chablais s'y installèrent et suivirent la règle de saint Augustin.

Divers monarques dotèrent le monastère de dons et de rentes qui lui permirent de traverser le temps sans dommages. Il est indéniable que l'hôpital-hospice de Montioux se soit avéré d'une grande utilité en un lieu où les rigueurs du climat et la difficulté de transit se firent toujours sentir. Rien de commun, ici, avec les pentes douces du Petit-Saint-Bernard ! Et si le moderne tunnel permet de

---

11. Il ne faut pas attribuer globalement les vocables « ioux » ou « joux » à Jupiter, car la toponymie locale nous apprend que Joux signifie *forêt*. Cela explique les appellations « Joux plane », « Joux veule », etc., que l'on rencontre dans les Alpes.

franchir le massif sans emprunter le col, nombreux sont encore les voyageurs qui choisissent la voie ancienne et pittoresque qui, tel un escalier taillé dans le roc, s'élève jusqu'aux bâtiments monastiques dans un paysage où règne le silence des cimes, que traverse parfois le sifflement d'une marmotte. En ces lieux l'homme découvre sa véritable dimension, tout comme, nous le verrons plus loin, dans le « désert » célèbre de la Grande-Chartreuse.

2.

L'influence romaine et les vestiges de l'occupation

L'épopée préromaine en Valais et Val d'Aoste

L'origine des Salasses est fort mystérieuse, nous l'avons vu, et de nos jours encore deux thèses s'affrontent à ce sujet. L'une affirme qu'ils étaient des Ligures, et elle est soutenue par les partisans d'une italianisation outrancière ; l'autre prétend que les Salasses étaient des Celtes, ce qui convient davantage aux autonomistes valdôtains, mais qui paraît également logique, eu égard aux invasions celtiques venues du nord.

Pour le Valais également la querelle existe et si l'on en croit Aviennus, écrivain romain du IVe siècle après J.-C., les peuplades primitives de cette région étaient de souche ligure. Cependant, on admet communément que quatre tribus celtes se partageaient cette étroite bande de terrain au milieu de laquelle coule le Rhône.

Les Nantuates s'étaient installés près de Saint-Maurice-au-Lac. Les Véragres occupaient le territoire compris entre Martigny et le Grand-Saint-Bernard. Les Séduni, quant à eux, se trouvaient entre Loèche et Martigny. Les Ubères, enfin, gouvernaient toute la partie orientale.

Les Salasses et les Celtes du Valais ne tardèrent pas à subir les assauts des Romains pour lesquels ces territoires avaient une grande importance stratégique.

En 143 avant J.-C. les Romains, lassés par les querelles qui opposaient Salasses et occupants de la plaine, décidèrent d'intervenir. En fait, la mission du consul Appius Claudius eut un tout autre but que la pacification pure et simple. Il trouva l'occasion rêvée de déclencher un conflit et, sûr de la suprématie de ses troupes, il voyait déjà briller l'étoile d'une victoire facile. C'était compter sans l'énergie farouche du peuple alpin qui écrasa le consul et ses légionnaires, mais qui devait ensuite s'incliner devant le nombre et fuir dans les vallées latérales en laissant la place libre à l'envahisseur.

Après la fondation en l'an 100 avant J.-C. d'Eporedia, l'actuelle Ivrée, l'importance stratégique du Val d'Aoste devint de plus en plus évidente. En effet, on se souvient que la conquête du territoire allobroge avait eu lieu quelque quatre lustres auparavant et que depuis 121 avant J.-C., donc, les Romains s'en trouvaient coupés par ce réduit alpin. Néanmoins, ils essayèrent de vivre en bonne harmonie avec les Salasses qui contrôlaient toujours les hauts sommets et conséquemment les passages. Cette situation bouillonnante, tant en Val d'Aoste qu'au Valais, devait durer jusqu'à la guerre des Gaules, pendant laquelle Jules César décida d'arraisonner les turbulentes tribus Véragres et Séduni, afin de s'assurer le passage du Montioux, dans les Alpes Pennines. A cet effet, il dépêcha en 57 avant J.-C. Servius Galba dont la mission se révéla très efficace.

Il ne semble pas que l'empereur romain ait eu à se plaindre de l'attitude des Salasses, qui se montrèrent peut-être coopératifs, puisqu'on dit que César traversa le Val d'Aoste pour se rendre dans les Gaules.

Quelque vingt années plus tard, en 35 avant J.-C. Antisius Vetere occupa le territoire pendant deux années consécutives et à l'issue de ce siège les montagnards, privés de sel, furent défaits. Cependant ce n'était point là une victoire définitive, puisque Messala Corvius, légat d'Auguste, eut à subir les exigences des Salasses en matière d'imposition. Mais une nouvelle fois, la faim aida les Romains à remporter la victoire.

Après le début de la construction de la route consulaire, conscients que leur indépendance était moribonde, les Salasses menèrent un âpre combat, jusqu'à ce qu'Auguste, décidé à les soumettre irrémédiablement, envoyât combattre Terentius Varron qui s'installa là où devait s'élever Augusta Praetoria. Écoutons André Zanotto nous narrer l'issue de ce combat.

« Terentius Varron parvint à vaincre les Salasses par la force et par la ruse. Cassius Dion nous raconte qu'il fit croire aux Salasses qu'ils n'auraient été soumis qu'au paiement d'un tribut. Mais les légionnaires romains chargés de la perception, profitant de l'ingénuité de ces montagnards, arrêtèrent incontinent tous les hommes aptes à la guerre et les déportèrent. Les malheureux furent vendus comme esclaves sur le marché d'Ivrée, sous la condition que les acquéreurs n'auraient pas dû permettre leur émancipation avant un délai de vingt ans [1]. »

Dès lors les Salasses devaient disparaître, puisque les Romains vendirent quelque 36 000 individus, selon Strabon. Quand bien même ce chiffre serait exagéré, on peut affirmer que la fondation d'Augusta Praetoria marqua la fin de la civilisation salasse, qui se trouva supplantée et remplacée par la civilisation romaine. Le reste de la population alpine se dispersa dans les vallées ou bien s'intégra jusqu'à se diluer complètement dans la nouvelle colonie, pour le peuplement et l'administration de laquelle trois mille prétoriens furent envoyés.

Le contrôle des Alpes

Ainsi se matérialisait le rêve romain du contrôle total des Alpes et de la liberté de passage tant pour la Gaule que pour l'Helvétie. Dès lors des efforts considérables furent entrepris pour la construction de routes et l'entretien des voies de communications existantes. C'est ainsi que la route du Petit-Saint-Bernard fut entièrement pavée ! On ne peut que demeurer muet de stupéfaction devant ces travaux colossaux qui étaient entrepris avec des moyens matériels dont la modestie n'est pas moins remarquable, comparativement à ceux dont dispose notre siècle.

Le Summus Penninus lui-même fut pavé en 47 après J.-C. par l'empereur Claude, et c'est là un exploit tout à fait digne de louanges. Ceux qui recherchent dans le passé une nourriture pour l'idéal de merveilleux humain, et qui demeurent muets devant les énigmatiques ouvrages architecturaux que nous ont légués nos ancêtres, ne semblent pas avoir pris en considération le facteur essentiel qui est à la base de l'édification de tous les monuments antiques, voire des cathédrales gothiques elles-mêmes. Il n'y a pas de mystère, à ce sujet, car tout est parfaitement explicable si l'on tient compte du *facteur temps*. En effet, ces travaux titanesques n'étaient pas soumis à la frénésie d'un travail rapide. Le rythme de la vie, aussi bien que celui des ouvrages, était très différent du nôtre. Tout le secret est là : dans le courage humain étalé sur une période favorable à l'entreprise envisagée.

A titre de comparaison, nous rappelons, par exemple, que Notre-Dame de Paris fut commencée vers 1163 et terminée vers

---

1. André ZANOTTO, *op. cit.*, p. 14.

1245. Y a-t-il un chantier moderne qui dure quatre-vingt-deux ans... ?

Bien avant cela les Romains appliquaient déjà, en leur temps, l'adage que créa plus tard Nicolas Valois, selon lequel « la patience est l'échelle du philosophe ». On ne peut pas expliquer autrement ces travaux colossaux, tels que le découpage, à Donnas, du rocher, sur 200 mètres de longueur et 20 mètres de hauteur. Et que dire, aussi, des aménagements, tout au long de ces voies alpines, de gîtes et d'abris pour les voyageurs ?

Que de fois le ciseau dut résonner dans les vallées, que frappait à coups réguliers le maillet du diligent tailleur de pierre ! Évidemment, ce qui nous échappe aujourd'hui, c'est que l'on pût alors accomplir, sa vie durant, une tâche aussi humble. Mais l'addition de ces humbles tâches, très justement, a contribué à l'édification d'œuvres qui ont traversé les siècles.

Pouvons-nous supposer cela pour nos ouvrages contemporains, nés au siècle de l'impérative vitesse ?

Les réseaux routiers alpins furent très importants, qui se développèrent lors de l'occupation romaine.

« L'artère la plus importante partait de Milan *(Mediolanum)* pour aboutir, par le Petit-Saint-Bernard *(Alpis graia)* à Vienne en Dauphiné, et de là à Lyon, en passant par *Novaria, Vercellae, Eporedia* (Ivrée), *Augusta Praetoria, Bergintum* (Bourg-Saint-Maurice) *Darantasia* (Moûtiers), *Ad-Publicanos* (Conflans, près d'Albertville), *Lemencum* (Lémenc, près de Chambéry), etc. A Conflans, la route bifurquait et conduisait à *Genava* (Genève).

« La route du *Summus Penninus* touchait, au fond de la descente, *Octodurum* (Martigny) et allait rejoindre la vallée du Rhin [2]. »

Au sein de ce complexe routier, donc, fut édifiée la ville clé de la vallée, *Augusta Praetoria*.

Augusta Praetoria, la « Rome des Alpes »

L'importance de la capitale de la colonie romaine est attestée par les vestiges et les monuments qui nous sont parvenus et qui demeurent, pour certains d'entre eux, dans un merveilleux état de conservation.

La ville, dédiée à l'empereur Auguste, fut édifiée au confluent de la Doire et du Buthier, là où la vallée s'élargit au maximum,

---

2. *Ibid.,* p. 28.

offrant une plaine fertile et agréable, qui fut habitée, vraisemblablement, bien avant l'installation des Romains.

Le modèle de la ville fut celui des *castra*, et ses remparts imposants formaient un rectangle de 2 592 mètres de périmètre, couvrant une surface de 414 128 mètres carrés. Il subsiste aujourd'hui un noyau central de ces murailles composé de galets et de mortier, alors qu'initialement celui-ci était pris entre deux parements de blocs de calcaire taillés. On dit que deux années suffirent pour mener à bien cette tâche considérable. Vingt bastions étaient reliés entre eux par un chemin de ronde, alors qu'un accès était assuré par quatre portes. Celles-ci étaient, respectivement, la *Porta Praetoria*, la *Porta Decumana*, la *Porta principalis sinistra* et la *Porta principalis dextera*.

Aoste : la Porta Praetoria

De la première, surtout, il subsiste la quasi-totalité de l'architecture, c'est-à-dire la double rangée de trois arcades, formant une cour d'armes, flanquée de deux bastions qui furent aménagés et habités aux époques successives. Quel curieux anachronisme, d'ailleurs, que ces bâtisses vénérables occupées en plein vingtième siècle, avec tout ce que cela comporte de superpositions de styles. Aux origines, selon Jean-Baptiste de Tillier, « les flancs latéraux de la grande porte du milieu étoient acompagnés de niches, suivant toutes apparences, de statues colossales à grands reliefs, ou de trophées d'armes qui en remplissoient le vide, soutenus par d'amples piédestaux avec leurs corniches et autres ornements [3] ».

Le *Decumanus maximus* reliait les portes *praetoria* et *decumana*, alors que les deux autres portes étaient reliées par le *Cardo maximus*.

A l'entrée de la ville le majestueux arc d'Auguste accueillait le voyageur, et l'accueille toujours, lorsqu'il arrive de la basse vallée, puique le temps et les intempéries — beaucoup moins préjudiciables que la barbarie humaine — n'ont pas eu raison de lui. Celui-ci est destiné à « conserver à la postérité la mémoire de la victoire que le général romain Terentius Varron avoit rapportée sur ces peuples rebelles [les Salasses] [4] ».

Tout près de la Porta Praetoria se dresse la façade, haute de 22 mètres, du théâtre antique dont l'importance n'échappe à personne, puisqu'il pouvait contenir un public de trois à quatre mille spectateurs.

Quant à l'amphithéâtre elliptique, il le dépassait encore puisque vingt mille personnes pouvaient s'y presser pour applaudir les combats des gladiateurs et autres jeux sanguinaires, qui se déroulaient dans l'arène.

L'un des vestiges les plus singuliers que peut contempler le touriste est le cryptoportique quadrangulaire de 89 sur 79 mètres qui se trouve près de l'actuelle cathédrale, là où s'élevaient le forum et ses temples. Si la destination de cet édifice souterrain demeure énigmatique, son architecture force l'admiration. Faut-il s'en tenir à la thèse selon laquelle il s'agit d'un magasin de vivres ? Cela paraît peu probable eu égard à sa position, tout près des temples. Sans doute la récente hypothèse qui voit dans cette singulière réalisation un abri pour les habitués du forum paraît plus plausible [5].

L'unité architecturale des monuments d'Augusta Praetoria permet de supposer qu'ils furent tous érigés à la même époque. Cependant, tels qu'on les peut voir de nos jours, ils sont dépourvus de leur revêtement calcaire ou de marbre : seuls subsistent les blocs de poudingue, « conglomérat de cailloux liés par un ciment naturel siliceux, qu'on tirait de la Doire [6] ».

3. Jean-Baptiste de Tillier, *op. cit.*, p. 20.
4. *Ibid.*, p. 18.
5. *Cf.* André ZANOTTO, *op. cit.*, p. 23.
6. *Ibid.*

Il n'en est pas moins vrai que la « Rome des Alpes » est une ville d'une rare richesse architecturale, car, de l'Augusta antique, peuplée d'environ 9 000 personnes libres et de leurs esclaves, beaucoup de témoignages demeurent. Et combien d'autres sont à tout jamais ensevelis sous l'asphalte ou le béton, qui eussent apporté d'utiles compléments quant à la connaissance de ce que fut réellement cette agglomération. On peut conjecturer qu'ici comme ailleurs les taudis avoisinaient les riches villas aux mosaïques somptueuses ; mais de l'activité qui régnait au sein de ces murs, et que protégeaient les herses en fer de la Porta Praetoria, il ne reste qu'un lointain écho.

Aoste : L'Arc d'Auguste

Et pourtant, ici, plus qu'en tout autre lieu, les passages furent nombreux, les combats de toute sorte également ; mais quelle force herculéenne eût pu démolir ces épaisses murailles ou jeter à bas l'arc de triomphe ? Les invasions elles-mêmes, malgré toute leur barbarie, ne purent priver la postérité de ces éclatants témoignages. De ce temps-là, du reste, on ne connaît que fort peu de chose.

Les propos de Jean-Baptiste de Tillier, s'ils se rapportaient à son siècle, le XVIIIe, n'en furent pas moins vrais jusqu'au dernier quart du nôtre, et peut-être se vérifient-ils de temps à autre, bien que la ville ait changé quelque peu d'aspect.

Ainsi donc, selon l'érudit rédacteur de l'*Historique de la Vallée d'Aoste,* « de quelque costé que l'on creuse à présent dans la terre, au-dedans de son enclos, on trouve partout des vestiges d'anciennes murailles, de voûtes artistement travaillées, de pavés, de carrelages, de charbons, de briques ouvragées en relief, de chapiteaux de piliers, des médailles ou soit monnoyes romaines, de plâtres les uns sur les autres, quelques-uns carrelés de marbre, d'autres de marqueterie, de monuments de pierre ou de brique, et une infinité d'autres choses ensevelies parmy les ruines et décombres [7] ».

Ce qui n'est pas le moins singulier, c'est de constater que le niveau général de la ville était beaucoup plus bas, et que par endroits une épaisse couche de terre l'a rehaussé au fil des ans.

Nous pouvons bien croire André Zanotto lorsqu'il affirme que « la suggestivité des vestiges romains ne doit pas nous amener à de fausses évaluations », mais on demeure tout de même saisi d'admiration face à ces réalisations urbaines, auxquelles il convient d'adjoindre les ponts et aqueducs qui se trouvent dispersés dans la vallée. Cela devrait être, en tout cas, un merveilleux exemple pour toute civilisation orgueilleuse qui se croit fixée dans l'immuable, si ce n'est placée sur l'asymptote d'un progrès illimité. Car il ne fallut, à ce génie romain indubitable d'où se dégageait un formidable potentiel de réalisations diverses, que quelques siècles pour s'écrouler lamentablement et succomber aux formidables coups de boutoir des barbares. C'est en effet un riche enseignement que celui-là, qui nous apprend, à l'échelle temporelle du monde antique, que le raffinement d'une société devient impuissant face à l'envahisseur rude et primitif.

Ce sont autant d'idées qui peuvent surgir dans l'esprit du promeneur qui parcourt l'actuelle ville d'Aoste, dans l'émerveillement toujours renouvelé de la découverte archéologique. A cela il faut ajouter que nous sommes ici entourés par les plus hauts sommets d'Europe : le Grand Paradis (4 061 m), le mont Rose et ses névés (4 634), la formidable pyramide naturelle du Cervin (4 478 m), le Grand Combin (4 314 m) et, bien entendu, le mont Blanc qui cul-

---

7. Jean-Baptiste DE TILLIER, *op. cit.,* p. 24.

mine à 4 810 mètres. Autant de gardiens hiératiques d'une riche tradition et d'un passé historique incomparable, dont nous allons évoquer, tout au long des chapitres suivants qui lui seront consacrés, quelques-uns des jalons parmi les plus singuliers et les plus significatifs.

TROISIÈME PARTIE

Le Moyen Age et l'originalité de l'esprit alpin

DAUPHINÉ

1.

Des Burgondes à la féodalité

Les Burgondes remplacent les Romains

Au Ve siècle, nous l'avons vu dans la précédente partie, les Burgondes prennent possession du territoire allobroge. Le dernier empereur romain, Romulus Augustule, ne fut certes pas à la hauteur de son nom prestigieux, et ce fut sans doute l'une de ces ironies de l'Histoire qui fit que les deux noms glorieux d'Auguste et de Romulus lui furent donnés. Au reste, le cercle était bouclé, puisqu'on attribue au fils légendaire de Rhea Sylvia et de Mars, Romulus, très justement, la fondation de Rome, tâche pour laquelle il fut aidé par son frère Remus. Il est vraiment étrange, en effet, et digne d'être remarqué, que Rome commence et finisse sa carrière sous les auspices de « Romulus ».

Prudhomme nous dit que de 441 à 452 l'évêque Cérat, ou *Ceratus,* gouvernait l'Église de Grenoble et qu'il eut à entamer et soutenir contre les ariens de vives controverses. Nous avons vu précédemment que si les Burgondes étaient chrétiens, leur foi était celle d'Arius. Aussi bien les deux tendances eurent-elles à s'affronter fréquemment et l'on dit que l'ardeur et la foi de Cérat vinrent à bout de l'hérésie de ses contemporains, tant et si bien qu'il fut chassé de la ville avec deux de ses disciples, Gervais et Protais. Mais ce n'est là qu'une légende car il semble bien, en fait, que les Burgondes, outre qu'ils se montrèrent très tolérants, étaient, en ce temps-là, pour la plupart, catholiques.

Gundicaire, après avoir quitté Gratianopolis pour se rendre à Vienne puis à Lyon, fonda donc le premier royaume de Bourgogne qu'il gouverna jusqu'en 474. Il partagea dès lors son royaume entre ses quatre fils : Gondebaud *(Gonde-Bald),* Chilpéric II

(Hilpe-Rick), Godegisèle *(God-Ghisile)* et Godemar *(God-Mar).* Au premier échut le territoire compris entre le Léman et les Alpes-Maritimes. Il conservait ainsi sur ses frères la suzeraineté sur les possessions, et de cette situation devaient jaillir de terribles querelles. Chilpéric hérita de Lyon et son territoire, Godegisèle de Genève, et Godemar de Besançon.

Prudhomme nous dit au sujet de Gondebaud :

« C'était un étrange personnage que ce chef barbare, épris de la civilisation romaine, qui, malgré les crimes odieux dont est souillée sa mémoire, a montré dans plus d'une circonstance de sa vie qu'il avait les qualités qui font les grands princes. »

On a peine à croire que l'homme qui a ordonné le massacre de ses deux frères et de leur famille soit le même qui a édicté les lois si sages pour refréner la barbarie de ses sujets.

Il faut néanmoins se souvenir que Chilpéric II et Godemar ouvrirent les hostilités en assaillant leur frère aîné près d'Autun, en 491. L'attaque fut si rude qu'il dut se replier, réorganiser ses troupes et marcher sur Vienne où ses frères trouveront la mort, ainsi que l'épouse de Chilpéric. Il ne s'agit donc pas, en l'espèce, d'une série d'assassinats prémidités et lâches, mais des horreurs d'une guerre fratricide qui obligea Gondebaud à se défendre âprement.

Clotilde, fille de Chilpéric, fut accueillie par Caratène, veuve de Gondicaire ou Gondioc, qui l'éleva. C'est elle qui, convertie à la foi catholique, épousera en 493 le roi des Francs, Clovis. Si cet événement devait bouleverser la destinée du royaume de Bourgogne, Godegisèle ne fut cependant pas étranger aux derniers ébranlements du solide bastion. Jaloux de son frère Gondebaud, il passa un accord secret avec Clovis. Converti au christianisme, celui-ci décide d'attaquer les Bourguignons, qui marchent à sa rencontre. Gondebaud, sûr de ses troupes, n'a-t-il pas son frère à ses côtés ? Mais dès le début du combat, le roi de Bourgogne est pris dans un étau puissant : son frère, très justement, vient de le trahir et le presse, avec ses troupes, là où il n'attendait qu'une aide généreuse. Seule la fuite permet à Gondebaud de garder la vie sauve. Et encore lui faudra-t-il, avec ses sujets demeurés fidèles, chevaucher jusqu'en Avignon.

Mais il reviendra par la suite assiéger son frère dans la ville de Vienne : une nouvelle fois la fatalité jouera et Godegisèle sera tué par son frère, au sein de la mêlée où s'entrechoquent les armes des Burgondes et celles des Wisigoths. Ayant appris cela Clovis entreprend, tout à la fois, d'assouvir son ambition et de venger Clotilde.

Néanmoins, sous l'impulsion de l'évêque Avit, une rencontre aura lieu et un accord pacifique sera conclu.

Après la mort de Gondebaud à Genève, en 516, Sigismond, son fils aîné, prend possession de son royaume. Il commit cependant la faute d'entrer en lutte avec ses évêques, ce qui inaugura une suite de combats qui se soldèrent par la bataille de Vezeronce, près de Morestel, en 524. Sigismond fut pour sa part massacré, ainsi que sa famille, à Orléans, le 21 juin 524.

Ainsi se terminait, au *solstice d'été*, l'épopée solaire de ce premier royaume de Bourgogne. Issus des terres australes, les Burgondes n'échappèrent pas à ce qui semblerait être leur destinée collective, tout entière centrée sur la marche de l'astre diurne et royal. Il faudra attendre le 15 octobre 879 le couronnement de Boson, pour que soit fondé le second royaume de Bourgogne. Bien qu'il n'eût qu'une durée éphémère — il s'acheva en 1032 avec la mort de Rodolphe III —, il comprenait de vastes territoires : le Viennois, le Lyonnais, la Franche-Comté, la Savoie, la Provence, les diocèses de Lausanne, Autun, Mâcon, Chalon-sur-Saône, Viviers, Uzès, Avignon et Arles.

La féodalité et l'installation des Guigues

Les Guigues, ou Gui, possédaient la presque totalité du territoire situé entre le Rhône et Grenoble. Sa limite, au nord, était la route de Vienne et, au sud, les montagnes du Diois. C'était là une très riche et puissante famille qui résidait, principalement, au château d'Albon.

Gui le Comte disparut en 1016, laissant trois enfants : l'un d'eux mourut religieux à Cluny en 1030, un autre, Mallenus, devint évêque de Grenoble en 1020. Le troisième, enfin, épousa Gotelène et de ce mariage devait naître Guigues le Vieux.

Lors du démembrement du second royaume de Bourgogne, l'ancienne province viennoise éclata en un certain nombre de principautés :

« On eut ainsi les archevêques de Vienne et d'Embrun ; les évêques de Grenoble, Valence, Gap, Die et Saint-Paul-les-Trois-Châteaux, qui se qualifiaient de princes-évêques ; puis les comtes du Viennois, du Grésivaudan, du Valentinois, du Diois, de l'Embrunois et du Gapençais ; les baronnies de la Tour-du-Pin, de Meuillan et de Montauban, enfin les quatre seigneuries de Briançon, du Champsaur, du Pont-en-Royans et de Montélimar [1]. »

Guigues le Vieux, fils de Gui le Comte, ayant épousé une riche héritière, obtint par ce mariage des terres limitrophes du comté de Savoie. Ainsi sa puissance croissait-elle de jour en jour, au sein des troubles qui secouaient la ville de Grenoble et des attaques incessantes dont étaient l'objet ses terres frontalières. Il décida donc de lever une troupe, en faisant appel au baron de Sassenage, dont la seigneurie se composait de terres accrochées au flanc du Vercors (Sassenage, Fontaine, Veurey, Seyssinet, Pariset, Claix, Engins, Noyarey) et occupant le plateau de ce même massif montagneux (Méaudre, Lans, Villard-de-Lans, Corrençon, Autrans).

De retour d'une expédition contre le comte de Savoie, dont les incursions incessantes appelaient des réactions de sa part, Guigues le Vieux perdit sa femme, qu'il aimait profondément. Ce chagrin lui troubla l'âme longtemps, en sorte qu'il se vit dans l'obligation d'abandonner le pouvoir à son fils Guigues le Gras. Quant à lui, il entra dans les ordres à Cluny, en 1057, où il mourut, le 22 avril 1075.

Mallénus, frère aîné du comte Gui, fut remplacé par Arthaud, nouvel évêque de Grenoble qui s'employa, durant les vingt-trois années de son épiscopat, à récupérer les biens que son prédécesseur avait cédés à Guigues le Vieux. Celui-ci était devenu, en effet, comte de Grenoble et du Grésivaudan et son fils Guigues le Gras ne fut pas à la hauteur des charges insignes qui lui incombèrent. Cependant, l'évêque œuvrait toujours en coulisse, essayant non seulement de maintenir son pouvoir, mais aussi de se créer des ressources.

De Guigues dit le Gras, nous savons qu'il était fort oisif, quand bien même il avait fait preuve de générosité envers l'Église en fondant, vers 1070, le prieuré de Saint-Robert-de-Cornillon.

Son occupation principale semble avoir été l'organisation de tournois et de carrousels. Si l'on en croit quelques historiens locaux, il passa les dernières années de sa vie à La Chaise-Dieu et y mourut en 1080. Ce que rapporte Nicolas Chorier à ce sujet est fort singulier et mérite peut-être d'être pris en considération. En tout cas il ne semble pas que cela ait retenu outre mesure l'attention des érudits qui s'adonnèrent à l'étude de la province dauphinoise. Prudhomme lui-même, dans son excellente *Histoire de Grenoble*, affirme, dans une note en bas de page, que « d'après Chorier, son tombeau portait l'inscription suivante : *Hic (jacet) Guigo Crassus Del-*

---

[1] Alphonse VERNET, *op. cit.*, pp. 210, 211.

phinus Ius et monachus magnae pietatis ou ci-gît Guigues le Gras *premier dauphin* et moine d'une grande piété ».

Si l'inscription est exacte, et sans doute peut-on faire confiance à Chorier, ce ne fut pas Guigues IV qui, le premier, porta le surnom de « dauphin », mais son grand-père, Guigues le Gras. Cela viendrait confirmer l'ancienneté du vocable et de la tradition « delphinale » et porterait un coup mortel à beaucoup de thèses émises à ce sujet.

« De son mariage avec Agnès de Catalogne, dont il (Guigues II) avait fait la connaissance à Avignon à la cour de Guillaume de Poitiers, comte de Provence, il avait eu cinq enfants : Guigues III ou Guigues le Comte, qui lui succéda comme prince de Grenoble et comte du Grésivaudan ; Guigues Rémond, comte de Forest ; Richard, Armand qui se firent moines, et Pétronille mariée à Amédée, seigneur de Hauterive. »

N'étant point semblable à son père, Guigues III le Comte entreprit, dès qu'il parvint au pouvoir, de reprendre toutes les terres que le clergé avait récupérées, profitant du laxisme du précédent comte de Grenoble.

Cela l'amena à se heurter à Hugues, évêque de cette ville, né à Châteauneuf-sur-Isère en 1053 et protégé du pape Grégoire VII. Ce fut sur les instances du pontife, lors du concile d'Avignon, que le chanoine de l'église de Valence devint évêque.

Aussi tenace que Guigues III, il entendait ne rien céder de ce qui avait été acquis par ses prédécesseurs, alors que Ponce II dut abandonner, déjà, une partie des biens de l'Église. Au sein de cette période houleuse se place l'un des événements les plus importants de l'histoire religieuse et spirituelle du Dauphiné, que nous allons examiner abondamment plus loin. Car celui qui allait devenir saint Hugues rencontra à Grenoble, de façon bien singulière, pour ne pas dire miraculeuse, son ancien maître, Bruno de Cologne.

A cette même époque, pressé par Guigues III, l'évêque de Grenoble avait entrepris des démarches auprès de l'archevêché de Vienne, afin de récupérer les terres de Saint-Donat et de Salmorenc. Elles durèrent onze années au cours desquelles Hugues fut préoccupé par l'installation des Chartreux, qui lui fit quelque peu oublier cette querelle. Néanmoins, au concile de Clermont, en 1095, il renouvela sa requête et trouva dans le pape un défenseur farouche de sa cause. Le comte d'Albon fut chargé de faire respecter, dût-il pour cela employer les armes, les droits de l'évêché de Grenoble.

Ainsi Guigues remembrait-il son territoire par l'entreprise d'Hugues et, d'une façon détournée mais efficace, parvenait à ses fins, en faisant agir l'évêque à sa place. L'archevêque de Vienne fut donc contraint de se réconcilier avec le comte d'Albon, ce qui permit à ce dernier de se fixer à nouveau dans son ancien château, alors qu'Hugues partait pour Gênes afin de prêcher la première croisade. Sur ses instances les comtes de Provence, de Toulouse, d'Orange, de Die et de Savoie partirent vers la Terre sainte.

Ce départ et les adroites démarches de Gui de Vienne privèrent à nouveau l'évêque de Grenoble de ses terres de Saint-Donat et de Salmorenc. Dès lors recommencèrent les tractations et les menaces qui allèrent jusqu'à l'excommunication du comte d'Albon, qui prit l'évêché d'assaut et contraignit Hugues à s'enfuir. Cependant, ces épisodes désordonnés se soldèrent par une nouvelle paix... et de nouvelles querelles.

Guigues III mourut au château de Vizille, en 1128, alors que son vieil adversaire, l'évêque Hugues, s'éteignait à son tour, quatre années plus tard, âgé de quatre-vingts ans.

2.

Les origines du Dauphiné

Guigues IV et l'énigme du surnom « Dauphin »

Guigues IV fut, dit-on, le premier comte d'Albon à porter officiellement le surnom de « Dauphin ». Quelle fut la raison de ce choix ? Ici on se perd en conjectures et l'on va même jusqu'à faire quelques entorses à l'Histoire, afin de proposer une thèse qui satisferait tout le monde. Il est curieux, du reste, qu'un historien aussi érudit que Alphonse Prudhomme se soit laissé aller à colporter une erreur aussi grossière. Dans son étude « De l'origine et du sens du mot Dauphin », il affirme que c'est « très probablement en Auvergne qu'il fit sa première apparition ». Comment cela aurait-il pu se faire, puisque le premier « dauphin d'Auvergne » fut Guillaume le Jeune, descendant par sa mère des Dauphins du Viennois ? Au demeurant, cette principauté fut fondée lors du démembrement de la basse Auvergne, c'est-à-dire en 1169, donc bien après la mort de Guigues IV qui survint en 1142. Il convient donc d'abandonner cette thèse. Et puis, selon la plaque tombale de Guigues le Gras, le titre n'est-il pas plus ancien ?

Paul Dreyfus, dans son intéressant ouvrage *Grenoble, de César à l'Olympe,* a tenté de résumer l'ensemble des croyances à ce sujet.

« Guigues-Dauphin, voilà qui sonne bien. Mais encore ? C'est son surnom personnel, nous dit un historien. Un vocable anglais — *dolfin* — francisé, nous dit un second. Un nom tudesque signifiant « chef » et dénaturé par sa traduction latine (*talfinus* ou *dalfinus*) suggère un troisième. Un surnom donné à l'un des comtes d'Albon et devenu héréditaire, affirme un philologue. Une conséquence de l'introduction du dauphin dans les armes de la famille, prétend un écrivain. Aucune de ces explications n'est satisfaisante — et surtout pas la dernière. En effet, l'emblème delphinal officiel, ce poisson dressé au regard malicieux, n'a fait son apparition que fort longtemps après le titre. Nous sommes en plein mystère [1]. »

Il est très singulier que l'on ait pu croire que les nobles d'alors choisissaient à la légère un titre, voire un emblème héraldique ; mais il est vrai que l'on ne connaît plus guère, aujourd'hui, le sens des symboles et des emblèmes qui constituaient un langage particulier, celui du blason, très justement. Eugène Canseliet nous renseignera avec précision à ce sujet.

« Le Blason de la noblesse d'*extraction* n'a d'autre source, ni ne parle d'autre langage que celui de cette science *hermétique,* toujours semblable à elle-même, dans son expression pure, comme dans l'iconographie symbolique et le texte voilé, elle inscrit sa pensée dans l'Art héraldique, muet en apparence, ainsi que le révèle l'étymologie du terme, le plus souvent déclarée inconnue. *Blason* qui vient du grec Βλαισός blaisos, *bègue, qui ne parle pas nettement,* met de la sorte bien en garde contre la difficulté qu'on éprouvera à l'entendre [2]. »

Ce fait singulier mérite toute notre attention, car il n'est rien de plus agaçant que d'employer couramment un vocable dont on ne connaît pas la provenance. En plus de cela, l'énigme du « Dauphin » est l'une des plus singulières de l'histoire secrète du Dauphiné.

Le symbolisme héraldique

Selon Alphonse Vernet, Guigues, qui désirait participer à un tournoi, chercha quelles pouvaient être ses armes lors de l'épreuve. Il trouva à l'entrée du cirque romain des banderoles en toile peinte avec lesquelles il décora son cheval, puisqu'elles répondaient à ses désirs. Il s'agissait, bien entendu, du « Dauphin » qui devint fameux grâce aux victoires remportées par le jeune combattant... Il va sans dire que pareille histoire est de la plus haute fantaisie, car la conception d'un blason a toujours fait appel à des règles précises : elle est affaire de spécialiste et l'on voit mal un noble errer de par une ville à la recherche d'un emblème héraldique ! Sans doute est-ce l'un des reproches majeurs que l'on peut faire à certains historiens du Dauphiné que de ne pas avoir approfondi ce problème, et

---

1. Paul DREYFUS, *Grenoble, de César à l'Olympe,* p. 28.
2. Eugène CANSELIET, *Deux logis alchimiques,* p. 61.

d'avoir négligé l'érudition des maîtres en la matière. Car l'art héraldique existe, qui a ses règles strictes et répond à des impératifs précis. Le choix des symboles n'est jamais hasardeux ; il est le fruit d'une démarche logique et impérative.

J. Roman, pourtant, avait bien précisé, fort pertinemment, qu' « au début, les armoiries n'étaient pas la propriété des familles qui possédaient les fiefs, mais la représentation du fief lui-même [3] ».

Ce qui signifie que le Dauphiné exista avant le dauphin, quand bien même l'appellation *Delphinatus* serait apparue, officiellement, plus tardivement que le titre. Il faut compter, dans ce domaine, avec la tradition orale qui avait une grande importance au Moyen Age. Faut-il croire que la science du blason, qui s'élabora lentement au fil du temps, n'était que balbutiante au Xe siècle, ce qui pourrait conforter, en quelque sorte, la thèse d'Alphonse Vernet ? Grasset d'Orcet, l'érudit diplomate qui honora la *Revue britannique,* au siècle dernier, de nombreuses études capitales, affirme le contraire.

« Lorsque pour la première fois nous rencontrons les symboles et le langage héraldiques, il y a environ huit siècles, nous y trouvons la même précision, le même symbolisme et les mêmes conventions qu'aujourd'hui [4]. »

Donc il est assuré que le titre de « Dauphin » correspond à une tradition particulière et qu'il ne doit rien au hasard ou à la fantaisie.

Robert Viel a démontré [5], par l'examen du fameux « émail du Mans » qui représente Geoffroy Plantagenêt, que les règles héraldiques sont extrêmement complexes et que *les armoiries sont comme un paradigme du territoire et des particularités métaphysiques de la noblesse qui le gouverne.* C'est ainsi que le bouclier de Geoffroy Plantagenêt évoque l'harmonie entre le macrocosme et le microcosme, qui s'établit en un centre terrestre précis, l'Anjou.

Il est vrai que le non-initié peut trouver cette analyse symbolique bien singulière, voire abstruse. Mais il en va de même pour toutes les sciences qui font appel à un langage particulier : qui reconnaîtrait par exemple, dans une longue suite d'équations mathématiques, l'expression des arcanes physiques de l'espace et

---

3. J. Roman, *Description des sceaux des familles seigneuriales du Dauphiné.*
4. Grasset d'Orcet, *Le Noble Savoir.*
5. Robert Viel, *Les Origines symboliques du blason,* suivi de *L'Hermétisme dans l'art héraldique.*

du temps, s'il n'était auparavant initié à ce mode d'investigation ?

Sans doute est-il bon de se rappeler les propos que tenaient Cadet de Gassicourt et le baron Robert de Paulin :

« De ce que le blason n'a encore trouvé ni un Champollion ni un Mariette pour l'expliquer dans ses moindres détails, il ne faudrait pas croire que les armoiries, comme on le dit trop souvent, n'aient aucune signification et que l'arrangement intérieur de l'écu soit exclusivement dû au hasard ou à un caprice irraisonné [6]. »

Or, si l'on constate, à la suite de Prudhomme, que le dauphin héraldique fait son apparition définitive et « officielle » au XIIe siècle, soit après la mort de Guigues IV, c'est que cette époque correspond, très justement, à la *fixation* de la mutation héraldique. Car de 1100 à 1200, on assiste à un intense travail dans ce domaine, bien que les racines de cet art soient fort anciennes, et qu'il ait connu, au fil des âges, des tentatives avortées et des progrès en tous points semblables à l'activité humaine en général.

L'analyse de Robert Viel à ce sujet est extrêmement pénétrante, puisqu'il n'hésite pas à comparer le développement de l'art du blason au phénomène biologique : ainsi sommes-nous assurés d'être en présence d'une production *vivante* dont les arcanes sont ceux-là mêmes de toute vie terrestre.

Quelle fut donc, brièvement résumée, la ligne directrice des armoiries ?

« Dans un premier temps, les armoiries furent surtout *personnelles*. Dans un second, elles s'attachèrent à la *terre*. (...) Ce n'est qu'à la fin du XIIIe siècle et surtout au XIVe siècle que le *blason passe de la terre à la famille et la suit même après la perte du fief*. Il devient alors une sorte de propriété commune puisqu'*il appartient à tous les membres de la famille* [7]. »

Il ne saurait y avoir de meilleure illustration de ce qui a pu se passer pour le titre de Dauphin. Car on peut supposer que les Guigues, comtes d'Albon, en héritèrent grâce au terroir qu'ils gouvernèrent, et qu'ainsi l'appellation passa de la terre à l'individu, appellation qui devait être suffisamment importante pour que les fils aînés des rois de France la conservent à leur tour.

Mais alors il convient peut-être de rechercher, avant toute chose, la valeur symbolique du *dauphin* et de la ville de *Delphes*. Cela nous permettra peut-être de savoir pourquoi le territoire qui échut

---

6. Cadet de Gassicourt et Robert de Paulin, *L'Hermétisme dans l'art héraldique,* p. 180.

7. Robert Viel, *op. cit.,* p. 26, 27.

à Guigues le Comte lors du démembrement du second royaume de Bourgogne pouvait être déjà, d'une certaine manière, le « Dauphiné », quand bien même il n'eût pas la conformation géographique qui fut la sienne par la suite : il pouvait s'agir en fait, au départ, des terres qui concernaient seulement une ville et ses environs. Mais ce n'est là qu'une supposition, eu égard au fait que si Guigues le Gras fut peut-être le premier *dauphin,* selon l'épitaphe de sa plaque tombale, il fut également le second comte de Grenoble et du Grésivaudan. Y a-t-il eu concordance entre ces deux titres ? Il est bien difficile d'être affirmatif.

Delphes et le dauphin

Si l'on se souvient que les Gaulois se rendirent en Grèce afin de se saisir de l'or de Delphes, on n'aura aucune peine à admettre qu'à leur retour ils « matérialisèrent », en quelque sorte, le souvenir de cette quête initiatique sur leur territoire. Jean Markale, relatant l'épopée de Brennus, affirme que « si le Soleil est l'image la plus parfaite de la Divinité, l'or est le symbole du Soleil. L'or de Delphes est donc l'image du Dieu, image tout à fait valable pour un Celte qui se refuse à admettre l'anthropomorphisme [8] ».

Cela explique ses précédents propos :

« Nous voici au cœur du problème concernant l'aventure gauloise à Delphes. L'or qu'il [Brennus] venait chercher n'était pas un or matériel [9]. »

Il s'agissait donc bien d'une pérégrination spirituelle, une recherche de l' « or des origines », en quelque sorte, de cette terre sacrée par excellence dont Delphes était la représentation. Les Allobroges, ce peuple celte « venu d'ailleurs », pourrait donc être, tout simplement, un noyau de ces guerriers partis à la conquête de Delphes, et leur installation dans les Alpes correspondrait à la vague de retour de cette migration.

Pour cette raison, rien ne s'oppose à ce que le Dauphiné ait été, à ses origines, une réplique de Delphes ou, à tout le moins, de l' « omphalos » que celle-ci représentait.

---

8. Jean MARKALE, *Les Celtes,* p. 103.
9. *Ibid.,* p. 102.

Les origines mythiques de Delphes

F. Noël, dans son *Abrégé de la mythologie universelle,* affirme que la ville de Delphes fut fondée par *Delphus,* fils d'Apollon, et qu'elle passait pour se situer au milieu du monde. C'était donc l'omphalos par excellence, c'est-à-dire le *centre sacré,* autrement dit l'espace privilégié où le ciel rencontrait la terre.

On doit, selon la légende, la « découverte » de Delphes à Jupiter : il fit voler deux aigles en sens opposé, l'un vers le couchant, l'autre vers le levant, et à leur point de rencontre on bâtit la ville.

Dès à présent il est bon de retenir ce fait d'importance : Delphes se situait, selon les Anciens, au centre de l'univers. Or nous avons vu précédemment que le Dauphiné est inscrit dans un cercle parfait marqué par les polaires successives, et matérialisées sur terre par des lieux géographiques précis. N'est-ce point là ce territoire circonscrit par le tracé de la précession des équinoxes, le « centre de l'univers » visible, symboliquement représenté ?

Le parallèle est absolument frappant entre le mythe de Delphes et ce que nous révèle la géographie sacrée des Alpes. Libre à chacun de croire que cela fut une construction humaine, ou bien une coïncidence singulière. Ce qui importe avant tout c'est que les faits demeurent, irréfutables : d'un côté nous avons Delphes, où se rendirent les Celtes, et qui passait pour être l'omphalos grec, que l'on marquait par une *pierre levée;* de l'autre nous avons le Dauphiné, terre des Allobroges comprise dans le cercle de l'horloge précessionnelle dont le centre est matérialisé, également, par une formidable pierre levée, puisqu'il s'agit du mont Aiguille ! Il y a ici beaucoup plus qu'une simple analogie linguistique, on en conviendra, et cette identité d'appellations pourrait bien être le résultat d'une antique tradition.

On ne peut s'empêcher de penser que les Allobroges trouvèrent dans les Alpes des éléments géographiques particuliers, voire un relief suffisamment évocateur de ce qu'était le « nombril » de la terre ou omphalos. Mais il y a plus encore.

Delphiné, ou *Delphyné,* était un monstre moitié femme moitié serpent, auquel Typhon confia Jupiter blessé. Quant à *Delphis,* c'était également un surnom de Python, le serpent mythique.

Voici qui nous ramène, incontinent, au sol dauphinois où nous trouvons l'Isère, ou *Isara,* la serpente légendaire, et le Drac, qui n'est autre que le dragon fabuleux. Et puis, dans l'antre de Sassenage, Mélusine, mi-femme mi-serpent, victime du cruel enchantement et qui gouverne donc la grotte, tout comme Delphyné, qui vivait, selon le récit mythologique, dans la caverne de Cilicie.

Le dauphin, Apollon, et les Dauphins du Viennois

Delphes tiendrait son nom de Delphos, ou Delphus, fils d'Apollon ou, selon d'autres auteurs, de Poséidon, qui fut changé en dauphin. Nous apprenons donc que ce poisson répond à un symbolisme typiquement solaire, ce qui se rapporte au blason du Dauphiné dont le fond est d'or. Mais ce fait, du reste, est unanimement reconnu par tous les chercheurs qui ont quelque teinture de symbolique traditionnelle : l'or correspond au soleil et, partant, le dauphin s'intègre harmonieusement à cet ensemble.

Apollon lui-même était surnommé *Delphicola, Delphicus* et, mieux encore, *Delphinius*. Or les différentes graphies pour le mot dauphin ont été, successivement, *delphus* en grec, en latin classique *delphius,* en bas latin *Dalphinus* que l'on retrouve sur des sceaux vers 1110. La province, quant à elle, fut appelée *Delphinatus* (attesté par des sceaux en 1285) et, par la suite, Daulphinès.

Par ailleurs, un détail nous paraît important à ce sujet : c'est que saint Avit, archevêque de Valence de 490 à 518, dont nous avons vu les démêlés avec le roi de Bourgogne Gondebaud, avait exprimé le souhait, dans sa correspondance, de posséder un anneau *orné de deux dauphins...*

Chompré, dans son *Dictionnaire abrégé de la Fable,* dit que la constellation du Dauphin correspond à la métamorphose du poisson qui sauva Arion le musicien de la noyade.

Souvenons-nous aussi des dauphins qui amenèrent Amphitrite, fille de l'Océan et de Doris, sur un char en forme de coquille, à Neptune, qui voulait l'épouser ; ou encore au marinier métamorphosé par Bacchus. Ce qui apparaît avec évidence, c'est que le mammifère marin eut un rôle de *guide...*

Et Guigues, qui vient de *Gui,* est à rapprocher de l'ancien français « guide ». Le nom est resté, dans la terminologie maritime, pour désigner une vergue qui s'appuie, sur les trois-mâts, contre le mât d'artimon.

Il y a décidément trop de concordances, pour qu'elles soient fortuites, qui nous mènent de Delphes au Dauphiné. Concordances de caractéristiques ayant trait à la géographie sacrée, à la mythologie et aux religions antiques. Puis, à travers elles, nous découvrons le rôle de guide du dauphin, se rapportant au patronyme des comtes du Viennois. L'harmonie fut donc établie lorsque le seigneur prit le nom du terroir, et que tous deux exprimèrent une même réalité mythique et symbolique, celle de la *noblesse solaire*. Cette affirmation demande peut-être une plus ample démonstration, qui fut l'objet de notre ouvrage rédigé en collaboration, *Terre du Dauphin et Grand Œuvre Solaire* [10]. Néanmoins, à travers les propos qui précèdent, on peut se convaincre que l'énigme du mot « dauphin » n'est ni un caprice de noble en mal d'armoiries, ni une création hasardeuse et fortuite.

Encore fallait-il se souvenir, pour l'éclairer quelque peu, que « la base fondamentale des doctrines de tous les initiés, depuis les Chaldéens, les Égyptiens, les Hindous, jusqu'aux Templiers, aux rose-croix, aux francs-maçons anciens, est *l'analogie*. Par l'analogie, on détermine les rapports qui existent entre les phénomènes [11] ».

Tout prend donc une signification plus évidente si on le considère sous son aspect sacré et si on analyse le problème non pas avec nos mentalités modernes, mais en faisant appel aux croyances et aux motivations de nos ancêtres qui différaient, sur bien des points, des nôtres. Elles ne manquaient cependant ni de logique, ni de rigueur, et tel « mystère historique » qui nous tient en échec s'éclaire soudain lorsqu'on fait un effort d'adaptation et qu'on l'examine objectivement.

---

10. Voir bibliographie.
11. CADET DE GASSICOURT et Robert de PAULIN, *L'Hermétisme dans l'art héraldique*, p. 208.

3.

Le rattachement au royaume de France

Humbert II et le « transport » du Dauphiné

Le 17 janvier 1345, le roi de Chypre et ses alliés essuyaient une terrible défaite sous les murs de Smyrne. La puissance des Turcs, manifestée par cet événement, mit le feu aux poudres et Clément VI se trouva dans l'obligation de prêcher une nouvelle croisade.

Ce fut l'occasion que saisit Humbert II, dauphin du Viennois de la race de La Tour-du-Pin qui succéda à celle des comtes d'Albon, pour se faire valoir. Nous possédons le texte du pli qu'il fit parvenir au pape, et qui traduit fort bien son enthousiasme :

« Supplie Votre Sainteté, Votre humble fils Humbert Dalphin de Vienne, que il vous plaise à li octroyer à estre capitaine de ce saint voyage contre les Turcs et les non féaux de l'Église de Rome et que tous, tant hospitaliers comme tous autres, li aient et doyent obéir par terre et par mer. »

Humbert fut donc nommé capitaine général du Saint-Siège et chef des armées chrétiennes. Il s'engageait, pour sa part, à entretenir cinq galères, mille arbalétriers et trois cents soldats, dont cent chevaliers. Il n'est peut-être pas inexact de voir dans l'embarquement qui eut lieu le 2 septembre 1345, à Marseille, le crépuscule du Dauphiné ou, en tout cas, du Dauphin. Les victoires furent rares, et les fonds nécessaires à l'entretien des croisés ne parvenaient en Terre sainte qu'à grand-peine. Retiré à Rhodes pour y passer l'hiver, découragé, Humbert II rédige son testament le 29 janvier 1347. Deux mois plus tard la Dauphine Marie de Baux décède dans cette même ville. Le 10 juin, c'était au tour de Béatrix, fille d'Humbert Ier et veuve de Hugues de Chalon, de quitter cette terre, que suivra de près Béatrix de Hongrie, mère d'Humbert II et veuve de Jean II...

De plus en plus découragé, le Dauphin quitte le Moyen-Orient, délie les croisés de leurs vœux et rentre à Grenoble le 8 septembre 1347. Dans une sorte de folie de la dépense, ne tenant nullement compte de l'état déplorable des finances et de la misère de son peuple, Humbert s'adonne à toutes sortes de prodigalités : achats de bijoux, fondations, etc. Cela coïncida avec l'arrivée à Grenoble de la peste noire, et on accusa les juifs d'être à l'origine de cette terrible épidémie : soixante-quatorze d'entre eux furent traduits en justice et brûlés sur un bûcher...

Tout semblait donc sombrer de plus en plus dans cette province jadis prospère et le Dauphin eut le désir d'abandonner le pouvoir.

Nous étions alors en 1348.

On peut évidemment s'interroger sur les raisons qui firent qu'Humbert céda ses terres et son titre à la France, et si le « transport » n'est pas un mystère historique il peut demeurer très énigmatique pour l'homme du xxe siècle. Pourtant le Dauphin était criblé de dettes, et le roi de France le savait fort bien, qui avait soudoyé Amblard de Baumont, Humbert de Villars, Albert de Sassenage, Agout de Baux, Guy de Grolée, afin qu'ils incitent le noble dauphinois à quitter le pouvoir. Tout un travail diplomatique obscur, joint à la situation devenue catastrophique des finances delphinales, eurent raison de ses scrupules.

« Dès lors, harcelé par ses créanciers, à bout de ressources, peut-être aussi dégoûté des hommes de son entourage dont sa faiblesse le rendait le jouet, sur les conseils aussi de son confesseur, Jean Birel, général des Chartreux, il se décida [1]. »

Après la rencontre de mars 1349 à Romans, avec le chancelier de France et le duc de Normandie, il y eut l'assemblée solennelle du 16 juillet à Lyon, au cours de laquelle le duc Charles prit possession des États d'Humbert, qui lui transmettait son sceptre, son anneau, sa bannière et son épée.

Ce fut donc quatre cent quarante années, presque jour pour jour, avant la Révolution française et la chute de la royauté que le Dauphiné perdit son indépendance. Mais là ne s'arrêtèrent pas les malheurs d'Humbert II, puisque Jeanne de Bourbon, qui lui était promise en mariage, épousa en fait Charles, devenu *dauphin de France*.

Afin d'être certain que le comte déchu de son titre ne reviendrait pas sur sa décision, on lui conseilla de se rendre en Avignon.

---

1. Alphonse VERNET, *op. cit.*, p. 441.

Là, à l'issue de trois messes consécutives, il reçut avec une incroyable rapidité les trois ordres de sous-diacre, diacre et prêtre ! Dès le lendemain il célébrait la messe, fort de ses nouvelles prérogatives spirituelles... Afin d'apaiser quelque peu sa soif de pouvoir, on le nomma patriarche latin d'Alexandrie et administrateur de l'archevêché de Reims.

Ainsi était consommée la chute du dernier dauphin du Viennois, par des tractations sournoises et des démarches obscures qui devaient évidemment profiter très largement au royaume de France.

Humbert mourut à Clermont, âgé de quarante-deux ans, alors qu'il se rendait en Avignon pour y être officiellement nommé archevêque de Paris. Peut-être ne convient-il pas d'être aussi sévère que l'ont été tous les historiens, hormis Valbonnais, avec Humbert II. En effet, il est aisé, en examinant quelques symboles qui accompagnèrent son pouvoir temporel et qui se peuvent retrouver sur des sceaux, d'y découvrir une indéniable culture ésotérique et initiatique, telle qu'elle florissait alors, notamment, dans l'architecture religieuse. Son « petit seceau » qui orne deux actes, l'un de 1340, l'autre de 1349, est un parfait exemple de sa connaissance de la « langue » héraldique et symbolique. On y retrouve en effet la *panthère,* l'*homme des bois,* et le *griffon,* chers aux hermétistes et qui sont autant de « mots » de l'universel langage initiatique dont les templiers, les rose-croix véritables et les alchimistes connaissent fort bien les règles[2].

Il serait injuste de répéter à nouveau qu'Humbert II fut un « souverain sans État », ou un « général sans armée », voire un « époux sans enfants », un « évêque sans diocèse », et un personnage inique. On peut dire cependant qu'il fut, à n'en pas douter, un individu qui « réunit dans sa vie toutes les misères et toutes les contradictions »...

Un dauphin prestigieux : Louis XI

Il ne fait nul doute que le dauphin le plus prestigieux ait été Louis, fils de Charles VII, qui séjourna dans le Dauphiné de 1447 à 1456.

Durant ces dix années, et sous son impulsion, le gouvernement

---

2. *Cf. Terre du dauphin et Grand Œuvre solaire.*

de cette région de plaines et de montagnes allait radicalement changer d'aspect.

Point n'est besoin de revenir sur les raisons qui firent que le futur Louis XI dut s'exiler sur le territoire qui appartenait, depuis un siècle déjà, au fils aîné des rois de France. Paul Murray Kendall a magistralement consigné tous ces faits dans un ouvrage fondamental qui est une véritable mine d'érudition[3].

Lorsque le dauphin Louis s'y installa, le Dauphiné n'avait guère progressé depuis le « transport » de 1349, et il trouva un État éclaté, séparé par les cloisonnements multiples issus de toutes les luttes intestines que nous avons examinées précédemment, au cours desquelles l'Église, tout autant que les nobles, s'exerça à ce morcellement préjudiciable.

« Du moment où il posa le pied sur le sol dauphinois, à Saint-Symphorien le 13 janvier 1447, Louis entreprit de gouverner son malheureux petit État comme s'il se fût agi d'un empire », nous dit P. M. Kendall.

C'est dire à quel point son activité fébrile et efficace devait bouleverser le Dauphiné.

En l'espace de trois années, des décisions importantes furent prises : il remembra le territoire, encouragea l'agriculture, stimula la croissance des villes, redonna confiance au peuple et soumit à son autorité les grands féodaux ! C'était plus qu'il n'en fallait pour attirer sur lui l'attention de son père qui considéra ce déploiement de réformes comme « un régime de folies ». Cependant, c'était véritablement un monde nouveau que Louis forgeait de toutes pièces, trop heureux qu'il était enfin de donner libre cours à ses talents multiples. En fait, cette province fut pour lui un véritable « laboratoire », dans lequel il put expérimenter ses « recettes » de gouvernement. Le résultat fut concluant car, d'un État morcelé et arriéré, il parvint à en faire le plus moderne d'Europe ! Il est vrai qu'il consacra à cette tâche toute son énergie jusqu'en 1450 où, fort de l'ordre qu'il venait d'établir, il put se tourner vers d'autres horizons, notamment l'Italie.

L'étonnante personnalité de Louis est à elle seule un élément extrêmement important de l'histoire tant dauphinoise que française du XVe siècle. Cependant, un homme aussi brillant, un diplomate aussi avisé savait s'entourer de personnages assez peu communs et l'un d'eux, tout particulièrement, doit retenir notre attention.

---

3. Paul MURRAY KENDALL, *Louis XI*.

L'influence occulte de Jean Bourré

Eugène Canseliet a fort bien mis l'accent sur les liens secrets qui unissaient Louis XI à Jean Bourré, seigneur du Plessis, dont l'activité mystérieuse, qu'il menait dans la discrétion de son manoir, est des plus évidentes si l'on s'en réfère aux fresques qu'il nous a laissées. Pourtant, quoique discrète, l'influence de Jean Bourré fut immense, car il fut bien plus qu'un simple secrétaire particulier, comme en témoignent les propos de son roi et maître, qui le choisissait souvent comme confident :

« Pour ce que vous cognoissez mes affaires plus que autres, et que j'ay toute ma fiance en vous, je n'escript à présent à nul que à vous de ceste matière [4]. »

D'où venait donc la puissance du sieur du Plessis, et quel était le secret de ses finances ?

En fait, la thèse faisant de Jean Bourré un alchimiste effacé mais efficace n'est plus à démontrer si l'on s'en réfère au texte d'Eugène Canseliet, qui prouve que le noble conseiller royal a légué à la postérité les énigmes peintes de sa demeure, afin que cela fût attesté. Ainsi, tout comme son père Charles VII, qui s'était attaché les services de Jacques Cœur, Louis mettait sa confiance dans le jugement d'un initié dans l'art hermétique, grâce auquel il pouvait également suppléer à quelques faiblesses de ses finances.

C'est bien, en tout cas, ce que semble confirmer la lettre que Louis XI lui fit parvenir le 18 janvier 1471. Cinq jours auparavant, les troupes royales de Bourgogne entraient en garnison à Saint-Quentin, et la guerre, prévue selon Louis pour le printemps, allait devoir être avancée. Mais il fallait pour cela des fonds immédiatement ; aussi écrit-il à Jean Bourré :

« Mons. Du Plessis, je vous envoye ce que Mons. de Crussol demande. Allez-vous-en demain à Paris, et vous et Mons, le Président trouvez de l'argent en la Boete à l'enchanteur pour ce qui sera nécessaire et qu'il n'y ait faulte. Escript au Puyset, ce vendredy, XVIIIe jour de Janvier. »

Cela, évidemment, évoque bien les talents cachés qui étaient ceux de Jean Bourré, selon que le fait remarquer, du reste, Eugène Canseliet.

« La boîte à l'enchanteur ! Au demeurant, voilà lâchée, et par le roi lui-même, l'expression historique, évocatrice de moyens inex-

---

4. Eugène CANSELIET, *Deux Logis alchimiques*, p. 93.

pliqués et de pouvoirs surnaturels, que révèle clairement, selon nous, l'enseignement iconographique de l'*artiste* savant, relégué dans l'ombre épaisse de l'Histoire et banni de la mémoire complice des hommes [5]. »

Pour incroyable qu'elle puisse paraître, cette thèse est irréfutablement attestée par les peintures alchimiques du château médiéval qui les abrite derrière ses épaisses murailles, et qui ne trouvent d'autre explication que dans le domaine de la philosophie hermétique.

Ainsi donc, Louis XI, ce dauphin prestigieux, eut-il peut-être connaissance, par l'entremise de son conseiller, des arcanes de la science alchimique. Il ne faudrait point oublier aussi que le xve siècle fut celui de Jacques Cœur, nous l'avons dit, mais également de Thomas Northon, Nicolas de Cuse, Georges Aurach, Georges Ripley et Jean Trithème. Autant d'initiés à cette doctrine venue du fond des âges.

---

5. *Ibid.*, p. 96.

4.

Chartreux et antonins

Bruno de Cologne

Né à Cologne vers 1035, Bruno de Hartenfaust fut l'un de ces individus prédestinés aux plus hautes charges : riche, éloquent, on peut dire que le XIe siècle découvrait en lui l'un de ses plus beaux esprits.

A cette époque, également, la renommée de l'école de Reims s'étendait sur toute l'Europe, confortée qu'elle était par l'érudition du fameux Gerbert d'Aurillac, qui devint pape sous le nom de Sylvestre II. En ce temps-là, donc, on parcourait l'Europe entière pour venir suivre les cours de Gerbert, et chacun se faisait un devoir de fréquenter ces lieux.

Bruno ne résista pas à l'appel de la sapience, et gagna Reims à son tour. Très tôt il devait s'attirer la sympathie et l'admiration de ses contemporains et devint pour eux Bruno Gallicus, Bruno le Français : l'école et l'archevêché de Reims l'avaient adopté. En 1056 il devait y assumer la charge d'écolâtre et plusieurs de ses disciples accédèrent à de très hautes dignités ecclésiastiques.

« Eudes de Châtillon qui fut, comme Bruno, chanoine de Reims, puis entra à Cluny, y devint prieur, fut ensuite créé cardinal-archevêque d'Ostie et enfin élu pape sous le nom d'Urbain II ; citons encore, parmi les nombreux prélats et abbés : Rangier, qui sera évêque de Lucques ; Robert, évêque de Langres ; Lambert, abbé de Pouthières ; Maynard, abbé de Cormery ; Pierre, abbé des chanoines réguliers de Saint-Jean-des-Vignes [1]. »

---

1. A. RAVIER, *Saint Bruno*, p. 27.

Ce sont là autant de personnages qui devaient reconnaître, plus tard, l'excellence de l'enseignement de Bruno.

Certains historiens vont jusqu'à affirmer qu'Hugues de Châteauneuf, le futur évêque de Grenoble, fut l'un de ses élèves. Cependant, si tel a été le cas, il n'aurait pu fréquenter l'école que vers la fin de la période durant laquelle l'illustre maître occupa la chaire. Mais sa célébrité ne devait pas s'arrêter là car, après que le pape Grégoire VII déposa Manassès, archevêque de Reims, tous les regards se tournèrent vers Bruno qui, à la surprise générale, refusa la charge insigne. Nous étions alors en 1080. Choisissant la vie érémitique, il quitta Reims avec quelques disciples fidèles. Passant par Molesmes, le groupe de pieux voyageurs s'installa un temps à Seiche-Fontaine, qu'il devait rapidement quitter, car la proximité de la ville où Bruno avait laissé un si vif souvenir drainait jusqu'à eux de nombreux visiteurs. Dès lors, sous la conduite de leur guide inspiré, Lauduin de Lucques, Hugues dit le Chapelain, Étienne de Bourg, Étienne de Die, André et Guérin prirent à nouveau la route, vers le sud, sans but précis, si ce n'était l'ardent désir qui les animait de découvrir un havre de paix.

L'arrivée à Grenoble et le songe prophétique

On ne sait point qu'elles furent les raisons exactes qui poussèrent les sept voyageurs à se rendre à Grenoble. Peut-être les mérites du jeune évêque Hugues avaient-ils retenu l'attention de Bruno ou, plus simplement, sous la conduite de l'Esprit Saint, s'était-il laissé guider vers ce lieu providentiel.

Abordant la cuvette grenobloise par le nord, les futurs chartreux franchirent donc la cluse qui s'ouvre entre les massifs de la Chartreuse et du Vercors. A cet endroit précis le cirque montagneux apparaît dans toute sa splendeur avec, en toile de fond, la chaîne de Belledonne et ses pics acérés. Laissant les falaises du Vercors à leur droite, ils longèrent les pentes boisées des montagnes qui devaient les accueillir peu après. On ne pouvait point encore apercevoir les murs de la ville, du lieu où ils se tenaient, puisqu'elle se blottissait au pied du mont Rachais et qu'il fallait y accéder par la montée Chalemont, l'antique *scala montis*. Puis, peut-être, traversant le pont sur l'Isère et longeant la haute muraille, pénétrèrent-ils dans la ville par la porte Traîne. Tout près de là, Hugues de Châteauneuf les attendait.

La veille au soir le jeune évêque de Grenoble, alors âgé de

trente-deux ans, avait fait un bien étrange rêve qu'il ne parvenait pas à interpréter et qui le troublait fort depuis son réveil. En voici la teneur. Il se tenait debout, lorsque *sept étoiles* se posèrent délicatement à ses pieds, avant que de s'élever dans les airs. Poussé par une volonté singulièrement puissante, Hugues suivit les astres qui gravirent les contreforts du massif de la Chartreuse. S'élevant ensuite de plus en plus, elles l'entraînèrent vers le Grand Som, en un lieu sauvage et désert. Dès que cet endroit fut atteint, et qui paraissait être, à n'en pas douter, le but de l'énigmatique voyage, des anges descendus du ciel bâtirent, sous les yeux de l'évêque ébahi, une demeure. Et lorsque l'édifice fut achevé, les sept étoiles apparurent à nouveau pour aller se poser sur le toit de la bâtisse...

Voilà bien, en vérité, un rêve dont la signification n'était pas évidente. Au demeurant, il se pouvait fort bien que son intellect surmené par les querelles incessantes, qui l'opposaient au pouvoir temporel, lui jouât quelque mauvais tour. Et Hugues en était là de son raisonnement lorsqu'on vint lui annoncer l'arrivée d'un groupe de voyageurs... Confronté à Bruno et à ses six voyageurs, qui lui demandèrent asile, Hugues comprit brusquement que les sept étoiles de son songe étaient devant ses yeux... Sept, très justement le nombre de planètes dont la cosmologie d'alors voulait que le système solaire fût composé : autant dire un véritable microcosme humain, centré autour de Bruno qui, tel le soleil, éclairait l'esprit et les âmes de ses compagnons. Un singulier univers miniaturisé autour duquel allaient désormais s'éclairer une myriade d'autres étoiles : celles de chaque chartreux. Et depuis près de neuf cents ans l'ordre vit au sein de ces montagnes austères et magnifiques sans que l'éclat des origines se soit, le moins du monde, terni.

La fondation de l'ordre des chartreux

On peut fort bien imaginer ce que fut la vie des premiers ermites au pied du Grand Som. En effet, rien n'a changé là-haut, et il suffit de dépasser l'actuel monastère pour emprunter le sentier qui mène à Notre-Dame-de-Casalibus. Oui, aussi étrange que cela puisse paraître, aucune altération n'a affecté le paysage. Dans un climat difficile, bravant mille difficultés, les cellules s'édifièrent puis, après de nombreuses vicissitudes, le monastère fut transporté plus bas, à son actuel emplacement, et l'ordre ne cessa de prospérer.

Raconter dans le détail la vie de ces moines reviendrait à plagier le bel ouvrage, *La Grande-Chartreuse par un chartreux,* où l'histoire de l'ordre est consignée, dans l'édition de 1930, en 476 pages !

C'est dire la richesse extrême de ce livre auquel il convient de se reporter pour de plus amples détails.

Nombreux sont les historiens modernes qui considèrent le songe prophétique de saint Hugues comme une aimable fable. Or pareille conception est une insulte au sérieux de l'ordre cartusien qui arbore depuis la création de son blason les sept étoiles qui gravitent autour du monde ; alors qu'une plaque, apposée au-dessus de la porte de l'oratoire primitif, rappelle : « *Hic est loco in quo sanctus episcopus vidit Deum* », c'est-à-dire « c'est ici le lieu sur lequel le saint évêque (Hugues) vit Dieu ».

Pour les chartreux il ne s'agit donc pas d'un récit fantaisiste et on peut leur faire confiance eu égard au respect de la tradition qui est le leur. Sans doute est-il bon de rappeler que l'on attribue à Dom Martin, onzième maître de l'ordre de 1233 à 1236, la composition du blason, accompagné de la devise *Stat Crux dum Vulvitur Orbis,* le monde tourne et la croix demeure. Cette observance est du reste la clé de voûte de l'ordre et le gage de sa pérennité. Écoutons le rédacteur de *La Grande-Chartreuse* :

« Il est nécessaire de maintenir les principes ; or, un rien les conserve comme un rien les détruit [2]. »

Ou encore, plus loin :

« Une modification de minime importance peut amener de lamentables perturbations dans la vie d'un ordre religieux : tenir aux moindres règles, c'est le salut des communautés [3]. »

Quelle magnifique leçon d'intégrité pour l'humanité moderne que celle de ces moines humbles, dont beaucoup moururent en odeur de sainteté !

L'empreinte de Bruno demeure toujours, bien que celui-ci mourût en Calabre le 6 octobre 1101, c'est-à-dire à l'âge de 70 ans. Toute sa vie fut réglée sur l'harmonie divine, comme en témoignent les arcanes des nombres. Il acheva son existence comme la semaine s'achève mais, au-delà de sa vie terrestre, l'ordre qu'il fonda continue, aujourd'hui encore, d'éclairer la spiritualité des Alpes. La correspondance que saint Bruno nous a laissée et qui était, lors de son séjour en Calabre, le seul lien avec ses frères, témoigne de la profondeur théologique de cet homme extraordinaire, et de sa remarquable connaissance de l'être humain. Bruno savait qu'il

---

2. *La Grande-Chartreuse par un chartreux,* P. 61.
3. *Ibid.,* p. 77.

Désert de la Grande-Chartreuse : l'oratoire Saint-Bruno

n'est pas bon, selon son expression, qu'un homme et un arc demeurent tendus indéfiniment. Il connaissait la faiblesse de nos esprits, si fragiles devant le gouffre métaphysique qu'est le mystère de la Rédemption. Conséquemment, bien que tournée vers la contemplation, la règle cartusienne est d'un remarquable équilibre, puisque les journées se partagent en temps de prière et temps de travail manuel ou intellectuel. Car saint Bruno avait fort bien compris que l'extase mystique culmine dans l'équilibre du corps et de l'esprit. Le témoignage d'un père chartreux résume du reste ces conceptions :

« Dans notre Ordre vous avez les deux vies érémitique et cénobitique, et l'une et l'autre tellement tempérées par le Saint-Esprit que tout ce qui, dans l'une ou dans l'autre, aurait pu nous être un danger, n'existe plus, et que l'on a seulement conservé et augmenté tout ce qui sert à votre avancement spirituel et à votre perfection [4]. »

Chartreux et templiers

Il est un détail historique relatif aux chartreux qui demeure très méconnu et que l'on ne peut mettre en valeur que par des recoupements successifs. Quelques lignes seulement lui sont consacrées dans *La Grande-Chartreuse,* qui suffisent, néanmoins, à diriger l'investigation du curieux.

« De puissants seigneurs, des abbés, des évêques, des cardinaux venaient le [Guigues, prieur des Chartreux] visiter pour lui demander conseil ou entretenaient avec lui un commerce de lettres ; *il ne fut pas sans influence dans la fondation des templiers* [5]. »

Guigues eut en effet une très grande notoriété au XIIe siècle et Pierre le Vénérable disait de lui qu'il était « de son temps, la fleur et la gloire de la religion ». On possède la lettre que Bernard, abbé de Clairvaux, lui écrivit en 1125, grâce à laquelle on peut mesurer l'estime dans laquelle il tenait le prieur de la Grande-Chartreuse. C'est une longue dissertation théologique consacrée à la charité, suivie d'un texte plus court dans lequel saint Bernard se recommande aux prières des chartreux. Mais la première, surtout, permet de bien situer les rapports qui unissaient les deux illustres personnages et, s'il est vrai que les templiers furent encouragés par Bernard, on peut croire ce que nous rapporte l'historiographe de la Grande-

---

4. *Ibid.,* p. 383.
5. *Ibid.,* p. 43.

Chartreuse au sujet de l'influence de Guigues. Voici, en tout cas, des propos révélateurs extraits de l'épître de 1125 rédigée par saint Bernard :
« La lettre de Votre Sainteté m'a causé une joie égale au désir que je nourrissais depuis longtemps de la recevoir. Je l'ai lue, et les lettres que j'articulais des lèvres étaient, pour mon cœur, des étincelles qui le réchauffaient, comme ce feu que le Seigneur a apporté sur la terre. Ô quel feu doit brûler dans vos méditations puisqu'il s'en échappe de pareilles étincelles ! »

Cette admiration devait pousser saint Bernard à entreprendre le voyage qui le mènerait au cœur des Alpes, afin qu'il rencontrât Guigues.

L'année suivante, en 1126 donc, il se mit en route et parvint à rallier le « désert » qui sauvegardait la paix et le silence indispensables à la vie monastique des fils spirituels de saint Bruno.

Ici se place le fait anecdotique relatif à son arrivée, et pour lequel nous possédons deux sources. Voici la première, qui est cartusienne :

« Tous ceux qui le [saint Bernard] virent, furent édifiés de son extérieur, de son humilité, de ces paroles de vie et de la bénédiction qui sortaient de sa bouche ; une seule chose les blessa, ce fut le harnais du cheval qu'il montait : il leur parut trop propre, trop riche et peu convenable à une personne de sa profession, et le saint l'ayant su, n'en fut pas moins surpris que les autres [6]. »

Cela tendrait à suggérer que Bernard nourrissait peut-être un certain goût de luxe, ce que contredit la suite du récit, tout autant que la narration de Guillaume de Saint-Thierry. Au sujet de la riche monture, il nous affirme que saint Bernard « ne fut pas lui-même moins étonné que Guigues et demanda de quelle monture on lui parlait ; car il s'en était servi de Clairvaux jusqu'à la Chartreuse sans l'avoir jamais ni remarquée ni vue, sans même savoir quelle était cette monture ».

Ce qui paraît pour le moins surprenant et peu vraisemblable... Au reste, les Chartreux parlent d'un cheval, et les disciples de Bernard d'une mule... Sans doute convient-il de croire en priorité les premiers qui n'avaient nulle raison de truquer la réalité, contrairement à Guillaume de Saint-Thierry.

Ce fut sans aucun doute au cours de cette visite que Guigues donna son approbation pour la fondation de l'ordre du Temple et, si ce n'étaient les preuves matérielles que nous possédons à ce sujet,

---

6. *Ibid.*, p. 43.

on pourrait fort bien ne point accorder de crédit aux propos du rédacteur de *La Grande-Chartreuse*. Car des preuves patentes existent qui n'ont jamais attiré, semble-t-il, la curiosité des historiens spécialistes en la matière. La discrétion dont s'entourèrent les Chartreux eux-mêmes fut un gage de silence. Or, si les archives de l'ordre n'avaient point échoué, après leur expulsion ignominieuse en 1903, à la bibliothèque de Grenoble, il est probable que nous n'aurions jamais rien su à ce sujet.

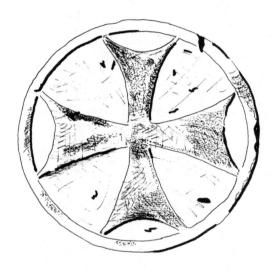

Croix templière (Notre-Dame-de-Casalibus)

Auguste Bouchayer, fort intéressé par le travail métallurgique des chartreux, et admirant la contribution capitale qui fut la leur pour l'avancement de cette industrie, publia, en 1927, un ouvrage passionnant, *Les Chartreux maîtres de forges*. Travaillant sur les dossiers qui avaient séjourné durant des siècles dans le secret de la bibliothèque cartusienne, il nous fournit des renseignements d'une importance capitale.

« (Guigues) compte au nombre de ses intimes les premiers clercs de son temps, et parmi eux l'illustre Bernard, abbé de Clairvaux. Il participe à la fondation de l'ordre des templiers, et se lie d'amitié avec le chef de la milice et ses premiers compagnons.

« Dans cette " plus grande France ", éclose en Palestine, des moines soldats commençaient à apparaître, un nouveau type de chevalerie ouverte à tous se créait.

« Saint Bernard va, pour la deuxième croisade, mobiliser des armées ; il ira à la Chartreuse visiter ses frères du désert, qui l'appuieront de tout leur pouvoir dans ses pieux desseins [7]. »

Cela, nous le savions déjà, et se trouve donc ici confirmé ; cependant, ce qui va suivre est plus étonnant encore.

« Quel secours le prieur lui apporta-t-il ? Il ne peut, dans sa pauvreté, que lui céder le fruit de son labeur, lui fournir les produits spéciaux des régions montagneuses, parmi lesquels le fer renommé des Alpes qui coule des fourneaux cartusiens, l'acier et les armes qui se façonnent sous leurs lourds et bruyants martinets. *Aussi, lorsque les chevaliers du Temple s'installent autour des déserts de la Chartreuse et de Durbon, que viennent-ils chercher, si ce n'est des épées du Viennois* [8]. »

On peut découvrir des preuves de cette installation templière, telle la croix pattée gravée dans un cercle, à Notre-Dame-de-Casalibus, et que le promeneur perspicace peut, aujourd'hui encore, retrouver.

Au demeurant, tout un commerce s'établit alors par voie fluviale, et les produits métallurgiques alpins, chargés ensuite sur des galères, étaient acheminés vers l'Orient.

Ainsi donc les Chartreux forgèrent-ils les armes des templiers... Et dans la discrétion, leur aide n'en fut pas moins d'une grande efficacité. Peut-être fut-elle plus prépondérante encore qu'on n'oserait le supposer, eu égard à la minceur des documents dont on dispose. Il est bon de retenir aussi que les chartreux furent des métallurgistes éclairés et qu'on leur doit la mise au point de procédés extrêmement ingénieux qui furent à l'origine de la métallurgie dauphinoise, dont on connaît l'importance historique au niveau national.

La liqueur des Chartreux

Si la liqueur fameuse des pères chartreux n'est pas réellement une panacée universelle sur le plan médical, elle se révéla cependant comme telle au niveau financier, lorsqu'il fallut que l'ordre cherchât un moyen de subsistance au début du XIXe siècle.

---

7. Auguste BOUCHAYER, *Les Chartreux, maîtres de forges*, p. 45.
8. C'est nous qui soulignons.

Les aléas de l'Histoire firent que les moines durent s'ingénier à subvenir à leurs besoins matériels par un moyen efficace et qui était demeuré, jusqu'à ces jours sombres, dans le secret de la pharmacopée dont ils usaient.

Il y avait bien, en effet, cette curieuse recette du XVIe siècle... Mais pouvait-elle devenir rentable pécuniairement ? Sans doute, les moines, tout autant que l'anonyme rédacteur, étaient-ils éloignés de lui prévoir un aussi universel succès !

Qui était donc l'inventeur de cette liqueur ?

« Un inconnu (...), un patient chercheur (...), un travailleur au courant de toute l'alchimie de la pharmacopée du Moyen Age [9]. »

Cet alchimiste avait si bien mêlé les arômes de plus de cent plantes, avec d'autres ingrédients et de l'eau-de-vie, qu'il était parvenu à la création d'une liqueur aux incontestables vertus thérapeutiques. Ce n'était certes pas la « médecine universelle », mais tout de même, le résultat était peu banal...

François Annibal d'Estrées (1573-1660) avait hérité du singulier manuscrit, à la suite de circonstances tout à fait obscures et, ne se trouvant point à même de mener à bien la délicate tâche qui consistait à distiller patiemment le mélange, il fit don de la recette aux chartreux de Vauvert, à Paris, vers 1605.

Le manuscrit du maréchal devait voyager tant et si bien qu'il fut remis par Dom Pascal Le Tonnelier, prieur de la Chartreuse parisienne, au général de la Grande-Chartreuse, en 1735. Là, le frère Jérôme Maubec, habile apothicaire, parvint, moyennant quelques modifications, à élaborer l'Élixir et la Liqueur de santé.

La précieuse formule devait traverser la période révolutionnaire sans dommages, grâce à des circonstances providentielles. Mais dès le siècle suivant les péripéties recommencèrent et le manuscrit fut vendu, pour 1 200 francs, à un dénommé Liotard. Conscient de son incapacité à tirer de cette recette quoi que ce fût de bon, il l'envoya, en 1810, au ministre de l'Intérieur, qui la lui rendit, dès 1811, craignant d'être victime d'une mystification.

A la mort de Liotard, le R.P. général Dom Jean-Baptiste Mortaize racheta l'original et la copie qui avait été exécutée, pour la somme de 3 000 francs. Ainsi, en 1835, tout rentrait à nouveau dans l'ordre. Il faut savoir cependant qu'il existe plusieurs liqueurs de la Grande-Chartreuse. Tout d'abord l'Élixir végétal, à usage « pharmaceutique » ; viennent ensuite les liqueurs blanche, verte et jaune.

---

9. *La Grande-Chartreuse par un chartreux.*

Cette dernière, appelée aussi « Mélisse », fut élaborée par frère Bruno Jacquet en 1835.

On ne peut s'empêcher de sourire en pensant aux propos orgueilleux du procureur de la République Réaume qui, le 16 janvier 1904, affirma au palais de justice de Grenoble que « la science moderne, qui a découvert le radium, saura bien découvrir aussi (la) recette, et nous ferons encore de la chartreuse, meilleure peut-être que la précédente » !

Oui, la liqueur est toujours distillée dans les alambics et séjourne encore dans les énormes foudres qui occupent les caves de Voiron, et ce n'est pas à la science moderne qu'on doit cela, mais bien aux bons pères chartreux qui veillent encore sur la secrète coction...

Le silence cartusien

On ne peut quitter dignement l'ordre des chartreux sans évoquer leur mission spirituelle et les caractéristiques de leur vie monacale. Dom A. Guillerand a, mieux que tout autre, exalté les aspects multiples de la solitude cartusienne, tournée vers Dieu par la prière, afin que se découvrent les mystères qui « ne sont pas des ombres noires devant lesquelles il faut fermer les yeux et se taire : ce sont au contraire des clartés éblouissantes dont il faut emplir notre regard en reconnaissant qu'elles le dévorent et qu'il n'en peut porter le plein éclat[10] ».

Dans cette recherche de la sublimation de l'être, il est fréquent que l'orant soit confronté à l'état mystique, qui est bien « une reprise à pied d'œuvre du travail de grâce. Essence et facultés sont purifiées et surélevées. Mais Dieu s'y fait seul ouvrier. L'action de ses dons opère ce que le concours de la grâce et de la volonté humaine réalisait[11] ».

Et Dom Guillerand fait remarquer, à la suite de saint Bernard, qu' « il faut devenir homme avant de devenir Dieu ».

Le but est donc insigne que poursuivent toujours les chartreux dans la paix de leur « désert », loin des changements et de la multitude.

Ils sont des sentinelles vivantes de la spiritualité contemporaine qui rayonne de ce massif alpin où saint Bruno vint fonder un

---

10. Dom A. GUILLERAND, *Silence cartusien*, p. 90.
11. *Ibid.*, p. 91.

humble ermitage, au premier siècle du second millénaire de l'ère chrétienne.

De La Motte-Saint-Didier à Saint-Antoine-l'Abbaye

En 1083, l'église de La Motte-Saint-Didier, dont le service religieux échut aux bénédictins de Montmajour, devint le pôle autour duquel s'édifièrent des bâtiments conventuels et des maisons qui devaient composer le village de Saint-Antoine. Le spectaculaire essor de cette bourgade était dû au fait que Jocelyn, seigneur dauphinois, venait de déposer dans l'église, sous les instances de l'évêque de Vienne, les reliques de saint Antoine, qu'il avait obtenues vers 1070 de l'empereur Diogène IV.

Vers 1089, la terrible épidémie que l'on appela « mal des ardents » ou encore « feu sacré » frappa la population. C'était une sorte de gangrène sèche, provoquée par l'ergot de seigle, qui provoquait les plus horribles souffrances. Ne sachant que faire pour calmer leur douleur, quelques malades commencèrent à s'abandonner à la compassion du saint, par la prière, en se précipitant vers la châsse. Dès lors, quelques cas miraculeux furent enregistrés et l'affluence augmenta à un point tel qu'une confrérie fut créée, afin d'assurer l'accueil de tous ces malheureux. Les Bénédictins quittèrent les lieux en 1292 et les Frères de l'Aumône, dont les structures étaient de plus en plus solides, donnèrent naissance en 1297 à l'ordre hospitalier des antonins. Jusqu'au XVIIIe siècle ils devaient assurer sur ces lieux l'accueil des pèlerins, et leurs hôpitaux soulagèrent les souffrances par la pratique de la chirurgie, art dans lequel ils étaient passés maîtres.

Les bâtiments et l'église abbatiale subsistent aujourd'hui encore et sont incontestablement des joyaux de l'architecture du Dauphiné. Bien que les guerres de religion aient fait ici également des ravages, les reliques du saint furent préservées et sont encore vénérées, dans la magnifique châsse placée sous le maître-autel.

D'autres reliquaires font de Saint-Antoine un lieu de piété d'une grande importance et un haut lieu du christianisme. Il n'est pour s'en convaincre que de participer à la procession qui a lieu le jour de l'Ascension. Le trésor et les tapisseries, objets d'art d'un grand prix, ne sont pas les moindres des attraits de ce village médiéval devenu un centre artistique très actif.

Le mystère de la crypte

Comme tous les édifices médiévaux, l'abbatiale de Saint-Antoine devait posséder une crypte. On sait quel attrait exercent sur l'imagination ces lieux secrets et cachés, dans lesquels on s'attend toujours à être confronté à l'extraordinaire. Or la crypte de Saint-Antoine suscite d'autant plus de curiosité... qu'on ne l'a jamais découverte ! Cependant, il n'est pas exclu qu'elle existe, et que l'entrée en ait été obstruée à un moment ou à un autre, pour une raison inconnue.

Saint-Antoine-l'Abbaye :
Signature compagnonnique sur un des piliers de l'édifice.

Les personnes âgées du village affirment l'avoir visitée. Selon elles, on y conduisait les enfants, qui pouvaient voir des personnages momifiés le jour de leur première communion. Pour le père Jouffre, curé de Saint-Antoine, cette crypte existe incontestablement et il met tout en œuvre pour la découvrir. N'a-t-il pas recueilli le témoignage d'une personne qui y était descendue en 1885 et se souvenait fort bien que le sacristain, après l'avoir guidée durant une longue descente, l'avait introduite, elle et les autres enfants, dans une vaste salle. Et depuis, plus rien. Le mystère est entier, que certains chercheurs modernes ont tenté de percer.

Saint-Antoine-l'Abbaye demeure cependant chargé d'un véritable mystère : celui de tous les hauts lieux, dont l'atmosphère est tellement particulière. Aujourd'hui que toute activité monastique s'est éteinte et que la source sacrée semble s'être tarie, dans le silence pesant d'une journée d'été, alors que le massif du Vercors s'embrase sous les feux du couchant, on comprend que le véritable secret de Saint-Antoine demeurera à jamais caché, puisqu'il est celui des arcanes de l'esprit d'un terroir.

SAVOIE

1.

La Savoie des premiers comtes

Origines mystérieuses de la maison de Savoie

Par sa contribution apportée à la fort belle *Histoire de la Savoie* publiée aux Éditions Privat sous la direction de Paul Guichonnet, Henri Baud résume parfaitement le problème des origines des comtes de Savoie.

De nombreuses hypothèses ont été émises à ce sujet qui, toutes, ont eu leurs défenseurs et, bien entendu, leurs détracteurs.

Tout d'abord, selon des chroniques du xve siècle appelées aussi *Chroniques de Cabaret,* le comte Humbert aux Blanches-Mains aurait été apparenté à Bérold, personnage légendaire dont l'oncle, Othon III, fut l'empereur bien connu (980-1002). Cette origine saxonne de la maison de Savoie est cependant la moins fondée de toutes, selon différents historiens qui n'hésitent nullement à la qualifier de fantaisiste.

Humbert fut-il issu de la péninsule italienne et, plus précisément, du Piémont? Ses ancêtres auraient donc pu être les comtes de Turin, ou les marquis d'Ivrée, petite ville située dans la partie basse du Val d'Aoste, non loin de la place forte de Bard.

Une dernière hypothèse, enfin, fait d'Humbert le fils d'Amédée, lui-même fils d'un comte Humbert, descendant de Charles-Constantin, fils de Louis l'Aveugle. Dès lors la maison de Savoie pourrait se rattacher à la famille du roi Boson de Provence [1].

On a déjà constaté, pour ce qui est du Val d'Aoste, que l'on n'a reculé, au cours des âges, devant aucune conjecture pour expliquer les origines mystérieuses des Salasses. Il est en effet courant de

---

1. Henri BAUD, *Histoire de la Savoie,* pp. 131-132.

remarquer que toute la mythologie du « héros-civilisateur » est mise à contribution lorsqu'il s'agit de justifier l'apparition brusque, dans le courant historique, d'une peuplade, d'une dynastie, voire d'un personnage.

Selon Georges de Manteyer, qui consacra trois mémoires aux origines des premiers comtes de Savoie, l'ancêtre d'Humbert aurait été Garnier, vicomte de Sens et comte de Troyes au XIe siècle. De son mariage avec la sœur du comte d'Arles, Thiberge, il eut un fils prénommé Hugues. Thiberge, après la mort prématurée de son mari, épousa en secondes noces Engelbert, frère de l'archevêque Sobon. Le fils de Garnier tira maints avantages de ce mariage, puisqu'il reçut des biens dans le Viennois, par l'entremise de son oncle, Hugues d'Arles.

A la mort de Sobon, Thibaud, fils d'Hugues et donc petit-fils de Garnier et de Thiberge, occupa le siège archiépiscopal de Vienne. Or son frère Hubert n'aurait été que le père d'Humbert aux Blanches-Mains. Cette piste, malgré sa cohérence, révèle des points faibles si on l'analyse en profondeur. C'est ce que fit l'abbé Chaume, dont les études mirent en lumière des objections importantes. Les relations entre le pouvoir temporel et l'Église, notamment, font apparaître des contradictions indubitables :

« Les ingénieuses déductions de Manteyer ne peuvent donc être admises, en particulier l'accaparement pour ne pas dire la spoliation du domaine temporel des Églises au profit des comtes. Ce qui frappe au contraire, dans chacun de ces territoires, Tarentaise, Maurienne, Val d'Aoste, dans une moindre mesure, Valais, c'est le " parallélisme étonnant " de la situation respective du comte et de l'évêque [2]. »

Dès lors on peut accepter la conclusion d'Henri Baud, formulée sur le mode interrogatif :

« Et si nombreux furent les membres de la maison de Savoie qui occupèrent les sièges épiscopaux, n'y eut-il pas là le souci d'éviter le démembrement du patrimoine familial [3] ? »

Cela viendrait donc à l'appui de la thèse de l'abbé Chaume qui fut très frappé par les relations privilégiées qui lièrent les nobles savoyards et l'abbaye de Cluny, dont l'origine résiderait dans l'influence de la comtesse Ancilie, épouse d'Humbert et originaire de la famille d'Odilon de Mercœur, abbé de monastère clunisien.

Certes tout cela est bien complexe et se perd dans la nuit d'un

2. *Ibid.*, p. 137.
3. *Ibid.*, p. 137.

passé historique incertain que les chroniques elles-mêmes n'éclairent que bien faiblement. De cette époque — aux environs de l'an mille — datent les premières rivalités entre Humbert aux Blanches-Mains et le prince d'Albon, rivalités qui opposèrent, nous l'avons vu précédemment, et longtemps encore, les comtes de Savoie aux dauphins du Viennois. Il faut en effet savoir que les territoires savoyards s'étendaient jusqu'à la région de Voiron, à quelques dizaines de kilomètres de Grenoble, et que cette frontière provoqua toujours des rivalités inévitables.

Au demeurant, le domaine des comtes savoyards était immense : il comptait, outre le Bugey, la Tarentaise et la Savoie, le Chablais et le Val d'Aoste, territoires auxquels viendront s'ajouter, au XIe siècle, la vallée de Suse et le Piémont. Toutes les voies alpines sont ainsi contrôlées, à l'exception des passages situés dans le Briançonnais et la vallée d'Oulx qui appartenaient à la maison d'Albon.

A cette même époque, bénédictins et clunisiens représentaient les grands ordres monastiques, qui fondèrent de nombreuses maisons avant que la Grande-Chartreuse ne rayonne du cœur même des Alpes. Les cisterciens et les chanoines, qui suivaient la règle de saint Augustin, marquèrent également le territoire de leur empreinte. Quant à la première Chartreuse, ce fut celle de Bellevaux en Chablais, fondée en 1138, que suivront celles de Reposoir, de Pomiers dans le Salève et de Saint-Hugon puis, enfin, d'Aillon dans les Bauges.

Tous ces ordres monastiques, aidés par les populations, eurent une grande importance pour l'essor de la Savoie au XIIIe siècle. Leur rôle fut prépondérant le long des routes, voire au sommet des cols, où s'installèrent ces communautés qui, tout en assurant la vitalité du courant religieux, apportèrent un grand secours matériel aux voyageurs et aux indigènes. Il n'est, pour s'en convaincre, que de se plonger dans l'histoire des chartreux : le travail qu'ils accomplirent dans les Alpes fut absolument remarquable. Alliant spiritualité et ingéniosité, ils devaient être les vivants exemples, pour tous ceux qui défendent aujourd'hui farouchement les traditions, de ce que fut l'activité au Moyen Age et, tout particulièrement, l'activité monastique. Il n'y avait point alors de dichotomie entre la raison et l'idéal religieux, comme en témoignent les réalisations métallurgiques des fils spirituels de saint Bruno, ainsi que celles des cisterciens et des clunisiens dans le domaine de l'architecture. Époque bouillonnante certes, mais où l'audace avait droit de cité.

Amédée VI, le « comte vert »

L'histoire des comtes de Savoie fut extrêmement tumultueuse, ne serait-ce que par les phases successives des interminables conflits avec le Dauphiné. L'examiner dans le détail reviendrait à pénétrer dans les méandres tortueux d'une diplomatie complexe tournée vers un indéniable idéal d'expansion territoriale.

Avec Amédée VI nous rencontrons non seulement un seigneur éclairé, mais un homme d'action remarquable. Son surnom de « comte vert » lui vint de la couleur de son armure, qu'il arbora dès l'âge de quatorze ans au tournoi de Verney, près de Chambéry. Il demeure le prototype du chevalier médiéval et prouva ce fait par la fondation de l'ordre du Cygne noir qui se transforma, en 1362, en l'ordre de l'Annonciade, placé sous l'invocation de Notre-Dame. Tous les ordres chevaleresques d'alors étaient profondément empreints de rituels ésotériques puisqu'ils étaient, sinon des sociétés secrètes, à tout le moins des groupements initiatiques où il était difficile d'être admis. Ce ne sera que plus tard, dès le XVIe siècle, que les ordres qui subsistaient encore perdirent pour la plupart de leur sérieux et ne devinrent que des assemblées de nobles, en quête de titres ronflants et de décorations flatteuses.

La chevalerie du XIVe siècle n'était nullement semblable à celle qui lui succéda. Nous n'en voulons pour preuve que le mysticisme qui se donne libre cours dans les romans de la Table ronde, sur lesquels nous reviendrons plus loin, et qui expriment fort bien les buts de la quête chevaleresque. Sans aucun doute Amédée VI fut-il empreint de cet idéal spirituel qui fit de la chevalerie un ordre *sacré,* c'est-à-dire recevant un sacre véritable, et qui conférait à l'élu une mission canonique, voire religieuse. Tout cela peut paraître un tissu de folklore sans importance, ou un rite théâtral, pour l'homme du XXe siècle, mais lorsqu'on se penche sur la spiritualité du Moyen Age, on ne peut que demeurer profondément admiratif. L'ordre de l'Annonciade n'eut sans doute pas le même succès que celui de l'Étoile-Notre-Dame fondé par Jean le Bon (1319-1364), fils de Philippe de Valois, mais ses buts étaient analogues. Ce qui frappe, dans le premier, c'est le caractère *annonciateur,* qui rejoignait peut-être celui de l'Étoile dont la devise était *« Monstrant regibus astra viam »,* les astres indiquent la voie aux rois. Peut-être Amédée VI se sentit-il nanti de cette mission de *veilleur* qui fut celle de Jean le Bon, et voulut-il être de ces chevaliers initiés qui scrutaient les astres dans l'attente de l'annonciation des « temps nouveaux »...

Cela n'est nullement impossible, puisqu'on peut aisément démontrer, analogiquement, que les chevaliers de l'Étoile-Notre-Dame avaient choisi cette voie, comme en témoignait la devise du duc du Berry : « Oursine le temps viendra ». Or cette *petite ourse* est enchaînée aux pieds du gisant de Jean le Bon et semble sommeiller, dans l'attente, très justement, de ce mythique « temps ». Il est inutile d'insister sur le fait que l'Oursine ou Petite-Ourse n'est autre que notre actuelle Polaire et que, conséquemment, elle caractérise les temps historiques durant lesquels l'axe terrestre est pointé vers elle, c'est-à-dire les millénaires qui voient la naissance et l'extension du christianisme.

Il y a là bien des énigmes qui ne demandent qu'à être fouillées pour peu qu'on veuille bien s'adonner à ce patient travail d'exégèse symbolique. Et si les résultats s'avèrent surprenants, c'est tout simplement que nos modes de vie, et donc nos idéaux, ne sont en rien semblables à ceux des hommes du XIVe siècle.

Chevalier initié, Amédée VI n'en fut pas moins un excellent homme politique, comme en témoignent les négociations entreprises avec le nouveau dauphin du Viennois dès l'abdication, en 1349, de Humbert II. Elles se solderont par l'accord de Paris en 1355, par lequel le comte vert s'engage à céder ses territoires situés dans le Viennois. Il obtiendra pour sa part le pays de Gex, le Faucigny et quelques châtellenies du Bugey. Cela permit au comte de Savoie de devenir un allié de la France, à laquelle il assura un soutien militaire des plus efficaces. Après avoir été nommé vicaire de l'Empire en 1365, il conduisit, l'année suivante, une victorieuse croisade et rétablit l'empereur Jean Paléologue sur le trône de Byzance.

Ce grand capitaine et remarquable diplomate mourut victime de la peste le 2 mars 1383 au château de San Stefano, dans la campagne de Naples.

Amédée VII, le « comte rouge »

Le fils d'Amédée VI fut le digne continuateur de la politique d'expansion grâce à laquelle la Savoie était devenue une fidèle alliée du roi de France. On prétend que son surnom proviendrait de la couleur qu'avait son armure rougie par le sang de ses ennemis, à chaque retour de ces batailles où ses vertus de combattant valeureux furent maintes fois remarquées.

Ses exploits militaires l'éloignèrent de ses terres, et des révoltes ne tardèrent pas à éclater, telle celle qui ravagea le Valais en 1384 et durant laquelle l'évêque Édouard de Savoie-Achaïe fut chassé avant que d'être rétabli par le comte rouge. Une année plus tard l'archevêque de Tarentaise sera assassiné dans son château. D'autres expéditions militaires, suivies de négociations avec les Montferrat et les Visconti eurent lieu dans le Piémont. Tous ces événements précédèrent l'acquisition historique du comté de Nice en 1388. Amédée VII y fit une entrée triomphale et la Savoie s'étendit dès lors du Léman à la Méditerranée.

Quelques années plus tard, le 2 novembre 1391, il devait mourir de manière énigmatique, ce qui ne manqua pas de donner libre cours aux hypothèses les plus diverses. On voulut qu'il fût victime d'un empoisonnement alors que la raison la plus vraisemblable de cette mort fut sans doute le tétanos consécutif à une blessure mal soignée. L'horrible agonie par asphyxie ne laissa pas, cependant, d'évoquer l'action de certains poisons qui, eux aussi, provoquent une tétanisation. Les symptômes en tous points analogues permirent d'échafauder les thèses de l'assassinat, alors que la précarité des conditions d'hygiène et l'empirisme de l'aseptie d'alors paraissent expliquer, de façon plus logique, ce tragique décès.

Tout au long de son existence Amédée VII fut aidé, dans l'exercice de ses charges politiques, par sa mère, Bonne de Bourbon, dont l'influence s'était déjà fait sentir auprès d'Amédée VI. On peut dire, au demeurant, que l'essor de la Savoie fut autant le fait de la grande comtesse que des deux comtes, puisque son action ne dura pas moins d'un demi-siècle.

Amédée VIII, le duc « mystique »

Figure singulièrement étonnante que celle d'Amédée VIII qui, après avoir intrigué ses contemporains, produit le même effet sur l'historien lorsqu'il se penche aujourd'hui sur les énigmes de sa vie. Celle-ci fut partagée en deux grandes périodes et l'on peut dire que la première força l'estime des nobles de son temps, voire celle des plus éminents personnages, tel le pape Pie II, par exemple.

De fait, pendant de longues années, on eut à louer les dons diplomatiques de ce prince, ainsi que sa profonde piété. Il vivait entouré d'une cour nombreuse et bigarrée, et aimait à s'entourer de livres. On dit même que sa bibliothèque, fort riche, donnait une idée assez exacte de la curiosité de son esprit, tant la composition en était variée.

Or voici tout à coup, dès la mort de son épouse Marie

de Bourgogne en 1422, qu'Amédée VIII, après une vie entière consacrée à l'administration féconde de la Savoie, décide de se retirer au château de Ripaille, près de Thonon. Il avait fondé là une sorte d'ermitage où il décida de vivre, abîmé dans la prière, loin du tumulte politique. Son fils Louis, nommé lieutenant général, partagea dès lors le pouvoir avec lui.

Si l'on en croit Voltaire, le mot populaire « ripaille », évoquant une grande chère et une table perpétuellement bien garnie, tirerait son origine de ce château et du mode de vie alors choisi par le duc. Évidemment, cela ne concorde guère avec le confinement dans lequel Amédée VIII vécut, ni même avec ses habitudes. Il convient donc de laisser au père de *Zadig* la responsabilité de cette affirmation...

Cependant, à cette époque-là s'ouvre la seconde partie de la vie de ce prince, qui fut, à vrai dire, la plus curieuse. Qu'on en juge plutôt.

Depuis 1431, se tenait à Bâle un concile balbutiant qui devait traîner en longueur durant de longues années. L'occasion parut excellente à Charles VII de s'octroyer un certain nombre de libertés telles, en particulier, que la possibilité de nomination d'évêques et d'archevêques et l'autonomie dans l'attribution des bénéfices. Il supprimait donc ainsi certains privilèges dévolus au pape. Tout cela fut légalisé et paraphé par l'ordonnance du 7 juillet 1438 nommée « Pragmatique Sanction ».

On imagine sans peine le tumulte que provoqua cette série de décisions, ainsi que le mécontentement d'Eugène IV, qui occupait alors le Saint-Siège ! Une année plus tard le conclave élisait Amédée VIII, duc de Savoie, sous le nom de Félix V. Immédiatement il fut excommunié par son homologue romain, ce qui, du reste, ne l'inquiéta guère : n'était-il pas reconnu par tous les États germaniques ?

Afin de faire oublier la Pragmatique Sanction, Charles VII s'éleva contre cette nomination et prit la défense d'Eugène IV. Dès 1446, il entreprit des négociations avec Louis Ier de Savoie, mais une année plus tard, le pontife dont il défendait les intérêts décéda. Une nouvelle nomination s'avérait donc indispensable, puisque le siège demeurait vacant. Le 6 mars 1447, Thomas Parentucelli fut élu et prit le nom de Nicolas V, alors que Félix V, dans son château de Ripaille, ne se décidait pas encore à abdiquer. De nouvelles tractations s'avéraient indispensables.

En juillet 1447, Charles VII organisa à Lyon une conférence réunissant les plus éminentes personnalités de l'époque : les ambassadeurs du duc Amédée VIII, les représentants des archevêchés de Trèves et de Cologne, l'archevêque de Reims Jean Juvénal des Ursins, Hélye de Pompadour, archidiacre de Carcassonne, Thomas de Courcelle, théologien. Tous décidèrent qu'une rencontre avec Félix V devait avoir lieu à Genève, bien que certains ambassadeurs étrangers doutassent de l'utilité de cette démarche. Au dernier moment, d'autres personnalités se joignirent à ce premier groupe : l'évêque de Norwich, le grand prieur d'Angleterre, l'archevêque d'Embrun, le seigneur de Malicorne représentant le dauphin Louis et l'évêque de Marseille délégué du roi René [4].

L'entrevue eut bien lieu, comme prévu, en novembre de la même année, mais l'issue ne fut pas celle que tous souhaitaient. Félix V acceptait d'abdiquer à condition que Nicolas V en fît autant, ce qui ne fut pas du goût de ce dernier qui confisqua le duché de Savoie par une bulle. La situation se compliquait de plus en plus et Charles VII entreprit de mettre sur pied un arrangement qui fût du goût des deux pontifes. A cet effet, il délégua à Rome quelques-uns des participants de l'entrevue de Genève, auxquels se joignit Jacques Cœur. Après bien des démarches, le 7 avril 1449, Félix V renonçait à la tiare. Il demeurait tout de même cardinal, évêque et vicaire perpétuel du pape en Savoie, autrement dit le second personnage dans la hiérarchie de l'Église.

L'élection d'Amédée VIII sur le trône de saint Pierre fut, en tout cas, une preuve de sa haute valeur morale et de l'estime que lui portaient ses contemporains. Ce prince fut en effet un exemple de noblesse et de rectitude, quand bien même ses démêlés avec Rome jetteraient sur sa personnalité l'ombre du doute : son œuvre politique et diplomatique demeure, pour donner de lui une juste image, celle d'un grand souverain.

Il mourut brutalement en 1451, alors que son fils Louis était aux prises avec François Sforza, duc de Milan.

---

4. *Cf.* Romain ROUSSEL, *Jacques Cœur,* pp. 99 sq.

2.

Notre-Dame de Myans, Vierge noire savoyarde

D'Isis à Marie [1]

L'histoire du plus grand sanctuaire marial de la Savoie ne laisse pas de se montrer attrayante pour l'amoureux d'énigmes anciennes. On peut aisément le découvrir au pied du mont Granier (1 938 mètres), dont l'aspect singulier peut évoquer un immense mégalithe naturel. Fut-il, dans les temps anciens, voué à Apollon-Granos ? Son nom porte à le croire et ce fut, rappelons-le, tout près de là que les Burgondes rencontrèrent les Allobroges au Ve siècle.

L'actuel sanctuaire attire l'attention du voyageur par son beau clocher au sommet duquel se dresse une statue dorée, mais ce n'est là que le témoignage d'un culte fort ancien rendu à une Vierge noire, l'une de ces innombrables divinités « de dessous-terre » passées du paganisme au christianisme. Cela tendrait à authentifier l'ancienneté de ce lieu de culte et, peut-être également, celle du mont Granier comme haut lieu ancien. Une chapelle s'élevait auparavant sur ce même emplacement, aux environs de 1100. Ici se trouvait la statue de la Vierge noire que les pèlerins venaient déjà prier, alors que de nombreux miracles étaient signalés. C'est du reste ce qu'affirme l'historien Fodéré :

« En cette chapelle est l'image de Notre-Dame, noire en Éthiopienne, tenant devant elle son petit enfant de même couleur (...) colloquée dans une niche enfoncée en la muraille au-dessus de l'autel ; à laquelle il y eut de tous temps un grand apport de dévo-

---

1. Pour ce qui est des origines et du symbolisme des Vierges noires, on consultera avec profit *Sainte Anne d'Alchimie,* par Guy Béatrice, collection « Les symboles d'Hermès », Éd. Guy Trédaniel, Paris, 1978.

tion et de pèlerinages, et où se sont faits de grands et signalés miracles, par l'intercession de la Vierge glorieuse. »

Il est donc probable, pour ne pas dire certain, qu'ici encore, comme en d'autres points de l'antique Gaule, une croyance ancienne fut christianisée, selon la logique de la révélation progressive des religions. Marie remplaçant Isis, ce n'est point seulement l'abolition d'un culte païen au profit du christianisme, mais bien plutôt la *révélation* de la croyance mythique et sa réalisation ultime dans le temps historique, selon les propos mêmes du Christ qui affirma être venu pour *accomplir* la Loi et non pour l'abolir.

Apulée a fort bien résumé l'ensemble des significations que revêtait la Vierge noire préchrétienne, dans ses *Métamorphoses :*

« Je suis la Nature, mère des choses, maîtresse de tous les éléments, origine et principe des siècles, divinité suprême, reine des Mânes, première entre les habitants du ciel, type uniforme des dieux et des déesses. C'est moi dont la volonté gouverne les voûtes lumineuses du Ciel, les souffles salubres de l'Océan, le silence lugubre des Enfers.

« Puissance unique, je suis par l'univers entier adorée sous plusieurs formes, avec des cérémonies diverses, avec mille noms différents. Les Phyrgiens, premiers nés sur terre, m'appellent *Déesse-Mère de la Pessinonte ;* les Athéniens autochtones me nomment *Minerve la Crécopienne ;* chez les habitants de l'île de Chypre, je suis *Vénus de Paphos ;* chez les Crétois armés de l'arc, je suis *Diane Dictynna ;* chez les Siciliens qui parlent trois langues, *Proserpine la Stygienne ;* chez les habitants d'Éleusis, l'*antique Cérès.* Les uns m'appellent *Junon,* d'autres Bellone ; ceux-ci *Hécate,* ceux-là la déesse de Rahmnonte.

« Mais ceux qui, les premiers, sont éclairés par les rayons du soleil naissant, les peuples de l'Étiopie, de l'Asie et les Égyptiens, puissants par leur antique savoir, ceux-là me rendent mon véritable culte et m'appellent de mon vrai nom : la reine Isis [2]. »

On retrouve ici quelques-uns, pour ne pas dire tous les aspects de Marie dans la religion chrétienne. Car elle est bien la souveraine des voûtes célestes, puisqu'on la nomme Reine du ciel puis, dans les Litanies, Étoile de la Mer, ce qui lui confère, en quelque sorte, la maîtrise des Eaux. Enfin, elle est appelée à écraser sous son talon le « Serpent antique », c'est-à-dire Satan, et par là elle gouvernera, non pour l'asservissement mais pour la délivrance, « le silence lugubre des Enfers ».

2. APULÉE, *Métamorphoses* ou *L'Âne d'or,* 4, XI.

La catastrophe du Granier

Une cause mal déterminée provoqua, le 24 novembre 1248, un éboulement catastrophique au pied du mont Granier. 150 millions de mètres cubes de rocher se détachèrent de la montagne et, dans un fracas d'apocalypse, roulèrent jusqu'à la petite ville de Saint-André, qui fut entièrement ensevelie, corps et biens. Selon Fodéré, seize autres villages subirent le même sort et plus de 5 000 personnes périrent sous les décombres. On imagine de nos jours encore quelle fut l'amplitude de cette catastrophe par l'aspect chaotique du terrain. Bien évidemment, la végétation a couvert les quartiers de rocher et la vie s'est à nouveau développée sur ce qui fut l'ouvrage meurtrier du Granier.

Or la tradition rapporte que les blocs énormes qui dévastèrent tout sur leur passage, brisant les vignes, renversant les maisons, épargnèrent le sanctuaire de la Vierge noire. L'imagination aidant, on a bâti autour de ce fait miraculeux tout un ensemble de légendes qui relèvent parfois de la plus haute fantaisie. Cependant, il ne fait pas de doute qu'au milieu du désastre l'oratoire fut épargné, alors que le relief environnant ne justifie nullement cela. D'ailleurs on précise bien, dans les chroniques, que les blocs continuèrent à rouler de part et d'autre du sanctuaire, mais qu'aucun n'en renversa les murs : ceux qui se présentaient en face de l'édifice arrêtaient leur course devant la porte de la chapelle.

Assurément, la stupeur dut être grande lorsque les populations épargnées se rendirent sur les lieux du titanesque désastre et qu'elles virent se dresser, au milieu des rochers meurtriers, l'humble sanctuaire marial ! Et la chapelle n'était pas vide, car des moines, chassés de leur maison par le sire Bonnival, s'y étaient réfugiés et avaient ainsi échappé à une mort certaine.

Si l'on en croit Fodéré, ce fut un tremblement de terre qui déclencha l'éboulement :

« Sur les 8 heures, le temps était serein, calme et la lune bien claire, en un instant (...) par le ministère des diables furent causés grêle, tempête et tremblement de terre. »

Depuis ce jour, le territoire qui s'étend au pied du Granier est appelé « Abymes ».

Le fait miraculeux ne fit que renforcer davantage encore la dévotion qui déjà était rendue à Notre Dame de Myans, et les pèlerinages, ainsi que les guérisons, se firent de plus en plus nombreux. On vint de toutes les contrées prier la Vierge noire, et l'on continue, de nos jours encore, à s'y rendre, spécialement à Pâques et à la Toussaint. Le mois de mai, mois de Marie, voit se succéder de nombreux pèlerinages diocésains, qui témoignent de la vivacité de ce culte millénaire.

Pérennité du culte

Trois maisons ont été construites auprès du sanctuaire édifié de 1458 à 1498, dont l'une abrite des missionnaires de Notre-Dame de Myans, alors que l'autre est particulièrement destinée aux retraites religieuses ; la troisième, enfin, accueille les vieux prêtres du diocèse.

Le sanctuaire se signale de très loin au voyageur par la statue monumentale qui se dresse sur le clocher de l'église, Notre-Dame-du-Rocher, qui fut érigée en 1855. Cette œuvre de Louis Rochet, en bronze doré, ne mesure pas moins de 5,25 mètres.

Le Saint-Siège mit l'accent sur l'importance de ce lieu de culte en couronnant la statue de la Vierge noire, ce qui est un fait relativement rare. Ce couronnement liturgique, et donc officiel, eut lieu le 17 août 1905, et le pape Pie X délégua pour cette cérémonie le cardinal Couillé, archevêque de Lyon et primat des Gaules. La cérémonie fut imposante, puisqu'elle réunit vingt mille fidèles autour de cinq cents prêtres et de cinq évêques.

Myans est donc appelé à jouer, longtemps encore, le rôle de haut lieu marial en Savoie, bien que sa renommée dépasse désormais très largement le cadre de cette province.

3.

Sur les traces du Graal

Le secret des Vaus d'Avalon

Les lignes qui vont suivre eussent dû se trouver, peut-être, dans le chapitre précédent relatif au Dauphiné. Cependant, parce que le territoire de Pontcharra et d'Allevard est limitrophe de la Savoie, et que les prolongements de cette thèse se situent dans le Val d'Aoste, elles ont ici leur juste place.

Un petit ouvrage paru en 1967 à la Librairie José Corti est passé inaperçu, semble-t-il, alors que son contenu s'avère être tout bonnement « explosif ». Louis Charvet, son auteur, après un patient travail de recherche dont le sérieux est hors de tout soupçon, y développe une hypothèse relative à la légende du Graal qui mérite d'être soigneusement examinée. Mais on sait qu'il n'est jamais bon de bousculer les habitudes anciennes et que les édifices d'érudition bâtis durant des décennies, voire des siècles, à grands coups de préjugés, s'avèrent souvent fort solides, sinon inébranlables...

Ce que l'on peut dire en préambule, c'est que toute une littérature s'est emparée du thème du « Graal » et de la chevalerie de la Table ronde, dans la plus parfaite ignorance des origines de ce cycle littéraire. Celles-ci sont en fait des plus obscures, et les historiens eux-mêmes ne sont pas d'accord sur tous les points lorsqu'il s'agit d'en attribuer la paternité à tel ou tel auteur. Les symboles religieux fondamentaux n'ont pas fait leur apparition brusquement dès les premiers textes en vers ou en prose, en sorte qu'il est difficile d'évoquer un fond traditionnel unique. Évidemment, si l'on considère les récits plus tardifs, qui sont en quelque sorte des compilations des précédents, tous les éléments s'y trouvent groupés : la vie du roi

Arthur, le Saint-Vaissel, qui n'est pas un vase mais une sorte de plat, la quête du Graal, l'idéal chevaleresque, la lance magique, le Graal, etc.

Donc, entreprendre une exégèse symbolique à partir de l'ensemble des écrits revient souvent à en ignorer les origines, ainsi que le lent cheminement qui, par adaptations successives, a conduit au cycle romanesque connu sous l'appellation de « romans de la Table ronde ». C'est ce qu'affirmait déjà Albert Béguin dans la préface de la *Quête du Graal* :

« La légende du Graal ne survit guère aujourd'hui que dans la version tardive et bâtarde qu'en a donnée Richard Wagner. On a quelque peu oublié qu'au Moyen Age elle avait revêtu des formes très diverses, en lesquelles se reflète l'un des plus grands conflits spirituels qu'ait traversés la civilisation européenne. Son origine se perd dans la nuit où naissent les mythes et d'où ils sortent, à la fois féconds et confus, profonds et ambivalents, images de soi que l'humanité tire des ténèbres ancestrales, qu'ensuite elle contemple, commente et remanie selon le progrès ou les égarements de sa marche à travers les siècles[1]. »

Le moment n'est pas encore venu de considérer l'objet de la quête, c'est-à-dire le Saint-Graal lui-même, qui trouvera une plus large expression dans le folklore valdôtain. Arrêtons-nous, simplement, sur l'inspiration profonde du texte, c'est-à-dire sur *le modèle* qui apparaît en filigrane derrière les vers d'un « grand poème qu'un certain Robert de Boron récitait à son Seigneur, Gautier de Montbéliard, avant que celui-ci ne partît pour la croisade[2]. »

L'Estoire dou Graal

On admet aujourd'hui, quasi unanimement, que le cycle des romans de la Table ronde est exclusivement d'inspiration celte. Cependant, une autre hypothèse, tout aussi fondée, propose une origine typiquement française. C'est là une querelle de spécialistes dans laquelle il est malaisé de pénétrer si l'on ne possède point toutes les données d'un problème qui se révèle, répétons-le, extrêmement complexe. Donc, ce que nous proposons ici, c'est de suivre pas à pas la recherche méticuleuse, et d'une profonde érudition, effectuée par Louis Charvet. Nous la prolongerons par des données

---

1. Albert BÉGUIN, *La Quête du Graal*.
2. Louis CHARVET, *Des Vaus d'Avalon à la Queste du Graal*, p. 2.

qui ne semblent pas avoir retenu son attention, mais grâce auxquelles nous pensons apporter, sinon une preuve définitive, tout au moins un élément de taille dans un dossier déjà fort complet.

Le point de départ de cette recherche est le manuscrit FR 20047 qui « contient le seul texte connu du poème que son auteur désigne comme la *Grant Estoire dou Graal,* et que la critique, par motif de commodité, nomme le plus souvent le « *Joseph* ».

« Ce texte renferme deux noms : celui de l'auteur et celui du seigneur à qui il récitait son poème, en fait le dédicataire de l'*Estoire*[3]. »

Or nous avons vu qu'il s'agit, respectivement, de Robert de Boron et de Gautier de Montbéliard, dont la seigneurie se trouvait en Bourgogne, alors que Boron est un village situé non loin de Montbéliard. Cela, déjà, nous écarte quelque peu du nord de la France où l'on voudrait que le poète allât chercher son inspiration.

Voici les vers qui se montrèrent déterminants quant à l'orientation de la recherche entreprise au sujet de l'origine de ce poème médiéval : il est dit, en effet, que Pétrus, l'un des personnages de la quête, fera une rencontre déterminante « Es vaus d'Avaron ». Nous avons précédemment examiné brièvement le mythe de « l'île d'Avalon », cependant il ne s'agit plus ici d'une terre perdue dans les mers, mais d'un territoire montagneux, ou, plus simplement, suffisamment vallonné pour que des « vaus » existent.

Où se trouve l'Avalon de Robert de Boron ?

On ne peut point targuer Robert de Boron d'avoir imaginé l'histoire et le territoire. Toute œuvre, fût-elle romanesque ou poétique, a ses assises sur des bases existantes, à partir desquelles l'inspiration peut développer l'architecture de ses arcanes.

Communément, l'Avalon arthurien est apparenté à Glastonbury, mais il est vrai que cette colline « est en pleine terre et l' " île druidique " au-delà des côtes occidentales. Pour identifier une abbaye terrienne avec l'île des Bienheureux, il faut, certes, y mettre du sien. Il en faudrait encore plus pour accepter, sans autre, que les " Vaus d'Avalon " veulent dire l' " île d'Avalon ". Une île peut être vallonnée... Mais imaginons, à propos d'un texte dont la notoriété égale celle du Graal, qu'on voulût identifier Ronce*vaux* où périt Roland avec une île, fût-elle des Ronces, qui s'y rallierait sans

---

3. *Ibid.,* p. 60.

ambages soulèverait plus d'étonnement qu'il n'emporterait d'adhésion [4]. »

Toutes choses, on en conviendra, parfaitement logiques. Ce point particulier attira évidemment la curiosité des historiens qui ne manquèrent pas de constater, pour certains d'entre eux, que l'identification de Glastonbury aux Vaus d'Avalon fut postérieure à la rédaction du poème de Robert de Boron. Ce détail d'une extrême importance ruine déjà les thèses, aussi brillantes soient-elles, qui utilisent cette identité comme un postulat de base. Pour E. Hoepffner, ce fait demeure une « question insoluble » alors que Bruce, auteur anglais qui consacra un ouvrage à l'évolution des romans arthuriens, « après avoir constaté que les termes " vaus d'Avaron " et " insula avalonia " ne coïncident pas, se demande si le mot d'Avalon n'a pas été utilisé comme expression " indéfinie " pour l'Ouest [5] ».

Évidemment, toute une suite de légendes exalte Glastonbury et en fait un terroir légendaire, mais le fait primordial demeure, irritant à souhait : l'identification avec l'Avalon de Boron est postérieure à la rédaction du poème...

« Va-t-il falloir se rallier à la suggestion de Bruce et ne voir en ces Vaux qu'un lieu purement mythique ? » suggère Louis Charvet. Sans doute. A moins que...

« A moins que " les Vaus d'Avalon " n'aient été pour Robert de Boron un site parfaitement défini, dont il put estimer qu'il offrait un cadre approprié à ce qu'y plaçait son poème. Seulement il ne semble pas que jusqu'à présent beaucoup d'efforts aient été dépensés pour le localiser, s'il existe [6]. »

Et c'est ici, très justement, que le travail de L. Charvet s'avère capital, car il ne suffisait pas seulement de découvrir un lieu géographique s'apparentant à l'Avalon mythique, mais il fallait surtout que celui-ci vînt s'insérer dans un réseau de concordances précises. On pourrait imaginer que l'Avalon fut ici celui situé près de Vézelay (Avallon). Certes, mais il faut ajouter que ce lieu, dans le cadre du poème médiéval, est celui d'une révélation, qui mieux est, d'un « passage ». Il est comme une charnière entre le monde visible et l'univers spirituel dont le Graal ouvre les portes. Il faudrait donc qu'un être d'une grande élévation spirituelle fût, sinon l'instigateur, tout au moins un modèle de perfection humaine, modèle qui,

4. *Ibid.*, p. 30.
5. *Ibid.*, p. 31.
6. *Ibid.*, p. 37.

ayant bénéficié d'une révélation divine, devînt, en quelque sorte possesseur du « Graal spirituel ». Là encore, on pourrait découvrir aisément le personnage : saint Bernard, dont la spiritualité était rayonnante au Moyen Age. Tout cela concorde à merveille, mais il manque une pièce à l'édifice : Bernard de Clairvaux n'eut aucun rapport « personnel » avec l'Angleterre, alors que la trame du poème de Robert de Boron est fort précise. Il doit y avoir un lien étroit et « physique » entre les Vaux d'Avalon et le modèle de sainteté, le Graal et Glastonbury ou, plus simplement, l'Angleterre.

Et voici, enfin, la découverte de Louis Charvet.

« Au temps où il conposait l'*Estoire,* l'une des figures les plus hautes de l'Occident chrétien était un certain évêque, originaire comme Robert de Boron de la Bourgogne impériale, royaume peut-être invertébré, mais qui gardait, dans le cadre du Saint-Empire romain germanique, sa pleine existence juridique, de la porte de Bourgogne au rivage de la Méditerranée. De cet évêque, la vie publique se déroula en Angleterre où, après le meurtre de Thomas Becket, Henri II Plantagenêt l'avait appelé pour édifier une chartreuse expiatoire et remit entre ses mains sa conscience troublée. Protecteur d'Oxford, reçu comme tel en l'an 1200 par les étudiants de l'université de Paris, appelé au Conseil par la princesse Blanche, future mère de Saint Louis, il devait, en cette année qui fut la dernière de son existence, visiter la Grande-Chartreuse où il avait été profès et procureur, revoir un jour son château natal, puis remonter aux lisières du royaume de Bourgogne jusqu'à la latitude de Montbéliard, célébrant la messe du 15 août à Citeaux, passant ensuite jusqu'en Artois, en une tournée de monastères qui l'épuisa si bien qu'il mourut à son retour. Célèbre depuis de longues années par ses miracles, ayant fait plier Richard Cœur de Lion et admonesté Jean Sans Terre, il devait être porté à sa dernière demeure sur les épaules du roi et de l'archevêque de Cantorbéry avant d'être mis sur les autels, vingt ans après sa mort, avant même le fondateur des chartreux. Cet homme était l'évêque de Lincoln (saint Hugues). Il était né dans un château au débouché d'un val, et ce château portait depuis au moins deux siècles — il porte encore — le nom d'AVALON. »

Ainsi donc les Vaus d'Avalon existent bel et bien, à la frontière de la Savoie et du Dauphiné, tout près du lieu où naîtra, en 1524, le chevalier Bayard. Le poème de Robert de Boron est précieux à plus d'un titre, mais son importance primordiale réside surtout dans son caractère de « trait d'union » entre le roman courtois, caractéristique de Chrétien de Troyes, et le mystère de la Rédemption.

Dans *L'Estoire dou Graal,* la quête prend véritablement un aspect mystique, cet aspect même qui sera par la suite largement développé par des auteurs successifs qui en orienteront les gestes vers la terre de Bretagne. Cependant, le manuscrit FR 20047 est bien le départ, voire en quelque sorte le « catalyseur », de ce qui fut écrit par la suite.

Dans le récit de Robert de Boron, dont la personnalité demeure tout de même très énigmatique, le Graal « n'est plus seulement, comme dans le conte de Chrétien de Troyes, le mystérieux soutien d'un corps dolent ; il est désormais le Trésor sans prix, témoignage suprême de la Miséricorde divine, gage sans pair de la Rédemption — le réceptacle du Sang répandu pour le Salut du Monde[7] ».

Il est donc aisé de mesurer la distance métaphysique qui sépare l'*Estoire* du *Perceval,* par exemple, mais pour accomplir ce chemin, pour opérer cette sublimation et passer du profane au sacré, il fallait un modèle de sainteté, autrement dit il fallait que la vie et la doctrine d'un saint éclairent la quête humaine.

Réellement ce poème, centré sur la Rédemption, est un abrégé théologique des principaux mystères de l'Église du Christ. Nous sommes bien éloignés, ici, des croyances locales ou de la transposition d'une quelconque tradition folklorique. Robert de Boron, à travers ses personnages, ne vise pas moins que le mystère de la Transsubstantiation, qui n'était alors pas encore défini, autrement dit la réelle présence du Christ sous les Espèces eucharistiques. Dès lors le Graal devient le cœur de Jésus et la demeure privilégiée de la Grâce. Sans doute le poète fut-il comme effrayé par la portée de son texte, auquel il se promettait de donner une suite. Et, presque timidement, il baissa le voile de ce grand mystère par l'attente de *Petrus* aux *Vaus d'Avalon,* lieu qui, à ses yeux, revêtait plus que tout autre un caractère sacré, en rapport avec les exigences de son récit.

De Pétrus à Hugues de Lincoln

Pétrus symbolise, dans la *Grant Estoire dou Graal,* l'orthodoxie de l'Église dont il est le dépositaire, mais il fallait bien qu'une trame historique fût en quelque sorte la reproduction archétypale du fait légendaire. Or la vie d'Hugues, évêque de Lincoln, se prête à merveille à cette exigence.

---

7. *Ibid.,* p. 18.

Natif d'Avalon, seigneurie située près de l'Isère, le futur saint était issu de la noble famille de Romestang, alliée de vieille date des dauphins du Viennois. En 1132, en accord avec le dauphin Guigues, elle fonda une branche de l'abbaye de Tamié et, le 30 janvier de cette même année, les templiers eux-mêmes s'installèrent sur ces terres. Hugues sera nommé abbé de Tamié, alors que son enfance se déroula dans la familiarité de la robe blanche à croix rouge de la milice du Temple, cette même robe qui apparaît dans la « queste ». Louis Charvet n'a pas manqué de noter un fait qui a sans doute une très grande importance, eu égard à ce que nous avons rapporté plus haut, à savoir que les chartreux, ordre auquel appartient saint Hugues, forgèrent certaines des armes des templiers. Et « (...) il serait intéressant de noter que certaines chartes semblent placer, vers l'an 1200, une industrie métallurgique, propre à faire des épées, dans le même terroir, voire sous l'obédience même des seigneurs d'Avalon. *Or, l'épée d'Arthus était censée avoir été forgée en " Avalon "* [8]. »

Les propos qui vont suivre aideront à mieux comprendre le rôle de modèle que put jouer, pour Robert de Boron, Hugues de Lincoln, natif d'Avalon.

« Berceau d'un homme qui fut une des lumières de son siècle — dont l'historien rapporte qu'une âme troublée vit un jour, dans le calice où il venait de consacrer le vin, la figure même de l'Enfant Jésus, attestant ainsi la réalité de la " Transsubstantiation " que proclame à l'avance l'*Estoire*. De ces Vaux d'Avalon il était venu tracer au roi Plantagenêt sa route, l'appeler, lui et ses successeurs, à respecter les droits de l'Église et, avec eux, les droits de tous les hommes de leur royaume, comme la vie des compatriotes de Moïse[9]. »

En effet, la trame même de *L'Estoire dou Graal* se résume par la vie rayonnante et l'action, en Angleterre, de saint Hugues de Lincoln. A partir de ce poème, toute une série de développements pouvait être entreprise, puisque les étapes essentielles de la quête y furent établies : le Graal devient la Sainte-Coupe ; l'Avalon alpin est repris, remodelé et utilisé afin de promouvoir la renommée de Glastonbury ; les templiers et leur filiation effective avec les chartreux se retrouveront également dans l'épopée chevaleresque, illuminée par l'épée arthurienne, dont la légende veut qu'elle ait été forgée en Avalon.

8. *Ibid.*, p. 70. C'est nous qui soulignons.
9. *Ibid.*, p. 42.

Au demeurant c'était cela qu'il importait de connaître : le germe de la métaphysique des romans de la Table ronde fut bien issu des Alpes. Le vent de l'Histoire le poussera ensuite par-delà la Manche, et l'arbre prit naissance loin du lieu de son origine. Telle fut la destinée de l'*Estoire,* calquée sur la vie d'Hugues d'Avalon.

VAL D'AOSTE

1.

Un dépôt sacré

La découverte inattendue

Il pourra paraître assez singulier que les origines de ce que l'on veut être une épopée celtique soient en fait alpines. Et pourtant les faits sont là, troublants par leur précision, et irrécusables. Au fond, ce qui se passe fréquemment au fil du temps, c'est que les thèses servent au développement d'une démonstration à laquelle elles sont antérieures, et qu'il faut toujours l'audace de quelque Schliemann pour déterrer une nouvelle Troie, fût-elle littéraire... L'Histoire est remplie de faits semblables et d'édifices soudés par le ciment des préjugés. Certes, lorsqu'une affirmation aussi bouleversante que celle apportée par les pages précédentes se manifeste, il la faut étayer par des preuves patentes. Déjà l'histoire de la littérature et l'étude diligente de Louis Charvet ne permettent aucun doute à ce sujet et l'on pourrait s'en tenir là, si le folklore valdôtain n'apportait pas un élément fondamental à un dossier déjà épais, élément qui se révèle être aussi l'ultime preuve, peut-être du reste la plus probante. Car non seulement le personnage central de l'*Estoire dou Graal* a existé, mais le « Saint-Vaissel » lui-même a *matériellement* fait partie de l'héritage symbolique de la tradition alpine.

Combien de villes et de régions se targuent de l'avoir possédé, ce mythique Graal ! Ne veut-on pas qu'il soit enfoui au pied de Glastonbury, dans la forêt de Brocéliande, ou sous les ruines du château de Montségur ? Autant dire aux quatre points cardinaux de l'Hexagone... Sitôt qu'un lieu recèle quelque mystère, il devient la patrie du Graal. Et parce que les yeux des faiseurs de mythes sont aveugles, ils n'ont point découvert la « coupe » qui ne se cache nulle part, et que les Valdôtains connaissent, quand bien même ils en ignoreraient les exactes origines. En fait, ce peuple modeste que nul orgueil n'étouffe s'est sans doute interdit inconsciemment de faire état de ce fait pourtant remarquable, qui n'avait pas échappé à la sagacité de Louis Charvet, et auquel il n'a pas accordé l'importance que l'hypothèse eût méritée.

Mais tout d'abord il convient de savoir quel fut le « passage » opéré par Robert de Boron, à partir du récit de Chrétien de Troyes.

« *Avant,* l'apparition du Graal, dans le *Comte du Graal* de Chrétien de Troyes, reste un épisode que l'interruption du conte, à la mort de Chrétien, laisse, pour ainsi dire, en l'air. (...) Jusque-là le Graal n'est qu'un plat porté, selon un rite étrange et magnifique, au chevet d'un malade qui ne subsiste que par lui.

« *Après,* le Graal est le " Sacré-Vaissel " qui servit à la Cène, et où Joseph d'Arimathie recueillit le sang du Sauveur. Objet unique, sceau mystique qui joint le Ciel et la Terre, et dont la Queste engage, en toutes trouées de forêts magnifiques, les chevaliers haletants[1]. »

Il revient donc à Robert de Boron de transcender le but de la quête et de donner au Graal son aspect le plus sacré.

« Ce que le manuscrit FR 20047 a en propre, c'est d'avoir joint les deux traditions — d'avoir fondu dans le Graal le " plat " de la Cène et le réceptacle du Saint-Sang[2]. »

René Guénon fait justement remarquer que « cette coupe se substitue donc en quelque sorte au Cœur du Christ comme réceptacle de son sang, elle en prend pour ainsi dire la place et en devient comme un équivalent symbolique ; et n'est-il pas encore plus remarquable, dans ces conditions, que le vase ait été anciennement un emblème du cœur[3] ? ».

Du Graal à la « grolla » valdôtaine

Traditionnellement, et avant même d'être devenu le Calice symbolisant le Sacré-Cœur, le Graal revêtait plusieurs formes, qu'a résumées fort bien Julius Evola dans son ouvrage *Le Mystère du Graal.* Il est essentiellement présenté de trois manières :

« 1) comme un objet immatériel, doté d'un mouvement propre, de nature indéfinie et énigmatique (" il n'était pas de bois, ni d'un métal quelconque, ni de pierre, ni de corne, ni d'os ") ;

---

1. *Ibid.,* p. 56.
2. *Ibid.,* p. 57.
3. René GUÉNON, *Symboles fondamentaux de la Science sacrée,* p. 40.

« 2) comme une pierre — " pierre céleste " et " pierre de lumière " ;

« 3) comme une coupe, un bassin ou un plateau, souvent en or, et parfois orné de pierres précieuses. (...) Une forme mixte est celle d'une coupe taillée dans une pierre (quelquefois une émeraude). Le Graal est qualifié tantôt de " saint " et tantôt de " roche " — " c'est la chose la plus riche qu'on puisse avoir de son vivant ", est-il dit dans *Morte Darthur*. Ce texte, comme beaucoup d'autres de la même période, emploie l'expression Sangreal, susceptible de trois interprétations : Saint-Graal, Sang Réel, Sang royal [4]. »

De fait, de nombreuses études étymologiques ont été menées pour tirer de ce vocable tous ses mystères. Il est vrai qu'on y découvre le radical Kar-Gal, évoquant la *pierre,* et qu'il ne manque pas de rappeler le *graduel* ou la progression initiatique par degrés *(gradalis).* Toujours est-il que sous sa forme définitive il deviendra un calice, semblable à celui qui est utilisé lors de la liturgie de la messe. Et puisque la Transsubstantiation fait du vin le sang du Christ, chaque calice est un Graal, lors de l'office. C'est à cela, du reste, que conduit le texte de Robert de Boron, à une évidence théologique et dogmatique, plus qu'à la recherche effective d'un objet qui nous serait venu de Terre sainte, dont l'existence reste à prouver.

Parce que les vallées étroites des Alpes ne sont pas soumises à l'hémorragie qui vide toute région de ses traditions, le Graal de la chevalerie moyenâgeuse y existe toujours.

« Les plus récents documents sur les traditions locales du Val d'Aoste (d'où était issu saint Anselme, archevêque de Cantorbéry), rapporte pertinemment Louis Charvet, rattachent à la même racine que le mot Graal le mot " grolle " qui désigne un " vase à boire " dont la forme s'apparente le plus souvent à celle d'un ciboire, c'est-à-dire à la forme que revêt le Saint-Graal dans les miniatures ou mises au tombeau des XIVe et XVe siècles. »

Hélas, Louis Charvet n'osa pas s'aventurer davantage dans cette voie, et ce fut bien dommage. Mais poursuivons, quant à nous, notre investigation.

Écartons tout d'abord les étymologies qui apparentent la " grolla " au « grollier », noyer produisant de grosses noix, car en aucun cas il ne faudrait confondre la « coppa » valdôtaine qui, effectivement, a approximativement la forme d'une écale de noix,

---

4. Julius Evola, *Le Mystère du Graal,* pp. 90-91.

et la grolla traditionnelle. Celle-ci eut toujours l'aspect d'un calice : il n'est, pour s'en convaincre, que de considérer celles qui sont conservées dans les différents musées ou châteaux : aucune ne rappelle en quoi que ce soit l'écale de la noix ! Il s'agit bel et bien, à chaque fois, de la réplique d'un *ciboire* avec son couvercle, le tout étant délicatement ouvragé, voire somptueusement décoré.

Fort heureusement, il reste l'étude érudite de J. Brocherel qui, malgré quelques imperfections minimes, fait toute la lumière à ce sujet. En effet, ses recensements du mot « grolle » ne concernent que des textes du XIVe ou du XVe siècle, à partir desquels, très justement, toute coupe précieuse était devenue une « grolle ». (Cf. par exemple, l'inventaire de Charles le Téméraire). Ce qui le conduit à ne considérer ce vase que sous son aspect profane.

Cependant, cela n'empêche point que la grolle traditionnelle valdôtaine tire son origine du « Graal ». Traditionnellement, elle est « un vase semi-cylindrique en bois dur de pommier, façonné au tour. Sa capacité, qui arrive jusqu'à deux litres et les fioritures plus ou moins artistiques qui l'enjolivent sont un indice révélateur de l'opulence de l'amphitryon qui offre à boire. C'est uniquement en des circonstances particulières, solennelles, que la grolle sort de sa cachette, pour donner du ton à la cérémonie, et relever la considération du maître de céans[5] ».

Quant au caractère exceptionnel, voire « sacré » de cette coupe, retenons encore ceci :

« La grolle est une relique de la famille, qui vient des grands-parents, elle trône au niveau des plats et pots d'étain de l'étagère, on la conserve religieusement d'une génération à l'autre, de sorte qu'il advient, parfois, de mouiller les lèvres sur les bords d'une grolle vieille de deux ou trois siècles[6]. »

Pérennité d'une tradition médiévale

On peut évidemment faire dériver *Graal* de *cratalis* (latin) ou *crater* (grec), auquel cas le vocable évoquerait tout simplement un *cratère,* dont on sait qu'il était, anciennement, un vase pourvu de deux anses, utilisé pour les libations. Cela ne dénature nullement la valeur sacrée du Graal qui devient dès lors, tout simplement, un « saint cratère ». Pour les besoins de ce passage du profane au

---

5. J. Brocherel, *La Grolle, coupe à vin valdôtaine.*
6. *Ibid.*

sacré, le calice médiéval perdit ses anses et prit l'apparence d'un ciboire sur toutes les miniatures qui le représentent, afin qu'un parallèle fût établi entre la Cène qui réunit le Christ et les apôtres, et la chevalerie de la Table ronde dont le symbolisme fut très exactement calqué sur celui du Nouveau Testament qui est, lui-même, la réalisation d'une vérité d'ordre cosmologique : douze apôtres correspondant aux signes du zodiaque, réunis autour du Christ-Soleil. Dans ce cas précis, on ne peut nier le parallélisme existant entre la liturgie catholique et les rites chevaleresques. Quant au Graal, il sert de trait d'union entre ces deux institutions, bien que la seconde fût issue, indéniablement, de la première, quant à ses prérogatives « mystiques ». Or « la grolle est une évidente filiation du calice. Même si elle paraît plus lourde et massive, pour adapter l'équilibre statique à la contenance, les parties constructives sont les mêmes, pied, cou et coupe. (...) La grolle est toujours garnie d'un couvercle, également ouvragé, qui remonte sans doute à la primitive signification symbolique du rite de boire en commun, à la ronde[7] ».

Il est téméraire d'affirmer que cet énigmatique couvercle n'eut que pareille utilité. Au reste, le rite de boire à la ronde ne le justifie certainement pas. En revanche, si l'on admet que le Graal, la grolle, le calice et le ciboire sont différentes expressions d'une même volonté d'ordre liturgique, et que la grolle seule dévia vers un emploi purement profane sans toutefois perdre aucune de ses caractéristiques formelles, alors, disons-nous, l'existence d'un couvercle s'explique parfaitement. Car enfin, a-t-on jamais vu une coupe faisant partie d'une vaisselle, aussi riche fût-elle, munie d'un accessoire aussi inutile lors d'un repas ?

Cela a du reste été constaté par J. Brocherel qui, lors de ses investigations, ne manqua pas de rapporter ses impressions à ce sujet :

« Une grolle reproduit exactement les ornements du calice, festons et têtes d'anges ailées, fleurons de fruits et arabesques baroques ; on dirait une custode ou un ciboire d'autel, et on est loin d'imaginer qu'il s'agit d'une coupe à boire pour de joyeux festins d'amis[8]. »

Certes, d'autres grolles furent dotées d'une décoration purement profane, et l'on peut dire qu'après le XVIᵉ siècle ce fut cette dernière qui prévalut entre toutes. Puisque la tradition sacrée du

---

7. *Ibid.*
8. *Ibid.*

Graal se perdit avec la mort de la chevalerie médiévale, il n'y avait pas de raison que la coupe valdôtaine ne suivît pas la désacralisation qui fut, au fond, celle de toute une société. Nous ne pouvons, du reste, que nous réjouir que le symbole nous soit tout de même

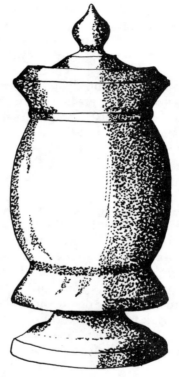

La grolle valdôtaine

parvenu ! Les particularités géographiques du Val d'Aoste ne sont pas étrangères à ces faits.

« Enfermée au milieu d'un amphithéâtre de hautes montagnes, la vallée d'Aoste a formé pendant des siècles une espèce de microcosme ethnique, une patrie, à l'écart des révolutions politiques qui ont bouleversé le monde. Elle a pu conserver, inaltérables, des coutumes et des usages qui remontent aux capitulaires de Charlemagne, entre autres les consorteries, les bois et pâturages communaux, etc.[9]. »

9. *Ibid.*

Et puisque couvercle il y avait, il fallait bien qu'on utilisât le récipient tel quel. Rien ne fut plus facile : ce curieux calice bouché contiendrait dès lors du vin, auquel on adjoindrait parfois un mélange d'épices. Ainsi, l'arôme ne se perdrait point, et le couvercle trouverait une justification !

Origines géographiques de la grolle

Il n'est pas certain que la grolle soit typiquement valdôtaine. Ce qui est assuré, en revanche, c'est que le Val d'Aoste seul n'a pas trahi, au fil des ans, cette tradition multiséculaire.

Cependant, il serait intéressant de savoir si l'inspiration de Robert de Boron put, en quelque manière que ce fût, la recouper, et si l'Avalon, le Graal — dans son acception symbolique de la *Grant Estoire dou Graal* — et la grolle se trouveraient ainsi réunis géographiquement. Étant entendu, évidemment, que la coupe valdôtaine n'est que l'écho de la tradition médiévale, voire la matérialisation, par la noblesse locale, d'un symbole littéraire créé par le poète bourguignon, symbole dont on a pu suivre la genèse et évaluer l'importance dans le chapitre précédent.

Dans trois localités du Valais, respectivement à Finhaut, à Bagnes et à Liddes, la *graoula* fut, tour à tour, un vase en bois dont la destination était identique à celle du Val d'Aoste, et un vase pour conserver du beurre fondu. Dans ce cas il s'agit de la *groeula, groua* ou encore *grua*. A Jorat, dans le canton de Vaud, la *groula* prend la forme d'une boîte dont le couvercle se visse, alors qu'à Blonay, dans le même canton, le *groulon* est un gobelet muni également d'un couvercle.

Destiné à recevoir le sang du Christ, le Graal fut donc un récipient dans lequel il fallait garder jalousement ce qu'il y avait de plus précieux au monde. C'est ainsi que le sens de réceptacle secret a été conservé à Fribourg où la *groula* est une tirelire hémisphérique en bois. On retrouve également à Albertville et Saint-Jean-de-Maurienne la *grâla,* ou sébile pour le lait à écrémer. Sans doute l'adaptation de l'antique Graal aux tâches les plus modestes de la vie agreste est-elle à la base de sa sauvegarde : combien d'objets sombrent dans l'oubli faute de s'adapter aux exigences de la vie courante ! Ainsi, la « désacralisation », plus qu'évidente, nous permet de découvrir le « Saint-Vessel » en des emplois domestiques très inattendus. Mais qui sait encore, par exemple, que les crêpes de la Chandeleur sont des représentations de la lune et le sapin de Noël un symbole de l'Arbre de Vie ?

Les propos qui précèdent justifient tout à fait l'affirmation de J. Brocherel, puisque « la distribution géographique du terme *grolle,* est limitée aux vallées qui aboutissent aux passages du Grand et du Petit-Saint-Bernard, que suivaient les pèlerins qui, des pays transalpins, se rendaient à Rome. Il est loisible d'inférer que le rite de boire à la ronde, le modèle de la coupe à boire et son nom caractéristique ont été importés en vallée d'Aoste par les pèlerins provenant de la Bourgogne, probable origine de la grolle[10] » et, peut-on ajouter, patrie de Robert de Boron.

Dès lors, puisque la coupe singulière n'est pas d'origine valdôtaine, il ne convient peut-être pas d'en rechercher les racines étymologiques dans le patois local qui donne, pour « groille », marc de raisin après qu'il est pressé, et pour « grolle », corbeau ou corneille. Ce sont là les définitions du *Dictionnaire du patois valdôtain,* de J.-B. Carlogne, où l'on retrouve le mot « grola », coupe faite au tour où l'on boit le vin.

Sans aucun doute faut-il s'en tenir à cette autre définition : « La " grolle " valdôtaine tire son origine du Graal. (...) Que la coutume de boire à la ronde soit une réminiscence biblique, et ait conservé au fond du subconscient un symbolisme religieux, on peut le déduire du caractère presque solennel que revêt le rite, et du fait que les buveurs s'échangent des toasts auguraux, en invoquant parfois une propitiation divine[11]. »

Et le fait même que tous doivent boire à *la coupe commune,* centre de l'assemblée, est bien un rappel des festins mythiques des chevaliers de la Table ronde.

Péripéties d'un symbole

Il est indéniable que le symbolisme du vase sacré soit universel et que, conséquemment, le Graal ne soit au fond qu'un avatar d'une tradition antérieure au Moyen Age. Cependant, les péripéties du « chaudron sacré », du « vase miraculeux » et autres réceptacles magiques sont liées, très étroitement, à l'histoire des religions. Autrement dit, le Graal, qui correspond à la symbolique ésotérique chrétienne, est bien la *réalisation,* voire l'essence et le résumé, de

10. *Ibid.*
11. *Ibid.*

tous les symboles analogues qui le précédèrent. En lui ils se condensent et se subliment comme toutes les religions se résument, en s'épurant des apports humains hétérogènes, dans le christianisme.

Ainsi, il est bien évident qu'on trouvera dans le mythe du Graal des résonances celtiques, voire égyptiennes. Mais les Scythes et les Cimbres eux-mêmes opéraient des sacrifices sanglants au-dessus d'un chaudron.

Autrement dit, chacun pourra revendiquer à sa guise les origines du calice médiéval et cette querelle, outre qu'elle est stérile, ne témoigne nullement de ce que Robert de Boron a voulu nous faire comprendre. Il faut le répéter : beaucoup d'exégèses se rapportant au symbolisme des romans de la Table ronde ne tiennent pas compte de la chronologie rigoureuse à laquelle cet ensemble romanesque est soumis. Or l'apport de Robert de Boron fut fondamental, puisqu'il transcenda le rôle particulier du Graal. Il en fit le vase dans lequel Joseph d'Arimathie recueillit le sang du Christ, vase qui servit également à la Cène, et ébaucha ainsi, en quelque sorte, le dogme de la transsubstantiation, qui n'était pas officiellement promulgué en son temps. La quête du Graal devient un résumé de l'histoire de l'Église, que le poète retraça grâce aux événements de son temps, alors que la vie de Hugues de Lincoln, né en Avalon, lui servit de trame.

On pourra toujours gloser à l'infini au sujet du Graal, et en attribuer la paternité spirituelle aux ethnies les plus diverses, comme on pourra également le replacer dans les pages les plus obscures de notre histoire. Notons au passage qu'il est paradoxal de vouloir expliquer un symbole en l'associant à des événements historiques dont la confusion est la principale caractéristique...

Ce qui est évident, en contrepartie, c'est que le Graal, devenu la *grolle,* a élu domicile dans les Alpes. Là mieux qu'ailleurs, la noblesse discrète sut sauvegarder le souvenir du « Saint-Veissel » et des repas arthuriens, sorte de liturgie chevaleresque où la coupe tenait lieu de calice, que l'on se passait de main en main, non pour s'enivrer vulgairement, mais pour participer au mystère du « vin mystique ».

A l'abri du tumulte extérieur, protégés par les doubles remparts des Alpes et de leurs châteaux, les seigneurs valdôtains léguèrent à leurs descendants une tradition qui ne manquera pas de laisser perplexes ceux-là qui veulent que les plus belles pages de l'histoire de France aient été tracées dans le nord du pays. Mais les traditions alpines opposent aux mots et aux concepts abstraits des éléments concrets : des lieux, des hommes, des objets dont les caractéristiques mettent en lumière le rôle de « creuset historique » joué par les vallées et les enclaves montagneuses.

Certes, une trop grande discrétion ne sert pas la publicité d'une région, mais elle est un gage de pérennité pour les traditions locales, qui ne se diluent pas, dès lors, dans la masse confuse de l'agitation sociale.

2.

L'héritage médiéval

La féodalité valdôtaine

La vie des châtelains valdôtains ne fut pas, au Moyen Age, à l'image de celle de leurs homologues provençaux, languedociens ou berrichons. Il leur fallait composer avec la rudesse du climat et l'hostilité des montagnes, qui expliquent l'inconfort extrême dans lequel ils vécurent. Nous pouvons imaginer comment se déroulait cette existence simple, à la lumière de quelques renseignements qui nous sont parvenus, bien que l'Histoire se soit avérée plus calme en ces lieux que dans d'autres régions où la discorde régnait.

En matière d'administration, le comte de Savoie fut représenté, dans la vallée, par un vicomte. L'on sait que le premier à occuper cette charge fut, avant 1100, un certain Bavo, auquel succéda Boso ou Boson. Ce fut ensuite la maison de Challant qui occupa ce poste privilégié, à partir de 1200 et ce jusqu'à 1295, date à laquelle Ebal de Challant céda la vicomté à Amédée V. Quant aux origines précises des nombreuses seigneuries, elles demeurent obscures.

On sait cependant que le « centre de chaque fief était le château, intimement lié à la juridiction, à tel point qu'il en devient synonyme. Le seigneur administrait la justice à ses sujets, percevait des redevances féodales qui lui étaient dues par les paysans, et était le trait d'union entre ses sujets et l'autorité comtale.

« Les titulaires des plus anciennes seigneuries féodales s'appelaient *pares terrae*, titre qui leur donnait droit à n'être jugés que par le prince ou par leurs pairs. Les nobles qui possédaient les juridictions mineures ou qui les recevaient en fief des grands feudataires, avaient l'appellation d'impairs *(non pares)* [1]. »

Notons encore un fait d'importance quant aux mœurs et coutumes de ces seigneurs :

« La noblesse valdôtaine avait un esprit autonomiste accentué. L'éloignement de la vallée d'Aoste du centre de gouvernement du comte de Savoie (Chambéry) favorisa aussi la formation de coutumes limitant les pouvoirs et rendant impuissants bien des efforts de centralisation [2]. »

Alors que le cheval était d'usage courant au Moyen Age, le mulet était préféré dans le Val d'Aoste, à cause de ses nombreuses qualités : robustesse, endurance et aisance sur les sentiers périlleux qui sillonnaient les pentes montagneuses. Giuseppe Giacosa affirme cependant qu'en 1283 on enregistra, au péage de Bard, le passage de 2 225 chevaux communs et de 99 anglais, ce qui donne une idée assez précise des différents passages, tout au long de l'année, de ceux qui préféraient tout de même parcourir la vallée à cheval plutôt que sur l'échine d'un mulet.

Ce même auteur donne un emploi du temps détaillé d'une journée dans l'un des châteaux valdôtains. On peut constater que les occupations des nobles n'étaient guère différentes de celles des autres seigneurs de leur temps, mais ce qui prime, surtout, c'est la modestie du mobilier, des mises, et la lenteur du rythme de vie. Celui-ci était à l'image de l'immobilité des paysages alpins, où le temps paraît suspendu, impression qui devait être plus forte encore aux XIIe, XIIIe et XIVe siècles, puisque nul tumulte ne venait troubler la paix des montagnes.

Le catalogue des seigneuries antérieures à 1200 a été dressé par F.G. Frutaz en 1894, et il comprend dix familles principales :

- *D'Avise*, seigneurs d'Avise, de Valgrisanche, de Gignod et D'Arvier. Leur nom figure sur des actes du XIe siècle.
- *Gignod*, seigneurs de Gignod, de Valpelline, Ollomont et Doues (actes de 1095).
- *Challant*, dont on a vu qu'ils furent vicomtes d'Aoste. Ils devinrent comtes de Challant, barons d'Aymaville, Fénis, Châtillon, Varey, Beauffremont, princes de Vallengin, seigneurs d'Ozon, Retourtort, etc. (actes de 1100).
- *Bard*, seigneurs de Bard et Champorcher, donc maîtres de la place forte qui verrouillait la vallée au sud-est (1125).

---

1. André Zanotto, *op. cit.*, pp. 54-55.
2. *Ibid.*, p. 57.

- *Friours,* nobles d'Aoste qui occupèrent une tour de la ville (1134).
- *Valesa,* seigneurs de Vallesa, Arnad, Carema, Borgofranco, Quincinetto, Tavagnasco, Montalto, Brosso, etc. (1179).
- *Quart,* seigneurs de la Porte-Saint-Ours à Aoste (1185).
- *Aimavilla,* seigneurs d'Aimaville (1190).
- *La Tour,* seigneurs de Villa à Gressan (1191).
- *Nus,* seigneurs de Nus et de Rhins (1191)[3]. »

Selon G. Giacosa, « les dates correspondent aux premiers actes où les familles sont mentionnées mais, s'agissant d'un temps où les notices et documents sont rares, il est bon de croire que celles-ci furent plus anciennes [4] ».

Les Challant, vicomtes d'Aoste

Les successeurs de Bozon, vicomte d'Aoste, prirent le nom de Challant en 1200, c'est-à-dire au moment où cette famille s'empara du territoire qui se nommait ainsi. C'est une preuve supplémentaire à l'égard de la coutume médiévale qui voulait que les seigneurs prissent le nom du terroir qu'ils investissaient. Néanmoins, cela rend malaisée la recherche de leurs origines, et tel fut bien le cas pour la famille de Challant.

L'opinion commune veut qu'ils soient issus d'une branche de la maison de Montferrat.

« Un certain Pierre Bosco, déjà secrétaire du comte Jacques de Challant en un manuscrit de 1638 (Archives de l'État, Turin), raconte que le marquis Boniface de Montferrat obtint de l'empereur Henri VI, auquel il était apparenté, que l'un de ses propres filleuls obtint la vallée d'Aoste avec le titre de vicomte, non avec l'absolue domination, mais avec correspondance et appel à l'empire [5]. »

Néanmoins, selon G. Giacosa, les prénoms des premiers vicomtes d'Aoste ne rappellent pas ceux qui étaient alors traditionnellement usités dans la famille de Montferrat. Cependant, en faveur de cette thèse, il y a une preuve de taille, qui semble n'avoir jamais été infirmée, ni même contredite. En effet, dans un acte de

---

3. G. Giacosa, *Fenis e Issogne, due castelli valdostani.*
4. *Ibid.,* p. 23.
5. *Ibid.,* p. 27.

1295, Jean de Montferrat nomme le vicomte d'Aoste son « très cher consanguin ». Or aucune femme de la famille des Montferrat n'avait épousé un vicomte d'Aoste ; et aucune femme de la famille des vicomtes ne s'était liée à un Montferrat. Il fallait donc bien que d'autres racines plus profondes existent pour que ces liens de parenté fussent effectifs. Un dernier élément pourrait également venir s'ajouter à ces preuves : les armes des Challant et des Montferrat sont très proches. Pour les premiers, « d'argent au chef de gueule, avec une bande de sable », pour les seconds, « d'argent au chef de gueule ». Si l'on considère que la bande n'est ici utilisée que pour différencier les deux familles, il est licite de croire qu'elles furent de même origine.

Depuis Bozon II, premier seigneur de Challant en 1200, la fortune et les territoires de cette famille ne firent que s'accroître. On verra même Boniface Ier, neveu de Godefroy II, guerroyer au côté de Bertrand Du Guesclin. Sa renommée fut grande et le roi de France Charles V n'ignora pas ses exploits, à tel point qu'il fut armé chevalier. On peut dire, cependant, que le personnage majeur de cette illustre famille fut Iblet de Challant, mort en 1409. A partir de sa disparition, une longue période de décadence débuta, au cours de laquelle la fortune et les richesses diverses se dispersèrent aux quatre vents. La famille elle-même s'éteignit au début du XXe siècle avec la dernière femme de la lignée. Il est certain que d'autres seigneurs méritent, tout autant que les Challant, honneur et considération. Cependant, c'est à eux seuls qu'on doit la quasi-totalité des monuments qui ornent aujourd'hui le Val d'Aoste. De tous ces châteaux, multiséculaires, qui sont autant de jalons de l'art valdôtain, beaucoup se dressent encore sur leur site et réservent au visiteur des surprises heureuses.

Au demeurant, il est peut-être exagéré d'insister sur un relatif manque de raffinement dans la vie simple et retirée des seigneurs du Moyen Age alpin. Si l'on veut bien considérer certains signes caractéristiques de leur pensée profonde, ainsi que la richesse et la sobriété des décorations intérieures de leurs demeures, il serait plus juste d'évoquer la discrétion que l'ignorance. Car les Challant furent, en leur temps, tout à fait dans la droite ligne de la culture d'alors. L'ignorance, en l'espèce, doit parfois être imputée à tous ceux qui, loin de la culture et de la pensée foisonnante d'un Moyen Age bouillonnant, jugent certains témoignages anciens avec une nuance de mépris. Car s'il est vrai que l'inconfort était grand dans les bâtisses du Val d'Aoste médiéval, il est non moins vrai qu'elles témoignent de préoccupations métaphysiques extrêmement importantes. Tels des livres de pierre, les châteaux proposent toujours au curieux de bien étranges énigmes.

Fénis et la triple enceinte

L'édification du château de Fénis commença vers 1350, sous les ordres d'Aymon de Challant, et l'on doit bien reconnaître que cette demeure seigneuriale est l'une des plus belles du Val d'Aoste. A la rudesse de ses murailles extérieures on peut opposer la délicatesse de la demeure qu'elles abritent jalousement, tout ornée de fresques, de balustrades ouvragées et de sentences philosophiques, théologiques ou plus simplement morales.

On ne peut s'empêcher d'être séduit par le charme de ce qui pourrait être une sorte de riche thébaïde, protégée par une double rangée de murs solides et épais, et c'est bien là qu'apparaît la première singularité de ce château : *il est bâti selon le schème ancien de la triple enceinte*. Voilà un détail, pourtant fondamentalement important, qui ne semble guère avoir suscité la curiosité des archéologues. Et pourtant, il ne fait nul doute que l'ensemble, grossièrement de forme pentagonale, soit soumis à ce tracé symbolique. On pourra certes évoquer la nécessité d'une double rangée de murailles extérieures pour accroître l'efficacité en cas d'attaque, mais cet argument nous paraît, sinon spécieux, à tout le moins contestable.

Au reste, la sensation est étrange qui s'empare du visiteur : il semble que l'on pénètre ici dans un microcosme particulier. Du centre de la cour, par un coup d'œil rapide et circulaire, on embrasse la totalité de la galerie haute, on contemple les fresques qu'il faudrait détailler une à une, et une paix en tous points semblable à celle des cloîtres monastiques contraste avec l'architecture extérieure, essentiellement agressive et guerrière. Est-il donc téméraire de discerner dans l'intention d'Aymon de Challant la volonté d'avoir bâti une demeure soumise à une symbolique ésotérique, dont la signification était parfaitement connue en son temps ? Nous ne le croyons pas et c'est pourquoi il est bon de tenter de pénétrer les arcanes de ce symbole.

Louis Charbonneau-Lassay, dans une étude rédigée dès 1929 à la suite de celles que Paul Le Cour et René Guénon consacrèrent à ce thème, dégagea admirablement les caractéristiques de la « triple enceinte », dont les représentations nombreuses remontent à la plus haute Antiquité.

René Guénon affirma, dans *Le Voile d'Isis* de juin 1929, que ce symbole se rapportait aux trois degrés de l'initiation, alors que Paul Le Cour, dans *Atlantis* de juillet-août 1928, y voyait une représentation des trois cercles de l'existence. Charbonneau-Lassay, pour sa part, fit une synthèse de ces deux conceptions, qu'il enrichit par des rapports personnels. Voici, du reste, son avis quant aux travaux de ses deux devanciers :

« Il ne me paraîtrait même aucunement surprenant de constater des traces de ce symbolisme, en marge du sens spécifiquement chrétien, dans tel ou tel milieu de la société catholique, durant tout le Moyen Age. En effet, pendant cette période, la vie de tout l'organisme social n'a-t-elle pas reposé sur des initiations successives souvent marquées, à chaque échelon, par des cérémonies rituelles ? Ainsi, le sacerdoce, le monachisme, la chevalerie, les universités, les cénacles d'alchimistes, les groupements d'hermétistes chrétiens, plus ou moins orthodoxes, les corporations artisanales, industrielles ou agricoles, la batellerie, voire la truanderie elle-même, étaient ritualisés [6]. »

La présence de la grolle, le rite de boire à la ronde, sont déjà des éléments certains de la vivacité d'un rituel initiatique qui se pratiquait sans doute initialement dans les châteaux valdôtains. Dès lors il est loisible de penser que d'autres éléments d'un vaste ensemble symbolique furent en honneur dans tout le Val d'Aoste, éléments que les Challant ne pouvaient pas ignorer, puisqu'ils étaient caractéristiques de leur époque.

La consécration de l'espace

Lorsque la triple enceinte est matérialisée dans un ensemble architectural et que, de simple schéma tracé, elle s'actualise, c'est afin que l'espace qu'elle circonscrit soit, en quelque sorte, sacralisé. Des exemples existent encore, alors que d'autres ont disparu, sinon de la mémoire humaine, tout au moins des contrées sur lesquelles ces temples s'élevaient. Car sacraliser un lieu c'est édifier un temple, mais des demeures profanes peuvent aussi être édifiées selon ces données. Dans ce cas, il ne s'agira pas de préparer un espace pour qu'une liturgie s'y déroule, mais de matérialiser un ensemble de croyances initiatiques, afin que la demeure ainsi édifiée perde son

---

6. L. CHARBONNEAU-LASSAY, *L'Esotérisme de quelques symboles géométriques chrétiens*, p. 11.

caractère commun et devienne un paradigme des trois mondes, le corporel, l'animique et le spirituel.

Marcel Moreau signale que « Platon, dans le *Critias,* rapporte que le palais de Poséidon, dieu de l'Océan, était édifié au centre de trois enceintes concentriques sur lesquelles était tracée la croix représentant des canaux reliant l'ensemble.

« En Colombie on a découvert ces trois cercles concentriques dans les vestiges du temple du Soleil de Sogamozo.

« Charbonneau-Lassay nous apprend que la ville de Mexico était entourée de trois canaux concentriques rappelant la capitale des Atlantes où se trouvait la demeure de Poséidon. Il indique également que les menhirs d'Aveny (Eure) et de Bourg (Oise) portent en relief trois cercles concentriques.

« Ils sont représentés à Abury, en Angleterre, par des pierres levées, comme le monument de Stonehenge.

« Au cours d'une expédition dans le Sahara, le commandant Bernard de Pontois, vers 1930, a relevé et photographié, au sud de Kival, trois cercles concentriques tracés sur le sol par une double rangée de " pierres " [7]. »

Ce symbole est donc répandu, tant en Europe occidentale qu'en Afrique du Nord et en Amérique latine, attestant son universalité et son ancienneté. Il va de soi qu'il trouva un écho dans la métaphysique chrétienne et qu'il put ainsi s'y adapter comme représentation des trois mondes : « le " terrestre " où nous vivons, le monde firmamental où les astres promènent leurs globes radieux sur d'immuables itinéraires de gloire, enfin le Monde céleste et divin où Dieu réside et, avec Lui, les purs Esprits [8] ».

Le point central de toute triple enceinte devient donc le lieu de refuge par excellence, celui où la Paix véritable règne et où le temps se suspend virtuellement. Or toutes ces caractéristiques peuvent s'appliquer à merveille au château de Fénis, et André Zanotto fait pertinemment remarquer que, malgré les apparences extérieures, ce lieu n'avait pas de vocation spécifiquement guerrière.

Au demeurant, il n'est que d'interroger les fresques pour être convaincu que la famille de Challant voulut matérialiser un *microcosme* véritable, en quelque sorte le point de rencontre entre l'humain et le divin.

---

7. M. MOREAU, *Atlantis,* n° 213.
8. L. CHARBONNEAU-LASSAY, *op. cit.,* p. 14.

Les fresques symboliques

Il faudrait examiner une à une les peintures dues à l'école de Giacomo Jacquerio, excécutées, semble-t-il, vers 1425, pour comprendre la totalité de l'enseignement qu'elles dispensent. Lorsqu'on pénètre dans la cour trapézoïdale, on est immédiatement frappé par la fresque qui se trouve au départ du double escalier : saint Georges terrassant le dragon, symbole de la chevalerie elle-même luttant contre le Mal pour la défense des valeurs morales et religieuses.

Puis, tout autour de la galerie haute, des saints et des sages déroulent des banderoles où sont inscrits des quatrains en langue française, dont le sens parcourt toute la vastitude des préoccupations humaines. Autrement dit, on va de la sentence sociale à la pensée théologique.

Retenons celle qu'un personnage coiffé du bonnet pointu des mages et des initiés propose :

> *De toute prière le commencement*
> *Est d'aimer Dieu omnipotent*
> *Et Jésus-Christ qui nous a formés*
> *Lequel toujours devons louer.*

Ce qui contraste avec cette réflexion peu galante que l'on peut lire plus loin, sur un autre phylactère :

> *Hours, lion et chat et chien*
> *Are IIII bêtes apres au bien*
> *Mais on ne peut par nul engin*
> *A mauvaise femme apprendre bien.*

Faisant face à saint Georges, saint Christophe portant le Christ, immense et impressionnant, est un rappel de *La Légende dorée*, et de l'histoire du passeur qui porta Jésus enfant, merveilleux symbole lisible à plusieurs niveaux, qui n'est pas sans évoquer, dans son acception commune, l'humanité tout entière qui supporte l'insigne fardeau de la Révélation chrétienne, à travers les flots tumultueux du temps.

A l'intérieur du château, les deux plans existentiels sont définis par deux personnages dont la signification est analogue, voire complémentaire. Saint Georges, une nouvelle fois, maîtrise le dragon et symbolise donc la chevalerie terrestre, alors que saint Michel en fait de même, mais il est quant à lui le chef de la Milice céleste. Nous avons donc la double représentation du combat contre le Mal qui se déroule sur les différents plans, c'est-à-dire au ciel et sur terre, par l'évocation des saints qui sont appelés à le vaincre, chacun dans son domaine spécifique. Ce sont là autant de représentations qui viennent compléter un ensemble très significatif, dont la triple enceinte est la dominante.

C'est donc, en fait, le problème de la condition humaine et celui de la Rédemption qui sont ainsi évoqués, dont on peut peut-être découvrir une résonance dans un autre château que les Challant firent édifier à partir de 1496. Rappelons simplement, avant que de nous y aventurer, que celui de Fénis fut vendu, en 1716, à Baldassarre Castellar di Saluzzo-Paesana et qu'il perdit dès lors sa fonction initiatique, puisqu'il fut utilisé comme simple ferme. En 1895 l'État chargea Alfredo d'Andrea d'acquérir le château fort endommagé, qui attendit 1937 pour que des restaurations importantes lui rendent enfin, à l'issue de cinq années de travaux, une partie de son éclat initial.

Issogne et la fontaine du grenadier

Bâti plus tardivement, le château d'Issogne est un parfait témoignage de ce que fut l'art de la Renaissance en son début. Cette luxueuse et belle demeure, malgré ses proportions modestes, démontra une fois de plus que les Challant savaient apprécier le raffinement et la richesse de la décoration intérieure.

Ici également, beaucoup de fresques mériteraient d'être examinées en détail, mais ce qui apparaît être l'élément symbolique majeur de cet ensemble, c'est la fontaine *octogonale* qui se trouve dans la cour, et au centre de laquelle se dresse un très beau *grenadier* en fer forgé.

Il ne sera point téméraire, cette fois encore, de faire appel à la pensée religieuse du Moyen Age finissant pour expliquer cette curieuse présence. En effet, rien n'est plus singulier que de trouver pareil arbre, d'origine orientale, au sein même des Alpes, et sa présence se doit d'être justifiée puisqu'il est indéniable que tous les choix opérés dans le domaine de l'ornementation n'étaient nullement arbitraires [9]. Le manque de preuves patentes, c'est-à-dire de documents appuyant la thèse qui va suivre, peut évidemment être un inconvénient, mais l'on sait combien la tradition orale avait d'importance dans le domaine du symbolisme et des différentes initiations évoquées par Charbonneau-Lassay dans les pages précédentes.

Tout d'abord, il faut remarquer que le grenadier donne un fruit très singulier, la *grenade*, dont le nom provient du latin *granatum melum,* pomme à grains. Il s'agit donc d'une pomme particulière et son symbolisme sera parallèle à celui du fruit de la Chute, cette fameuse « pomme » édénique. Cependant la grenade est un fruit solaire par excellence, puisque ses graines sont rouges et que, lorsqu'il est très mûr et que l'écorce se rompt, elles apparaissent à l'extérieur. De ces fruits on tire un sirop bien connu, la grenadine. Dès lors le symbole est aisé à décrypter : la grenadine a la même valeur que le raisin mystique et devient un fruit de Résurrection et de Rédemption. Cette pomme orientale peut donc être considérée comme le pendant de celle du Jardin d'Éden : au fruit de la Chute s'oppose celui du Salut. On ne saurait mieux traduire, dans le domaine symbolique, les deux aspects opposés du drame humain. Qui plus est, ce fruit vient d'Orient, ainsi que la révélation chrétienne, et se répand en Occident. Telle est aussi la course du soleil manifestant, à l'échelle planétaire, les arcanes de la venue du Christ, Soleil de Justice.

Quant au bassin octogonal, il ne fait que renforcer le caractère christique de l'ensemble, puisque le nombre 8, dans la symbolique des nombres chère à saint Augustin, est celui de la Résurrection. Avec lui se termine une semaine, un cycle, et s'opère le passage vers un plan existentiel supérieur au précédent.

« (...) Jésus-Christ n'a pas voulu révéler l'heure de son retour : il faut donc respecter son silence et demeurer sur le qui-vive. C'est pourquoi le sabbat symbolise le repos, et l'ogdoade la Résurrection du Christ. (...)

« L'octave signifie donc *l'éternité*. A plusieurs reprises, Gré-

---

9. L'explication commune veut que ce grenadier — que l'on rencontre aussi dans l'une des pièces du château — soit un symbole de l'opulence dans laquelle vivait Georges de Challant. Cette justification apparaît d'autant plus sujette à caution que ce dernier était homme d'Église, donc initié à la symbolique chrétienne, et qu'il eût été d'un parfait mauvais goût de vouloir ainsi afficher, dès la cour du château, un sentiment de puissance.

goire (de Nysse) revient sur ce thème, et toujours dans le même sens : " Lorsque ce temps fluant et passager cessera, le mode de la génération et de la corruption n'existant plus, alors cessera complètement aussi l'hebdomade qui mesure ce temps et l'ogdoade lui succédera, qui est le siècle futur. " Il rappelle ailleurs que l'octave est la fin de cette vie et le principe du siècle à venir. (...) Mais si l'octave a les préférences de Grégoire, c'est surtout parce qu'elle est le nombre de la résurrection du Christ et de la nôtre. Expliquant la huitième béatitude, il remarque, en effet, que le prophète entend par octave le jour de la résurrection où l'homme sera dépouillé des tuniques de peau et retrouvera la splendeur royale. Car, depuis la création, le péché est intervenu dans le monde et, avec lui, la mort [10]. »

Remarquons enfin qu'il s'agit d'une *fontaine*. Or ce grenadier ne peut dispenser, dans son bassin octogonal, que les eaux pontiques de la Grâce. Ainsi donc, cet arbre n'est autre qu'une représentation de l'*arbre de vie*, pivot central du Paradis. A n'en point douter, tout concorde dans cet ensemble profondément original, qui fut de tous temps proposé à la sagacité des visiteurs du château, et l'on peut à juste titre s'étonner, de prime abord, de cette présence inattendue. Mais, comme pour la grenade, il suffit de briser l'écorce du symbole pour que le fruit de la vérité jaillisse [11].

L'interprétation théologique de cette fontaine symbolique apparaît d'autant plus justifiée que la construction du château revient à Georges de Challant, homme d'Église éminent à qui l'on doit aussi le prieuré de Saint-Ours et la restauration de l'église attenante. Il n'est donc nullement impossible qu'il ait trouvé dans le grenadier et la vasque octogonale un sujet de prédilection grâce auquel il put exprimer son idéal théologique d'ecclésiastique, ainsi que son amour des œuvres d'art originales.

---

10. A. LUNEAU, *L'Histoire du salut chez les Pères de l'Église,* pp. 30, 162, 163.

11. Le symbolisme de la grenade a été utilisé par Botticelli dans son célèbre tableau, *La Vierge à la grenade.* C'est le Christ enfant qui tient, aidé par sa mère, le fruit singulier. Cette œuvre fut peinte vers 1487 et se trouve donc être contemporaine du château d'Issogne. Il y a là plus qu'une simple coïncidence...

Monuments et vestiges médiévaux

De nombreux édifices furent édifiés au Moyen Age sur les ruines des tours romaines, voire au détriment de l'enceinte antique. Chaque période historique comporte une part de barbarie, et il n'y a pas que le XXe siècle qui se montre peu respectueux des vestiges du passé. Cependant, il est plus aisé de constater que des démolitions ont lieu sous nos yeux que de reconnaître celles qui se perpétrèrent au cours des siècles précédents, et cela est au demeurant fort logique [12]. Hélas ! l'urbanisme a ses impératifs, au sein desquels s'exerce toujours une part d'inconsidération et d'irrespect qui conduit aux pires résultats.

Nous avons dit plus haut que le revêtement de l'enceinte romaine fut arraché, afin d'être utilisé pour d'autres constructions, et du XIe au XVIIe siècle des dégâts considérables furent ainsi causés. Charles Quint faillit même fortifier la ville d'Aoste en restaurant les remparts. Or si le projet avait été exécuté, à l'issue du passage de Ferrante Gonzague, gouverneur de Milan en 1549, il est certain que les murs romains eussent été irrémédiablement perdus pour la postérité. Lorsque, en 1559, le président Nicolas Baldo adressa son mémorial à Emmanuel Philibert, par lequel il lui conseillait aussi de fortifier la cité, il s'appuya sur le fait que les Romains eux-mêmes n'avaient nullement hésité à démolir des édifices existants pour bâtir leur solide muraille.

Ainsi, de siècle en siècle, de génération en génération, on peut constater que le respect total du patrimoine historique n'exista malheureusement jamais. Pour cette raison, la lettre du 15 mai 1645 de la duchesse Christine de Savoie s'avère un document très intéressant, qu'il convient sans doute de citer ici partiellement :

« La duchesse de Savoye, reine de Chypre, Tutrice et Régente, etc.

Très chers, bien aimés et féaux, c'est avec beaucoup de ressentiment que nous avons entendu que plusieurs particuliers de vostre Citté se sont émancipés de prendre des pierres des murailles d'icelle pour s'enservir à leur propre, ce que ne croyant pas raisonnable de pouvoir tollérer, nous vous disons et expressément ordonnons de faire informer contre les dits particuliers que vous pourrez recon-

---

12. On consultera avec profit, à ce sujet, *Les Monuments détruits de l'art français*, par Louis RÉAU.

noistre avoir enlevé des pierres des dittes murailles et de procéder et faire procéder contre eux aux peines dont vous les jugerez dignes pour ce fait. »

Sur les restes d'une tour romaine fut donc édifiée, au XIe siècle, la tour de Bramafan, qui appartint à la famille des vicomtes d'Aoste, c'est-à-dire aux ancêtres des Challant. C'est un édifice trapu et solide dont le nom proviendrait, selon la tradition, du fait que la femme infidèle d'un seigneur de Challant y serait morte de faim ; mais l'histoire officielle ne confirme pas ce fait.

La Tourneuve appartint également à la famille de Challant et passa à celle des Ruillard au XVe siècle. Bâtie comme les précédentes sur l'enceinte romaine, les tours du baillage et des seigneurs de La Porte-Saint-Ours sont également très caractéristiques de l'architecture de cette époque et des adaptations auxquelles elles furent soumises. Quant à la tour du Lépreux, elle a été rendue célèbre par Xavier de Maistre, qui l'immortalisa dans son ouvrage *Le Lépreux de la cité d'Aoste*.

Malgré la lettre de la duchesse Christine, le vandalisme allait encore bon train et la duchesse Jeanne-Baptiste fut dans l'obligation de promulguer un édit le 20 avril 1679.

« (...) Nous ayant esté représenté que plusieurs particuliers du duché d'Aoste appuyent leurs maisons sur les murailles de la citté sans en avoir aucune permission, et s'attribuent l'autorité d'y faire des portes, fenestres et autres ouvertures, ce qui est fort contraire à l'ornement et à la sûreté de la ditte citté et à nos intentions, et comme les murailles des villes, pour se servir de l'expression des lois, doivent être saintes, et que personne n'y peut toucher sans l'autoritté du souverain, par ces présentes signées de nostre main, de nostre certaine science, pleine puissance et autorité souveraine, eu sur ce l'avis du Conseil résidant près de nostre personne, nous deffendions à toutes sortes de personnes, de quelle qualité qu'elles puissent être, d'appuyer à l'avenir leurs maisons et autres édifices aux murailles de la citté d'Aoste, d'y faire des fenestres et autres ouvertures ny de détacher ny enlever des pierres de dittes murailles à peine de cinq cents écus d'or. »

Oui, mais voilà : au XVIIe siècle, déjà, l'enceinte romaine était privée des dalles de tuf qui la recouvraient, et gisait comme écorchée, son squelette de cailloux agglomérés au soleil...

Les édifices religieux

La cathédrale de la ville d'Aoste est un édifice composite dont les diverses parties s'échelonnent du IXe au XIXe siècle. Tout ne fut pas d'un heureux effet au cours de ce millénaire d'élaboration et la partie la plus contestable est évidemment la façade de 1848. Les deux mosaïques du chœur, cependant, sont bien dans la tradition de l'art gothique, qui avait pour coutume d'inclure des thèmes profanes au sein de l'architecture sacrée. Quoique le zodiaque et les saisons ne soient pas, fondamentalement, des sujets éloignés de la mystique chrétienne, puisque ce sont eux qui rythment l'année liturgique. Aussi bien le bestiaire symbolique valdôtain et les travaux de l'année s'inscrivent-ils dans cette conception de l'existence pour laquelle le profane n'est que la manifestation, voire le support, du sacré.

Les vitraux des XVe et XVIe siècles ne manquent également pas d'intérêt, mais c'est peut-être le trésor qui se révèle l'élément le plus intéressant, et qui recèle des pièces d'une grande valeur telles que, par exemple, la chasse-reliquaire de saint Grat, patron du Val d'Aoste, et celle de saint Joconde, son disciple et successeur sur le siège épiscopal.

On peut également admirer le reliquaire qui contient la mâchoire de saint Jean-Baptiste et qui fut offert, en 1421, par François de Challant mort en 1442 et dont le corps se trouve, ainsi que celui de Boniface de Challant, dans le cloître de la cathédrale.

Sans doute est-on enclin à aimer davantage ce qui marqua notre esprit pendant l'enfance et pour cela, sentimentalement, nous sommes personnellement très attaché à la collégiale Saint-Pierre et Saint-Ours.

L'ensemble est bâti sur une crypte du Xe siècle, soutenue par des colonnes dont on dit qu'elles proviennent des monuments romains. On ne sait, du reste, ce qu'il faut admirer le plus dans ce véritable îlot artistique, des stalles de l'église ou du cloître roman. Ce dernier est l'un des plus admirables témoignages artistiques du XIIe siècle, puisqu'il semble qu'il fut achevé en 1133, alors que le lourd clocher attenant était déjà édifié.

Ce livre de pierre se propose à la lecture dans la paix et le recueillement de ce quadrilatère où, n'en déplaise au poète, le temps semble avoir effectivement suspendu son vol. C'est là que l'ordre monastique de la communauté de Saint-Ours suivait, dès le

XIIe siècle, la règle augustinienne. L'église est dédiée à ce saint prêtre qui desservait au Ve siècle l'église Saint-Pierre, située hors les murs de la ville. Il en devint donc, après sa mort, le cotitulaire.

Georges de Challant, qui fit ériger le château d'Issogne, édifia le prieuré très élégant qui se trouve à droite de l'église. Une des fresques de la chapelle, très exactement celle représentant Georges de Challant agenouillé aux pieds de la Vierge, est reproduite au château de Rochetaillée, près de Lyon, devenu musée de l'automobile. Mais il n'y a là rien d'étrange, puisque cet ecclésiastique était chanoine d'Aoste... et de Lyon, prouvant ainsi combien les liens étaient étroits entre toutes les contrées alpines. Car on ne peut traiter distinctement l'histoire du Dauphiné, de la Savoie ou du Val d'Aoste sans éveiller l'écho des faits qui se déroulèrent dans l'ensemble du massif alpin.

QUATRIÈME PARTIE

*De la Renaissance
aux prémices révolutionnaires*

1.

Du chevalier Bayard à Pierre Bucher

Aux confins de la Savoie

Tout au bout de la vallée du Grésivaudan que parcourt l'Isère, paresseuse à cet endroit, sur une colline qui domine le paysage, se dresse le château de Bayard. Aymon Terrail et Hélène Alleman-Laval l'occupaient au XVe siècle et Pierre, leur enfant, devait y naître en 1473.

Alliée de longue date aux dauphins, la famille du célèbre chevalier méritait déjà, sans doute, le qualificatif de « sans peur et sans reproche », puisque les ascendants d'Aymon furent, pour la plupart, des gens d'épée remarquables qui périrent courageusement sur les champs de bataille. Lui-même, surnommé « l'Épée-Terrail », trouva la mort en 1465, lors de la célèbre journée de Montlhéry. On ne s'étonnera donc pas que Pierre du Terrail, seigneur de Bayard, fût un combattant exemplaire dont la vaillance devint proverbiale.

Du côté de sa mère, s'il n'y eut point d'illustres hommes d'armes, on découvre en revanche d'éminents ecclésiastiques, puisque d'elle furent issus deux évêques de Grenoble, deux de Cahors et un cardinal d'Arles. Cependant, Pierre était l'aîné de huit enfants, quatre garçons et quatre filles qui, tous, suivirent, d'une façon ou d'une autre, les exemples familiaux. Seul Georges, qui garda la maison paternelle, n'eut apparemment aucun penchant particulier. Quant à Philippe et Jacques, ils furent abbés de Josaphat, à Chartres, puis se distinguèrent à Glandèves, en Provence, dont ils devinrent successivement évêques. Parmi les quatre filles, deux furent moniales : Catherine à la Chartreuse de Prémol d'où devaient, quelques siècles plus tard, surgir les prophéties du même nom ; Jeanne à l'abbaye des Ayes. Quant à leurs deux sœurs, Marie et Claude, elles épousèrent respectivement Jacques du Pont et Antoine de Theys. Le château de Bayard se trouve non loin des Vaus d'Avalon, et il est pour le moins singulier de constater que saint Hugues et Pierre Terrail sont les deux aspects complémentaires de l'idéal médiéval. Certes, Pierre vécut en pleine Renaissance ; mais qu'importent au juste les siècles, puisqu'il s'agit beaucoup plus ici de *qualité* que de quantité ?

Avec l'évêque de Lincoln nous avons découvert la spiritualité rayonnante, la mystique chrétienne et son impact dans les affaires temporelles — car à quoi servirait la religion si elle ne parvenait pas à changer l'homme, y compris dans son comportement social ? Et avec Pierre Terrail, c'est toute la chevalerie qui est magnifiée. Sa force, son courage, ses qualités humaines furent dignes d'un héros romanesque du cycle breton.

Ce fut à l'âge de quatorze ans que Pierre quitta sa famille pour faire l'apprentissage des armes, après avoir été élevé dans la piété par sa mère et son oncle, Laurent Alleman, alors évêque de Grenoble. Parce que son fief était tout proche de la frontière séparant le Dauphiné de la Savoie, et non loin de Chambéry, il fut admis comme page du duc de Savoie.

Une vie militaire brillante

Le courage de Bayard ne fut pas la seule vertu qui en fit un héros. En effet, tout autant que ses qualités guerrières, celles de son esprit furent dignes d'éloges et, selon que le signale Paul-Joseph Micouloux, curé de Saint-André à Grenoble, dans la plaquette éditée pour la célébration du quatrième centenaire de sa mort, « s'il ne fut pas un saint, il eut la bonté d'un grand chrétien ».

Néanmoins, les vertus chrétiennes d'un chevalier nous sont devenues quelque peu incompréhensibles : comment accorder la douceur évangélique, l'amour du prochain ou tout au moins le pardon des fautes, et les faits et gestes de ceux qui devaient, sur les champs de bataille, pourfendre afin de ne pas être pourfendus ?

De cela témoigne l'épisode qui va suivre, et qui démontre aussi que le sens de l'honneur n'était pas alors un vain mot.

« Un jour, un grand d'Espagne, de Sotto-Mayor, cousin de Gonzalve de Cordoue, lui ayant manqué d'égards, il le provoqua, selon les lois du temps, en un duel à mort. Arrivé sur le terrain, il se jeta à genoux, pria dévotement, baisa terre et fit un grand signe de croix. Puis, se relevant, il pourfend son adversaire qui tombe roide mort. Aussitôt, les trompettes françaises éclatent en sonneries triomphantes. Il leur impose le silence et, en face des deux armées, il s'agenouille pour remercier Dieu de sa victoire et, par trois fois, baise terre, arrachant des larmes à tous les témoins d'une scène si émouvante [1]. »

Sans doute savait-on, en ce temps-là, qu'il existe aussi un Jésus qui, sans haine et sans violence gratuite, tressa un fouet et chassa les marchands du Temple.

Les exploits de Bayard sont réellement surprenants et se situent sur la limite fragile au-delà de laquelle la légende prend le pas sur la vérité historique. Ainsi, sur le Garigliano, il défendit seul la tête d'un pont contre deux cents Espagnols qui tentaient de forcer le passage. A Padoue, il renverse trois barricades dont on dit que seul le canon eût pu en venir à bout, en faisant seulement tournoyer sa lourde épée qui brisait tout ce qu'elle rencontrait ! A Mézières, il sauva la France de l'invasion en défendant avec ses hommes la place que d'autres avaient désertée. Au reste, l'admiration que lui portait François Ier était justifiée.

Cependant, pour obtenir une place de choix auprès du monarque, il fallait être aussi habile intrigant que guerrier émérite, et les combats de salon ne furent jamais du goût de Pierre Terrail. Comme tous les êtres extraordinaires, il suscita de nombreuses jalousies, et des intrigues se nouèrent autour du gentilhomme provincial, qui ne pouvait se prévaloir d'une haute naissance. Sa carrière fut entravée par la haine et les injustices que le monarque ne sut pas balayer vigoureusement.

Pour ces raisons, sans doute aucun, Guillaume de Gouffier, seigneur de Bonnivet, fut nommé commandant de l'armée d'Italie, alors que Bayard, qui était incontestablement le meilleur combattant de France et — certains l'affirmèrent — de son temps, dut se plier à ses ordres. On sait ce que cela entraîna : l'échec total d'une campagne d'Italie orchestrée par un incapable.

Déjà le preux chevalier avait failli perdre la vie lorsqu'à Rebecq, malgré les remarques et les craintes qu'il avait exprimées, il fut attaqué par les Impériaux. Selon son habitude, et afin de protéger la retraite de ses hommes, il combattit seul, dans des conditions désespérées. Cet épisode marqua le début de tout un cycle de disgrâces.

1. P.-J. MICOULOUX, *Bayard, le chevalier sans peur et sans reproche,* pp. XV, XVI.

Le 30 avril 1524, de Bonnivet abandonne sa position et se replie sur Novare avec, à ses trousses, les troupes du marquis de Pescaire et du connétable de Bourbon. Après le passage de la Sesia, où le frère de La Palisse fut tué, la pression devint de plus en plus importante et la situation brûlante.

La mort d'un héros national

Bonnivet, blessé grièvement, remet le commandement entre les mains de Bayard, mais ce n'est plus qu'une armée en déroute, malade et déprimée, qui est opposée aux Impériaux. Il fallait néanmoins, et pour l'honneur autant que pour la tactique militaire, que l'artillerie et les enseignes fussent sauvées.

De six heures à dix heures du matin, Bayard livre un combat sans merci, aidé par ses troupes, alors que l'artillerie et les enseignes se replient promptement. Las ! Alors qu'une escarmouche de plus venait de s'achever, le chevalier, rejoignant ses troupes, fut frappé par un coup d'arquebuse au flanc droit. Il expira quelques heures après, dans la consternation générale et sous les yeux de ses ennemis qui lui vouaient unanimement une profonde admiration. Tout comme ses ancêtres et selon ses vœux les plus chers, il mourut sur le champ de bataille, mais aucune épée, aucune arme d'hast maniée de main d'homme n'avait pu venir à bout de ce valeureux capitaine. Il fallut l'anonyme mitraille d'une arme à feu, qui cracha la mort au sein de la confusion régnant au cœur de la lutte, pour que mourût Pierre du Terrail, seigneur de Bayard, chevalier « sans peur et sans reproche ».

Les historiens sont unanimes pour affirmer que cette disparition fut un deuil national, mais la douleur fut particulièrement vive dans le Dauphiné.

« Quand les nouvelles de la mort du bon chevalier furent reçues en Dauphiné, dit le Loyal Serviteur, ne fault point particulièrement descripre le deuil qui y fut fait, car les prélatz, gens d'Église, nobles et populaires le faisaient également et, ajoute-t-il naïvement, croy qu'il y a mille ans qu'il ne mourut gentilhomme du pays plainct de la sorte [2]... »

On dit que François Ier, qui avait été armé chevalier à Marignan par Bayard, rapporta à Montchenu, lors de sa captivité à Madrid, les propos suivants :

---

2. *Ibid.*, p. VII.

« Si ton compatriote, le capitaine Bayard, qui était moult vaillant et expérimenté eût été vivant et près de moi, mes affaires eussent mieux tourné... Sa présence m'aurait valu cent capitaines... Et je ne serais pas ici [3] ! »

Sans doute le moment eût-il été bien choisi de regretter la nomination de Guillaume de Goffier à la tête de l'armée d'Italie. Pourquoi ne pas avoir pensé, alors qu'il en était encore temps, au chevalier « moult vaillant et expérimenté » et lui avoir préféré le seigneur de Bonnivet, amiral de France, qui était tout le contraire ? Ce sont là des erreurs qui coûtent très cher à un monarque, mais que pouvait le preux et pur Bayard contre les intrigues de cour ? Jusqu'à la Révolution on célébra, le 27 septembre, la délivrance de Mézières puisque le noble Dauphinois était devenu, après cela, le « Sauveur de la patrie ».

« Comme pour Jeanne d'Arc, la liturgie elle-même se fait l'écho des sentiments populaires. Au sacrifice de la messe, quand le prêtre, tourné vers le peuple, disait, selon la formule gallicane " Priez mes frères, pour le roi ", il ajoutait " et pour Bayard qui a sauvé le royaume de France " [4]. »

Le mausolée de l'église Saint-André

Lorsqu'on examine les faits historiques avec le nécessaire recul qui fait disparaître des analyses les préjugés de toutes sortes, la vérité apparaît souvent moins merveilleuse... et parfois plus énigmatique. Ainsi en est-il des honneurs funéraires rendus au chevalier Bayard, selon que l'a fort bien démontré, en un résumé précis, Paul Dreyfus dans son ouvrage, *Grenoble de César à l'Olympe*.

Bayard mourut donc le 30 avril 1524 et ce ne fut que le 20 mai que sa bière arriva à Grenoble. Un service religieux avait cependant été célébré à Turin le 9 mai, soit plus d'une semaine après le décès ! Réellement, on ne paraissait être guère pressé de rendre au héros les honneurs qui lui étaient dus... Mais là ne s'achève point le curieux cheminement de la dépouille.

Bien que des prières aient été dites lors de l'arrivée du cortège funèbre il faudra attendre, pour célébrer la messe solennelle, que Laurent II Alleman, alors évêque, regagne la ville. Or il se trouvait à Saint-Sernin de Toulouse, dont il était abbé. Néanmoins, le

---

3. *Ibid.*
4. *Ibid.*, p. VI.

24 juin, il se résout à rentrer afin de célébrer l'office... le 5 juillet !

« On pourrait penser qu'une fois chantés les nocturnes et les derniers cierges éteints, on se mit en devoir d'inhumer Bayard. Détrompons-nous. La mise en terre du chevalier eut lieu, près de deux mois plus tard, le jeudi 24 août 1524, jour de la Saint-Barthélemy [5]. »

« La raison de ce long délai ? interroge Paul Dreyfus. Il faut achever la construction du caveau au couvent des Minimes de la Plaine, sépulture de la famille Alleman. Cent seize jours après son décès, on y dépose enfin le chevalier sans peur et sans reproche [6]... »

Là ne s'arrêtent pas les vicissitudes de la sépulture de Bayard. En 1795, on transporte le mausolée du couvent des Minimes à l'église Saint-André et le baron d'Haussez, préfet de l'Isère, pense à juste titre, en 1822, qu'il serait bon que les cendres de Bayard fussent elles-mêmes transportées dans le même lieu. On exhume donc les ossements que l'on dépose dans le bras gauche du transept de l'édifice religieux.

Trente ans après cela, nouveau coup de théâtre : J.J. A. Pilot affirme que ce ne sont pas les restes du chevalier qu'on a transportés là ! Il faudra attendre le 27 juillet 1950 pour qu'une enquête soit ordonnée. Ouvrant alors le caveau avec appréhension, Albert Ravanat avait affirmé dans son opuscule, *Les Cendres de Bayard*, que le squelette était celui d'un sujet féminin...

« On découvre une quinzaine d'ossements divers, appartenant à plusieurs squelettes, dont effectivement celui d'une jeune fille [7] ».

Et l'on n'est pas certain que ce soit là le fin mot de l'histoire, puisqu'en 1937 d'autres ossements ont été exhumés à l'emplacement de l'ancienne chapelle des Minimes, que l'on s'est tout de même décidé à examiner en 1965. Parmi les huit corps, auxquels appartiennent les cent soixante-sept restes, se trouve-t-il celui de Bayard ? Les touristes qui visitent le mausolée grenoblois en méditant ses exploits prient-ils sur sa tombe ? Saura-t-on un jour authentifier réellement les ossements du chevalier dauphinois ?

Autant de questions auxquelles on ne peut répondre, faute de preuves suffisantes, tout en regrettant cependant la légèreté de tous ceux à qui échut, dès la mort du preux capitaine, la tâche de perpé-

---

5. Gaston LETONNELIER in Paul DREYFUS, *Grenoble de César à l'Olympe*, p. 47.

6. Paul DREYFUS, *Grenoble de César à l'Olympe*.

7. *Ibid.*, p. 47.

tuer dignement sa mémoire. Pour l'heure, sa statue demeure, face au palais de justice de Grenoble, qui le représente posant ses lèvres sur la garde de son épée.

Le palais de justice

Sur l'emplacement du solide édifice delphinal, fut élevé le palais qui devait abriter le Parlement dauphinois, ainsi que la Cour des comptes, créée par Humbert II en 1337. Les eaux de l'Isère venaient alors baigner les murs de la construction hétéroclite qui s'agrandissait de façon plus ou moins désordonnée, selon les besoins du moment. On ne peut pas dire, si l'on se réfère aux lithographies anciennes, que cette bâtisse avait un réel attrait, et il faudra attendre qu'un homme de goût et de génie vienne la parachever au XVIe siècle pour qu'elle soit, réellement, digne d'intérêt.

Quelques éléments de l'édifice primitif sont cependant dans la droite ligne de l'art gothique finissant, donc « flamboyant », qui n'avait déjà plus l'attrait de celui du XIIIe siècle. Les surcharges nombreuses, l'ornementation trop riche et souvent proche de la lourdeur dénotaient déjà la dégénérescence d'un style architectural qui demeurera, cependant, comme le témoignage le plus authentique de l'élan spirituel du Moyen Age.

Néanmoins, l'entrée gothique du palais de justice grenoblois est d'une élégance remarquable, ainsi que la chapelle et la Cour des comptes.

On sait combien les tailleurs de pierre et architectes aimaient, encore au XVIe siècle, graver dans la pierre les témoignages d'un mode de pensée qui parfois déroute l'homme moderne. Quelle est la signification de ces griffons, de ces dragons, de ces scènes étranges sculptés dans un but obscur ? Depuis un quart de siècle environ, de nombreuses études ont prouvé que tous ces symboles n'avaient pas uniquement un but ornemental, et ne sont pas, non plus, les témoignages d'une imagination débridée, ou la matérialisation de fantasmes psychiques. Ils sont, en réalité, les « mots » d'un langage particulier qui s'adresse aussi bien au vulgaire qu'à l'initié car, comme pour les hiéroglyphes égyptiens, des lectures à plusieurs niveaux sont possibles.

Il est curieux, par exemple, que l'on ne veuille voir dans le visage feuillu qui orne un cul-de-lampe de l'entrée du Parlement dauphinois qu'un banal personnage à volutes tenant dans sa bouche un fruit rond, symbole du péché originel. Une simple et attentive visite permet en fait de constater qu'il s'agit de l'une des multiples représentations du *Verbe*. Ce « visage végétal » au menton très rond et à la bouche entrouverte représente l' « esprit végétal » du printemps, ce génie familier qui produit toute végétation et dont le souffle vivifie la nature. Le symbolisme hermétique s'est emparé de ce thème, tel que l'atteste Fulcanelli dans *Les Demeures philosophales*, décryptant un bas-relief, en tous points analogue, d'une maison de Lisieux, bas-relief qu'il assimile à l'une des représentations du célèbre « Baphomet » templier [8].

Dans ce même couloir gothique du palais de justice, on peut contempler un très bel exemplaire du « dragon qui se mord la queue », dont le sens symbolique est très connu. Il s'agit, en effet, du serpent ou dragon gnostique dont les origines remontent à l'école d'Alexandrie, d'où devait sortir le célèbre *Corpus hermeticum* qui en est comme la synthèse intellectuelle et spirituelle [9].

Dans certains manuscrits, dont l'un a tout particulièrement été étudié par le chimiste Berthelot, une inscription se trouve au centre du cercle que trace ainsi le serpent.

L'énigme du temps

Pour la pensée gnostique, le temps était cyclique et la vie suivait donc la courbe d'un *éternel recommencement* ou *éternel retour*. Les événements se répétaient donc, selon cette optique, de façon analogue, en sorte que, fatalement, ce qui fut sera, et cela identiquement.

L'inscription *« un le tout »* que le dragon, ailé ou aptère, entourait, est riche d'enseignements divers. Certes, elle se rapporte au grand cycle unique de vie, qui est en lui-même l'image de la totalité événementielle vitale. Mais dans la conception hermétique et alchimique du symbole, elle se rapporte aussi à l'unité de la matière, puis à celle de l'univers. Le serpent temporel représente, conséquemment, la croyance en un univers unique et fini, voire clos, que les chercheurs et philosophes de la Renaissance — et avant eux

---

8. Cf. FULCANELLI, *Les Demeures philosophales*, t. I, p. 200.
9. Cf. La réédition du *Corpus hermeticum* aux Éditions de la Maisnie : « Hermès Trismégiste », traduction et introduction par Louis Ménaud, Paris 1977.

Nicolas de Cuse — feront éclater, démontrant qu'en fait l'univers pouvait fort bien être infini.

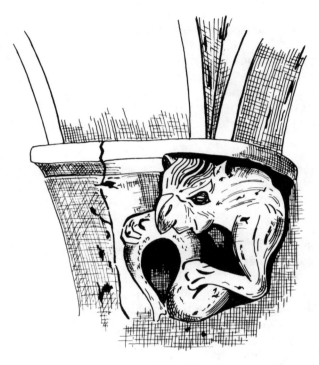

Palais de justice de Grenoble : l'ouroboros gnostique.

La théologie chrétienne ouvrait également le cercle gnostique représenté symboliquement par le reptile qui, éternellement, se dévore et se régénère, et le transformait en une spirale ascensionnelle, plaçant l'univers dans un état de perpétuel devenir. Tout fatalisme disparaissait ainsi, et la notion de « construction » individuelle et collective d'un monde non encore achevé faisait son apparition, augmentant considérablement l'importance de la notion de libre arbitre. On pourrait, du reste, disserter longuement au sujet du merveilleux symbole grenoblois, qui n'est que la réplique de tous ceux qui représentent, analogiquement, le *cercle cosmique*.

Il serait bon, dès lors, que le visiteur ne passe pas trop hâtivement devant ce beau cul-de-lampe, et qu'il se laisse transporter par la profondeur de l'enseignement philosophique qu'il dispense depuis de nombreux siècles, à l'attention de tous les hommes de bonne volonté.

On a tôt fait, lorsqu'on ne possède aucune culture dans le domaine du symbolisme traditionnel, de traduire ces témoignages du passé avec légèreté, et selon notre mode de pensée moderne. Mais que peuvent nos yeux de myopes, blessés par les lumières trop vives, et nos esprits engourdis par le manque d'exercice, en un domaine où la sagacité et l'intuition sont de rigueur ?

Car tout cela, il est bon de le répéter, répond à une logique, mais qui n'est plus celle du siècle où nous vivons.

Pierre Bucher (1510-1576), artiste et procureur général du roi

Ce modeste livre de pierre qu'est le palais de justice verra ses dernières pages achevées par un homme brillant et non moins singulier qui saura ennoblir et transformer l'édifice.

Né en 1510 à Grenoble, Pierre Bucher y fut reçu docteur en droit et, âgé de vingt-cinq ans à peine, il figura au nombre des candidats parmi lesquels devait être choisi le consul. Nul doute, par conséquent, qu'il ait été un jeune homme brillant et méritant. Aux environs de 1535, il entra au barreau de la ville où il exerça la profession d'avocat jusqu'en 1539, date à laquelle il fut nommé substitut du procureur général du Parlement.

Le 11 août 1553, après avoir rendu de nombreux services à ses concitoyens, il obtint du roi la responsabilité du parquet général du Parlement et, à cette occasion, il fut anobli. Il devint seigneur de Saint-Guillaume, Saint-Andiol-de-la-Chapelle, Saint-Aignan et Saint-Martin-en-Vercors. Son blason « d'azur à un soleil d'or à la bordure de même » était accompagné par la devise latine *« neque munera nec preces »*, ni sollicitations ni prières, démontrant qu'il savait se montrer inflexible et dur. Cela n'excluait certes pas qu'il fût un homme d'une grande justice.

« Ce qui permet de penser que son extrême dureté n'était inspirée que par l'extrême rigueur de ses principes, ce sont les interventions courageuses auprès des plus hautes autorités pour assurer la défense des humbles, lorsqu'il estimait, hors de toute question religieuse, qu'ils étaient pressurés ou maltraités [10]. »

Jusqu'au 15 avril 1571, il resta à la tête du parquet général du

---

10. René FONTVIEILLE, *Le Palais du Parlement du Dauphiné*, p. 17.

Parlement, mais il fut également doyen de l'université de Grenoble, jusqu'à ce que celle-ci disparaisse.

« Ces tâches écrasantes pour d'autres, nous dit René Fontvieille, ne suffisaient pas à cet homme extraordinaire. Il trouvait le temps de tracer les plans de son hôtel, rue de la Brocherie, ainsi que ceux du palais du Parlement, qui lui doit son admirable façade. Non content de penser et de diriger, il prenait le ciseau de sculpteur et dégageait soit dans la pierre noire de Mésage, soit dans le marbre blanc de Vizille, des œuvres qui peuvent être considérées comme ce que le XVIe siècle a produit de plus vivant en Dauphiné [11]. »

Au demeurant, ces propos pourraient, par-delà les siècles, s'appliquer également à René Fontvieille qui, malgré sa charge de président à la cour d'appel de Grenoble, trouva le temps de livrer aux Dauphinois des œuvres historiques remarquablement originales. Dans l'atmosphère studieuse de la bibliothèque municipale, il était fréquent de le rencontrer penché sur quelque vieux document dont il savait toujours tirer la « substantifique moelle ». On lui doit une fort belle biographie de Pierre Bucher, où toutes les facettes de ce personnage complexe sont mises en évidence.

---

11. *Ibid.*, pp. 16-17.

2.

Le duc de Lesdiguières et Nicolas Fouquet

Au son du canon

Entre 1576 et 1590 Lesdiguières tenta cinq fois de s'emparer de la ville de Grenoble. Lors de la dernière bataille, alors qu'il occupait le faubourg Saint-Laurent investi grâce à des complicités, l'artillerie tonna, trois semaines durant, de part et d'autres du fleuve. C'en était trop pour les fragiles vitraux de la Chambre des comptes toute proche qui volèrent en éclats, dans le fracas des canonnades.

L'ensemble ne manquait cependant pas d'intérêt et mérite sans doute d'être remis en honneur, par le truchement de la description que nous a laissée un officier de cette Chambre.

Le symbolisme qui s'y inscrivait avait trait, d'une part, aux vices et aux vertus et, d'autre part, aux caractéristiques morales conférées, selon la croyance astrologique, par les différentes planètes. Il s'agissait donc, en quelque sorte, d'un résumé des caractères humains que dépeignaient des scènes précises accompagnées par des tercets et des quatrains.

De Saturne, dont on sait qu'il figurait en bonne place, le quatrain n'a pas été rapporté, et c'est le seul qui nous manque. Jupiter, pour sa part, se définissait ainsi :

« Par mon regard bénin et doux / Maistre je faiz homme prudent / Humble, courtois, plaisant à tous / A grand honneur toujours tendant. »

Mars, planète de la guerre et de l'action, rapportait aussi ses caractéristiques.

« Turbulent suis, rouge, sanguinolent ; / Regard Hydeux ; çà et là fouldroyant. / Cruel, meurtrier, n'ayant rien que discorde / Qui soubs moy naist est sans miséricorde. »

Le Soleil, roi des astres, ne pouvait faillir à sa réputation :
« Par la vertu des raix issans / De mon regard bien ordonné / Herbes, arbres sont florissans ; / L'homme je facts noble estre né. »

On remarquera qu'il s'agit bien de caractéristiques astrologiques, puisque l'on trouve, en guise de justification, « par la vertu » ou « par mon regard », autrement dit par les influences occultes et agissantes au sein de la nature.

Mercure ne pouvait que mettre l'accent sur l'agilité d'esprit des hommes qu'il gouverne :
« D'ung outil agu qui tout transperce / Subtile l'homme en tous arts : / Langue grecque, latine et perce / Je lui donne par mes regards. »

La lune, divinité de la chasse, affirmait :
« Qui soubs moy né se treuvera / Aymera desenit de la chasse / Sera prompt, légier quoiqu'il fasse / Et toute luxure fuyra. »

Traditionnellement, les planètes étaient au nombre de *sept*. Donc, si l'on exclut ici la Terre, où les hommes naissent, vivent et meurent, il manque Vénus, que l'officier de la Chambre des comptes semble avoir oubliée. Un quatrain, néanmoins, s'y rapporte sans doute, qui devait accompagner la représentation de l'Étoile du berger, planète de l'amour.

« Sans épargner courd (cœur) ni aspect / Mon regard jette sur les yeux / Couvertement et en appert / Par doux oueil sur ses amoureux. »

Les autres sentences, accompagnées de scènes allégoriques, se rapportaient plus précisément à certains défauts humains, telle *l'avarice* :

« Je hays cela surtout : rien / Je ne veux qu'amasser chevance. »

La prodigalité : « Je donne l'aultruy et le mien / Et n'aime qu'à faire dépense. »

La gourmandise : « Je n'ay aultre Dieu que ma panse / Sans cesser de fourrer dedans. »

L'imprudence : « Quand une chose est presque bien, / On la doibt en ce point laisser. Mieux vault de tenir le moyen / Que trop vouloir subtiliser. »

Le manque de discernement : « Je tiens celui pour affoullé / Qui a faveur à luy contraire / Car en voulant, à aultruy plaire / En portant l'un l'autre est foulé. »

Ou encore l'opportunisme : « Tel monte bien hault pour cuillir / les plus meures et remplir ses manches / Que l'on voit du haut en bas saillir pour se cuider fier aux branches. »

Ce que contredit le conseil suivant : « Pour estre seur, sans craindre rien / Bon fait de tenir le moyen. »

Et puis il y avait cette mise en garde sibylline que chacun pouvait méditer : « Mal faict cuillir, je l'appercoy / Prunes, avec plus grand que soy / Mieux vault compaignie de sorte / Qu'un grand seigneur qui tout emporte. »

Enfin, pour que l'on ne pût douter de l'efficacité de la Justice, un fou en chaire affirmait : « Je suis en chière, afin qu'on m'oye, / Ce vieil dicton que je résume : / Qui du roy mangera son oye, / Quoiqu'il tarde, en rendra la plume. »

Peut-être avait-on voulu mettre l'accent sur la vanité des biens terrestres, en représentant une pie qui faisait son nid, accompagnée d'une phrase en italien : « *Fato lo nido more la gasse* » (le nid fait, meurt la pie).

C'étaient là, en tout cas, des témoignages artistiques singuliers qui n'auront pas survécu à l'ambition de Lesdiguières. Il se pourrait fort bien aussi que ce fût le canon que les défenseurs avaient hissé sur le clocher de l'église Saint-André qui ait fait voler en éclats les vitraux. Il n'en est pas moins vrai que les trois semaines de combat menées près du pont sur l'Isère causèrent, de part et d'autre, de graves préjudices.

François de Bonne, duc de Lesdiguières

Qui était-il, cet attaquant farouche et ambitieux, huguenot de surcroît, qui venait ainsi assiéger la ville ? Né le premier jour d'avril 1543, à Saint-Bonnet-sur-Champsaur, il n'avait, pour toute garantie de réussite, que son énergie et son désir de s'imposer. Son caractère n'avait cependant rien de commun avec celui du baron des Adrets, qui sema la terreur dans tout le sud-est de la France, et fit couler à flots un sang innocent, alors même que Lesdiguières n'était qu'un enfant.

Ce dernier saura toujours allier modération et esprit d'entreprise, alternant tour à tour, selon les circonstances, fermeté et tolérance, afin d'atteindre les buts qu'il s'était fixés. En 1590, il parvient à conquérir Grenoble et fait preuve d'une grande modération en entrant dans la ville. La douloureuse période des guerres de religion semblait s'achever ainsi, dans une paix relative et sans inutiles massacres.

Bien qu'il fut avant toute chose un militaire, Lesdiguières sut rétablir, avec la même efficacité qu'il avait montrée dans les combats, l'ordre administratif dans la province. Devenu lieutenant général du Dauphiné, il s'appliqua à lancer une importante campagne de travaux qui furent, notamment pour la ville de Grenoble, très bénéfiques. Réparant les routes, installant des fontaines publiques, faisant jeter des ponts, dresser des remparts, bâtir des édifices publics, embellir ceux déjà existants, partout celui qui sera plus tard connétable se signale comme un zélé défenseur du patrimoine de la région dont il a la responsabilité.

Ses facultés d'adaptation aux situations les plus diverses sont étonnantes, et seule une vive intelligence lui permit de gravir un à un les degrés de la gloire. Ne l'avait-on pas surnommé, au demeurant, « le renard des montagnes »? On ne peut que demeurer admiratif devant une vie aussi remplie et une énergie aussi rayonnante : il ne fallut pas plus que quelques années pour que Grenoble fût transformée !

Marie Vignon et le scandale de son veuvage

Claudine de Béranger, première épouse de Lesdiguières, mourut en 1608.

« Depuis lors, Lesdiguières avait installé dans sa maison Marie Vignon, femme d'un marchand de soie de Grenoble, nommé Ennemond Matel. Cette femme " belle, de bonne grâce et d'un esprit accort, tel qu'elle l'a fait paraître en la conduite de sa fortune ", prit bientôt un tel ascendant sur l'esprit du maréchal, qu'elle put concevoir l'espérance de se faire épouser un jour [1]. »

Il y avait cependant, entre Lesdiguières et Marie Vignon, Ennemond Matel qui, malgré sa discrétion, n'était pas moins un obstacle de taille qu'il fallait éliminer pour mettre ce projet de mariage à exécution. On employa donc les grands moyens pour satisfaire le duc vieillissant, dans l'esprit duquel la jeune et accorte Marie avait jeté quelque trouble.

L'opération fut mise sur pied par le colonel Allard, agent diplomatique du duc de Savoie détaché depuis 1614 auprès de Lesdiguières. Et, un soir, alors que l'infortuné marchand de soie revenait de la ferme de la Tailla, la mort le surprit au détour d'un chemin. Malgré les précautions prises par l'organisateur de cet assassinat, il y eut un témoin de la scène, que l'on arrêta comme étant le principal suspect. Cependant, de rebondissement en rebon-

---

1. A. PRUDHOMME, *Histoire de Grenoble,* p. 444.

dissement, la rumeur populaire commença à gronder et le scandale éclata au grand jour. Allard fut arrêté par le Parlement et inculpé de meurtre.

C'était compter sans l'impétuosité du duc de Lesdiguières qui, quittant le château de la Verpillère, se rendit à Grenoble à bride abattue, afin de délivrer personnellement le prisonnier. Le Parlement bafoué ne recueille, à la suite de ses plaintes, que les reproches du lieutenant général, mais obtient, après quelques pourparlers, l'autorisation de se saisir à nouveau du colonel Allard, à condition de le délivrer, par la suite, sans tarder ! Ainsi chacun tirerait les marrons du feu, bien que la situation fût indéniablement ridicule. Allard n'avait certes pas attendu qu'on délibérât pour quitter le pays.

Ne trouvant pas d'asile en Savoie, il se rendit à Milan où il fut assassiné à son tour : la justice de Dieu semblait ainsi avoir pris le pas sur les compromissions des hommes.

Le 16 juillet 1617 Guillaume Hugues, archevêque d'Embrun, bénit l'union du maréchal et de Marie Vignon, alors appelée marquise de Treffort, bien qu'elle fût catholique et le vieux duc protestant...

Ses problèmes sentimentaux étant réglés, il ne reste plus à Lesdiguières qu'à franchir les dernières marches de la renommée. Il est déjà lieutenant général du Dauphiné, maréchal, duc et pair, mais il voudrait être nommé gouverneur et connétable de France. Il n'accéda à cette dernière charge, pour l'obtention de laquelle il était en concurrence avec Luynes, qu'au prix de sa conversion à la religion catholique. Entre la foi protestante et les honneurs temporels, le duc n'hésita pas un instant et le 24 juillet 1622, en l'église Saint-André, il abjura le protestantisme devant l'archevêque d'Embrun, les membres du Parlement et la noblesse dauphinoise. Il ne faudrait pas croire, cependant, ainsi que le fait remarquer avec justesse Paul Dreyfus, que le duc ait obéi à la seule ambition. Pourquoi ne verrait-on pas dans cette conversion la rencontre de deux courants, l'un personnel, profond et spirituel, qui fut le fait de longues réflexions et de prises de conscience successives, sous l'instigation de certaines personnalités éminentes du catholicisme ; l'autre, plus matériel, étant l'aboutissement de tous ses désirs de réussite et de puissance ?

Ainsi réconcilié avec lui-même et avec les catholiques, ayant obtenu le commandement suprême de l'armée de France à l'âge de soixante-dix-huit ans, celui qui fut un inlassable combattant et un infatigable cavalier pouvait enfin se sentir satisfait.

Le 28 septembre 1626, âgé de quatre-vingt-trois ans, il mourait à Valence, laissant le souvenir d'un homme exceptionnel, dont ses successeurs, le maréchal de Créqui, son gendre, et François de Bonne, son fils, ne possédèrent pas toutes les vertus diplomatiques, bien qu'ils sussent continuer dignement la tâche d'expansion et de rénovation urbaine qu'il avait entreprise. Louis XIV recevra des mains des ducs de Lesdiguières un Dauphiné pacifié et unifié, qui contrastait considérablement avec le territoire que connut le jeune François de Bonne, lorsqu'il entreprit, à l'âge de trente-trois ans, de conquérir fièrement Grenoble.

Nicolas Fouquet : de l'intendance du Dauphiné à la surintendance des Finances

Lorsque Louis XIV se trouva dans l'obligation de choisir un intendant pour le Dauphiné, il nomma Nicolas Fouquet, qui s'installa place du Breuil, l'actuelle place Grenette, en 1644. Le jeune fonctionnaire, qui ne jouissait pas encore de la renommée qui sera la sienne plus tard, a de vastes pouvoirs dans les domaines de la justice et des finances. Certes, sa fortune est encore bien éloignée de celle qu'il connaîtra par la suite, et grâce à laquelle il fera édifier le somptueux château de Vaux.

Quelques mois après son installation, il quitte la ville, le 11 août 1644. A. Prudhomme nous apprend que « sa carrière faillit être brusquement arrêtée par une mort vulgaire », car à Valence le conseiller Ducros fut tué et Fouquet, ainsi que le conseiller Costa, fut blessé lors d'une émeute provoquée par la promulgation des édits fiscaux. Pour le reste, sa carrière dauphinoise sera calme et sans éclat, bien que le personnage mérite qu'on s'y attarde, à plus d'un titre. Mettant en application la devise qu'il s'était choisie, *« quo non ascendam »*, (jusqu'où ne monterai-je pas), Nicolas Fouquet sut gravir une à une les marches de la fortune. Devenu surintendant des Finances par la grâce de Louis XIV, il traverse la Fronde sans dommage, restaure les finances de la France et en profite pour augmenter sa richesse dans des proportions considérables. Avant même que Versailles ne soit édifié, il fait construire le château de Vaux-le-Vicomte, qui ne fera qu'attiser la jalousie du roi.

Doté d'une extraordinaire bibliothèque, Fouquet se fait l'ami des artistes et distribue ses deniers à la ronde. Parmi ses protégés, Jean de La Fontaine et Nicolas Poussin se distinguent tout particulièrement. Or, très justement, ses liens avec Poussin suscitent de bien étranges prolongements, selon que l'a montré Gérard de Sède dans l'un de ses ouvrages.

« En 1656 Nicolas Fouquet envoie à Rome, pour une mission dont nous ignorons la nature, son frère cadet l'abbé Louis Fouquet qu'il charge de prendre contact avec Poussin, alors âgé de soixante-deux ans. Et c'est une bien singulière lettre que l'abbé envoie au surintendant pour lui rendre compte de l'entrevue :

Rome le 17 avril 1656

« J'ai rendu à M. Poussin la lettre que vous luy faites l'honneur de lui escrire, il en a témoigné toute la joie imaginable. Vous ne sauriez croire, Monsieur, ni les peines qu'il prend pour vostre service, ni l'affection avec laquelle il les prend, ni le mérite et la probité qu'il apporte à toutes choses. *Luy et moi nous avons projeté certaines choses dont je pourrai vous entretenir à fond dans peu, qui vous donneront par M. Poussin des avantages que les roys auraient grand-peine à tirer de lui, et qu'après lui peut-être personne au monde ne recouvrera dans les siècles advenir, et, ce qui plus est, cela serait sans beaucoup de dépenses et pourrait même tourner à profit, et ce sont choses si fort à rechercher que quoi que ce soit sur la terre maintenant ne peut avoir meilleure fortune ni peut être égale* [2]. »

Quel pouvait être ce secret extraordinaire ? Gérard de Sède, à l'issue d'une patiente recherche, y voit la découverte, par Poussin, d'un fait ayant trait à la légitimité des rois de France : la race des Mérovingiens ne serait point éteinte et, conséquemment, la couronne reviendrait non pas à Louis XIV, mais au dernier des descendants mérovingiens. Cependant la lettre fait état d'un « ensemble de travaux », certes de manière déguisée, mais le « peu de dépenses » et le « profit » subséquent évoquent bien une entreprise. Il est fort possible qu'il s'agisse, comme l'a suggéré le professeur Jacques Thuillier, et Gérard de Sède à sa suite, de fouilles archéologiques, qui seraient donc en rapport avec le fameux secret... Ne peut-on pas penser aussi à une tout autre suite de travaux, et plus précisément à ceux du Grand Œuvre d'alchimie, qui étaient alors poursuivis par beaucoup de chercheurs isolés ? Les textes traditionnels n'évoquent-ils pas le « vil prix » des matériaux et l'insigne « récompense » qui en résulte ? Il n'est pas impossible que Nicolas Poussin ait été initié par un occulte personnage et que, fort de son savoir, il ait voulu entreprendre cette recherche. Les termes de la

---

2. Gérard de SÈDE, *La Race fabuleuse*, p. 129.

lettre s'accordent tout à fait avec les propos des auteurs anciens ; ce secret dépasse, en noblesse, celle des rois, et la pierre philosophale est le plus grand des trésors terrestres.

On peut ainsi expliquer le tableau de Poussin évoqué par Gérard de Sède, *Les Bergers d'Arcadie,* où les personnages se rapportent aux couleurs symboliques des phases de l'Œuvre d'alchimie par la couleur de leurs habits : le *bleu,* équivalent au noir, le *blanc,* et le *rouge.* Dès lors l'inscription qui se trouve sur le sarcophage que scrute l'un des bergers s'éclaire : *« Et in Arcadia ego »,* Et moi aussi je suis allé en Arcadie. Autrement dit, Poussin aurait touché au rivage de l'île des bienheureux, sinon effectivement, à tout le moins potentiellement. Il y a encore ceci : le tombeau, dans le symbolisme alchimique, représente la matière non encore ouverte, au sein de laquelle s'effectuent la putréfaction et la régénération, c'est-à-dire, dans ce cas précis, l'œuf des Philosophes...

Vers la forteresse de Pignerol

Inquiété par la puissance sans cesse grandissante de Nicolas Fouquet, mis en garde par Colbert qui voit dans cette rivalité une occasion d'augmenter son influence auprès du roi, Louis XIV fait arrêter le surintendant.

Depuis quelque temps déjà, ce dernier s'entourait d'une remarquable prudence. Était-ce sous le coup des révélations de Poussin, qui l'avaient quelque peu effrayé ? Arrêté en 1661 par le capitaine d'Artagnan, il fut jugé puis emprisonné en 1664, un an avant la mort de Nicolas Poussin.

Ce lui fut l'occasion de traverser une dernière fois la province dont il avait été intendant, pour franchir les Alpes et être enfermé dans la forteresse de Pignerol. On ne gardait certes plus le souvenir du jeune fonctionnaire qu'il avait été, lorsque le carrosse sillonna les rues de Grenoble, anonymement, accompagné d'une faible escorte. Tout était brisé, et sans doute fallut-il que par sa puissance Fouquet devînt menaçant pour que de telles mesures fussent prises.

Là ne vont pas s'arrêter, du reste, les infortunes et les singularités auxquelles Fouquet semble avoir été voué par le sort. Car son séjour à Pignerol, durant plus de trois lustres, sera entouré d'autres mystères que l'Histoire n'a pas encore élucidés. On a même voulu que le surintendant disgracié fût le Masque de fer.

Sur le séjour dans la forteresse, le livre de Marcel Pagnol se révèle précieux, à plus d'un titre [3]. Tout d'abord parce qu'il est concis et clair, et aussi parce qu'il est une synthèse des principaux travaux consacrés à ce thème célèbre. Mais Pagnol ne s'arrête point à la pure compilation ; il échafaude une thèse intéressante et inédite, tout en décrivant les événements qui eurent lieu derrière les épaisses murailles, et dont les principaux acteurs furent Nicolas Fouquet, Antoine de Lauzun, Saint-Mars, gouverneur de la prison, et un dénommé Eustache Dauger dont la personnalité réelle demeure inconnue mais qui fut, selon Marcel Pagnol, le véritable Masque de fer. En fait, rien n'est absolument convaincant, faute de documents, et aussi à cause du chassé-croisé extraordinaire qui eut lieu entre les quatre protagonistes de l'une de nos plus singulières pages d'histoire.

Nicolas Fouquet fut-il le Masque de fer ?

C'est en effet tout un écheveau d'énigmes qui se tisse au pied des Alpes italiennes, car Fouquet, Lauzun et Dauger ont en commun la connaissance de plusieurs secrets. Le surintendant, déjà, nous l'avons vu, cachait quelque chose qui intéressait fort Louis XIV, et qui l'intrigua tant et si bien qu'il fit donner l'ordre à Saint-Mars de fouiller ses habits et de conserver tous les écrits qu'il découvrirait.

Il y avait ensuite le fameux « Masque »... Qui était-il ? Si ce fut Eustache Dauger, Fouquet et Lauzun partagèrent le secret, car il fut nommé valet de Fouquet. Les deux illustres personnages échangeaient leurs conversations par un trou que Fouquet avait pratiqué dans le plafond de sa cellule. Il y avait aussi La Rivière, son valet ordinaire, qui était au courant de tout ce qui se tramait dans l'ombre de la prison. Cependant, il n'est pas assuré qu'en ce temps-là l'homme qui fut plus tard masqué portait déjà son masque, car aucun document n'en fait état.

Sans entrer dans les détails de la captivité de Fouquet, nous ne considérerons que les conclusions de cette longue affaire qui inquiéta le Roi-Soleil et le troubla fortement.

A la fin du mois de janvier 1680, on annonce qu'à la suite de son pardon, le surintendant va enfin être libéré. Et là, coup de théâtre, il meurt quelques mois après, frappé d'apoplexie ! Avec beaucoup de retard, on prévient sa famille. Et puis « pour que M.

---

3. Marcel PAGNOL, *Le Masque de fer*.

de Vaux reçoive la lettre du ministre, et qu'il vienne jusqu'à Pignerol, il faudra certainement une semaine. On ne lui montrera donc qu'un cercueil dans lequel le corps de son père achèvera de se putréfier. (...) D'ailleurs, il semble bien que la famille ait suivi le conseil de Mme de Sévigné : " Puisque son âme est allée de Pignerol dans le ciel, j'y laisserai son corps après dix-neuf ans."

« Je crois que c'est ce parti qui fut pris, et que le corps du malheureux ne fut jamais remis à sa famille.

« Le bibliophile Jacob l'a clairement démontré : il n'a jamais été déposé dans le caveau des Fouquet, et les recherches ultérieures ne l'ont pas retrouvé [4]. »

Et sans doute n'est-ce point à tort que le bibliophile Jacob considère que cette disparition est la clé du mystère qui entoure le Masque de fer. Car enfin, si Eustache Dauger avait été cet énigmatique personnage, Fouquet aurait eu connaissance de son secret, *puisqu'il n'était pas encore masqué* lorsqu'il devint son secrétaire, et l'eût communiqué à Lauzun. Dès lors, il fallait faire disparaître et Fouquet et Lauzun. Or, pourquoi aurait-on épargné ce dernier ?

Au demeurant cela avait été pressenti par Louvois qui l'exprimait dans une lettre du 8 avril 1680 adressé à Saint-Mars :

« Le Roi a appris par votre lettre la mort de M. Fouquet et le jugement que vous faites que M. de Lauzun sait la plupart des choses importantes dont M. Fouquet avait connaissance, et que le nommé La Rivière ne les ignore pas [5]. »

Mais Fouquet n'avait pas tout révélé à Lauzun. Voici, du reste, la trame probable des événements.

Saint-Mars se débarrasse de Dauger et fait prendre à Fouquet son identité après avoir annoncé sa « mort ». L'une des preuves est que La Rivière, valet de Fouquet, suivra dès lors « Dauger » et deviendra son valet... autrement dit sur ce point il n'y aura aucun changement.

Quant à Saint-Mars, il ne quitte plus son prisonnier qui est, maintenant, *masqué,* et l'on comprend pourquoi, s'il s'agit bien de Fouquet dont la physionomie était tout de même très connue. Les pérégrinations commencent, de Pignerol à Exiles puis, le 17 avril 1687, « Saint-Mars quitte le fort d'Exiles avec toute sa compagnie, sa famille, ses bagages et son unique prisonnier [6] ».

On peut supposer que Fouquet n'a pas encore livré ce secret

4. Marcel PAGNOL, *op. cit.,* pp. 171, 172.
5. *Ibid.,* p. 155.
6. *Ibid.,* p. 209.

qui nécessite qu'on le maintienne en vie, dans l'attente qu'il se résolve à le communiquer enfin. Une troisième installation a lieu à Sainte-Marguerite, semblable aux précédentes : le cachot lui-même doit être construit sur les ordres de Saint-Mars, selon le modèle de ceux de Pignerol et d'Exiles. Le Masque de fer y demeurera prisonnier pendant onze ans, et en ce lieu fait apparition l'accessoire qui cache son visage. On peut évidemment se demander pourquoi on a tant tardé, s'il s'était agi d'Eustache Dauger, rencontré à Pignerol...

En 1696, Saint-Mars prend le commandement de la Bastille et y emmène celui qu'il surveille étroitement depuis des décennies et qui mourut en 1703. Nous possédons à ce sujet le récit de du Junca :

« Le prisonnier inconnu, toujours masqué d'un masque de velours noir... lequel s'étant trouvé hier un peu mal en sortant de la Messe, il est mort le jour d'huy sur les dix heures du soir ... [7]. »

On nous dit aussi que, lors de son enterrement, « le vieux Saint-Mars n'était pas là. Sa présence eût prouvé l'importance du mort ».

Il était sans doute à la Bastille, surveillant les maçons qui piquetaient « jusqu'au vif les murs du dernier cachot, et qui remplaçaient les carreaux du sol ; des geôliers fondaient la vaisselle d'étain, d'autres brûlaient le bois du lit brisé, et les croisillons des fenêtres. On avait des ordres : service du roi [8] ».

Deux choses sont attestées jusqu'à la mort de ce prisonnier : la discrétion dont on entoura sa personne grâce à des précautions très importantes, et les égards dont il fut toujours l'objet.

Certes, il n'est pas certain que Fouquet fut le Masque de fer, mais beaucoup d'éléments de cette énigme portent à le croire, surtout le « passage » de la mort brutale et prétendue de l'ancien surintendant à l'apparition du personnage masqué. Bien que beaucoup de thèses s'opposent concernant l'élucidation de cette sombre page d'histoire, nous penchons pour les résultats mis en lumière par le bibliophile Jacob, auxquels Marcel Pagnol apporte un surcroît de crédit : et cela contre sa volonté puisqu'il croyait à l'existence d'un frère jumeau de Louis XIV.

En tout cas Fouquet garda jalousement le mystère dont il fut dépositaire et qui fit son malheur. Après sa mort et à l'issue de trente-quatre ans d'emprisonnement, il fut enterré sous le nom de Matthioli, afin de brouiller davantage encore les pistes. Certes,

7. *Ibid.*, p. 227.
8. *Ibid.*, p. 229.

Marcel Pagnol a raison d'affirmer que, pour le Masque de fer, cela prouvait que son secret était, dans une certaine mesure, *son nom*.

Singulière destinée, réellement, que celle de cet intendant du Dauphiné qui séjourna de longues années en captivité tout près des Alpes piémontaises, et auquel était promise une brillante destinée.

Mais il est des secrets qui semblent porter malheur à leurs dépositaires, comme s'ils venaient à enfreindre des lois qui dépassent l'activité humaine, et qu'il fallait rendre aveugles les yeux qui ont eu l'audace de lire quelques pages du livre du Destin...

3.

Le mystère de Notre-Dame-de-l'Osier

Un haut lieu dauphinois

Les collines qui bordent la rive droite de l'Isère, faisant face aux contreforts du massif du Vercors, abritent dans leurs innombrables vallons des communes calmes et peu peuplées. A leur pied s'étendent les noiseraies célèbres, qui donnent chaque année leurs fruits prisés bien au-delà des frontières de la province dauphinoise. Déjà, à quelques kilomètres de Saint-Marcellin, nous avons fait une rapide incursion à Saint-Antoine-l'Abbaye, haut lieu de l'Occident chrétien, et c'est tout près du promontoire où se dresse la belle basilique gothique que de bien étranges faits se déroulent depuis le XVIIe siècle. A vrai dire, il ne s'agit pas moins que de miracles dont le sérieux ne fait aucun doute, puisqu'ils ont été attestés par de nombreux témoins, ecclésiastiques et laïcs, et que leur relation se trouve consignée sur des documents dignes de foi. Ici, comme chaque fois que le surnaturel s'en mêle, la réalité dépasse très largement la fiction...

Au hameau des Plantées, devenu Notre-Dame-de-l'Osier, se déroulèrent des scènes déroutantes telles, par exemple, que la résurrection de l'enfant de Jean Salomon et d'Antoinette Perrin, habitants de La Palu, commune proche de Pont-de-Beauvoisin. Voici les faits. Profondément attristé de ne pas avoir pu faire baptiser son fils avant que la mort ne vînt le frapper au berceau, le père fit exhumer le corps, trois jours après les obsèques. On le trouva, disent les textes, sans aucune trace de « flétrissure ni de corruption », ce qui est déjà quelque peu inhabituel. Puis, frappé par les rumeurs qui commençaient à courir au sujet des prodiges qui se déroulaient aux Plantées, il s'y rendit avec la frêle dépouille.

« A peine avait-il reposé trois heures dans ce lieu saint, relate Pierre de Boissac, que les personnes qui observaient cette chère cause de leur tristesse virent ses joues peintes des couleurs de la vie, sa main droite ouverte, et immédiatement après refermée. Ces signes convainquirent tous les assistants de la vérité de sa résurrection. Un d'entre eux baptisa ce petit en l'absence des prêtres, après quoi il alla jouir, par une seconde mort, de l'heureuse immortalité, et les témoins de ce succès le confirmèrent par un acte solennel [1]. »

Et ce n'était pas là un fait isolé, comme en témoigne encore l'aventure vécue par Claude Gonet, habitant de Vinay, dont le fils âgé de trois ou quatre ans, « par une mégarde ordinaire aux enfants de cet âge, se laissa tomber dans le canal d'une blanchisserie. Son père, qui n'était pas loin de là, le saisissant par la tête aussitôt qu'il le put, le tira de sous une roue, sans couleur, sans chaleur, sans respiration : en un mot, sans vie, et l'emporta chez soi, presque aussi mort que le faix dont il était chargé ».

Las ! on ne bénéficiait pas, en ce temps-là — rappelons que ces faits se déroulent au XVIIe siècle — des méthodes modernes de réanimation, et l'on sait que quelques minutes après un arrêt cardiaque et respiratoire le cerveau subit une dégradation irréversible... Du reste Claude Gonet n'appela « point de chirurgien, ne pouvant rien espérer des remèdes humains ; mais il fit prier le curé de venir voir, et voua, par son conseil, une messe à l'honneur de la Très Sainte Vierge. (...) »

Combien d'heures s'étaient-elles écoulées depuis l'accident ? Plusieurs, sans doute, si l'on considère les événements qui le suivirent. Cependant, à peine Claude Gonet « avait-il prononcé les paroles de son vœu, que cet enfant respira, parla, ouvrit les yeux, recouvra le mouvement et la parole. Trois personnes dignes de foi furent témoins de ce succès prodigieux, et donnèrent ordre, par une déposition solennelle, qu'il passât à la postérité [2] ».

Peut-être sera-t-on enclin à ne déceler ici qu'une coïncidence, et niera-t-on que ce fait pût être « surnaturel ».

Mais que dire de ce qui arriva à Jeanne Molé, une pauvresse qui fut pendue haut et court à Valence en 1659 ? Frère Marcelin du Montel, le capucin désigné pour secourir son âme dans les derniers instants de sa vie, fit vœu à Notre-Dame-de-l'Osier de venir prier au sanctuaire qui lui était dédié si elle délivrait Jeanne de la mort affreuse qui l'attendait.

1. *Relation des miracles de Notre-Dame-de-l'Osier,* pp. 47-50.
2. *Ibid.*, pp. 18-19.

Témoin oculaire de ce qui se passa, il décrivit la succession des faits tragiques qui se déroulèrent au pied du gibet.

« Le succès de mon vœu a été que le bourreau l'ayant tourmentée (lui ayant) pressé les cordes qu'elle avait au col, et froissé son nez et sa face, à grands coups de pied, et de toute sa violence, l'espace d'un gros quart d'heure, il ne lui a rien fait souffrir pendant tout ce temps-là, ni altéré son pouls qui est toujours demeuré égal, ni fait sortir une seule goutte de sang, quoi qu'on ait cru qu'elle était morte quand on l'a vue à la potence sans mouvement. (...) »

Après qu'elle a subi ces sévices, on la décroche du gibet et la dépose en un lieu retiré, dans l'attente de l'ensevelissement. Et là, à la surprise générale, elle s'éveille comme si rien ne s'était passé ! Frère Marcelin attesta ce fait le 8 octobre 1661 :

« Il y a deux ans que la chose est arrivée, et la patiente se porte bien. »

L'osier sanglant

Les faits rapportés plus haut ne sont que quelques-uns, parmi les plus significatifs, de tous ceux qui se déroulèrent à Notre-Dame-de-l'Osier même ou, plus simplement, sous l'invocation de la Vierge. En effet, depuis 1649, les miracles se comptent par dizaines, et il faut bien qu'il y ait eu, comme point de départ à toutes ces actions de grâce, un fait particulier qui les justifierait ou, en tout cas, qui attesterait qu'au hameau des Plantées le Ciel rencontra un jour la terre. Or, le 25 mars 1649, jour de l'Annonciation, un étrange spectacle attendait Pierre Port-Combet, qui était de confession protestante, et ne crut pas qu'il était indispensable de respecter le repos ce jour-là.

Prenant sa serpe et une échelle, il se rend au pied d'un armarinier [3] afin d'en couper quelques branches. Écoutons, pour la suite du récit, le père L. Delaure, auteur d'une fort belle plaquette consacrée à Notre-Dame-de-l'Osier.

« L'osier dont il s'agit est de belle taille ; l'homme dresse sa petite échelle contre le tronc et gravit quelques échelons. Du seuil de sa propre maison, Louis Caillat-Miquelle par hasard l'aperçoit en cette posture.

« De ce qui suit, Pierre Port-Combet est seul témoin. Parvenu

---

3. Ainsi appelle-t-on, dans les textes, l'osier commun.

à bonne hauteur, il se met à couper les... armarines (les scions) d'une branche. Rien d'insolite apparemment. Il monte " un peu plus haut, du côté d'une autre branche " et " sans se donner garde " — sans penser à rien — reprend le même travail. Soudain " incontinent il se voit les mains toutes sanglantes ". Sa serpette l'est aussi ; et " le sang sort à grosses gouttes de chacune des armarines " qu'il vient de sectionner. Il " regarde ses hauts-de-chausses " — les culottes de ce temps-là. Ses hauts-de-chausses sont, eux aussi ensanglantés, de ce qu'il a touché la première coupure desdites armarines. Tout ému, épouvanté, il appelle sa femme : " Jeanne, viens voir ce miracle " (ce prodige) ; j'ai les mains en sang et " il sort du sang de cet armarinier " (et de chacune des armarines) " que j'ai coupées " ! »

Jeanne Félion accourt et constate que la serpe, les mains de son mari et son pantalon sont rouges de sang, et que les branches coupées saignent de plus belle, tels les membres sectionnés d'un corps humain ! Immédiatement, elle regarde si Pierre ne s'est pas blessé et force lui est de constater que c'est bel et bien de l'arbre que le sang s'égoutte ! En présence de son épouse, Pierre Port-Combet entreprend de couper à nouveau quelques branches et le résultat est immédiat : elles saignent aussi, et plus abondamment que les premières ! Effrayé, il court se changer et s'en va prévenir son voisin, Louis Caillat-Miquelle, qui se rend sur les lieux et, afin de constater par lui-même la véracité du prodige, s'approche de l'osier. Il voit qu'effectivement du sang suinte de quelques coupures, et entreprend de pratiquer, à son tour, plusieurs entailles : le résultat est négatif.

Fort ébranlé et encore troublé par cet événement, Pierre Port-Combet arrête son travail et accompagne son ami à la foire de Vinay. En leur absence, Jeanne se livre à un nouvel essai. Furtivement, elle grimpe à l'échelle, prend la serpette et coupe quelques armarines provoquant ainsi de nouvelles « hémorragies » ! Épouvantée par ce résultat, elle s'enfuit à la maison...

Le début d'une dévotion

Pierre Port-Combet se rendit bien compte qu'il s'agissait là d'un fait d'ordre surnaturel. Du reste, il l'affirma clairement :
« C'est un grand miracle ; et je ne sais ce que cela veut dire. »
Mais il s'arrêta à cette simple constatation. Le bruit se répandit rapidement, cependant, et Théophraste Renaudot lui-même en

rendit compte dans sa *Gazette* du 24 août 1650, faisant état de la double enquête qui s'était ensuite déroulée.

« La première, civile, avait eu lieu le 30 mars 1649 devant Claude Rond (il s'agit en fait de Claude Roux), juge et chastelain de Vinay ; la seconde, ecclésiastique, et menée sur ordre " de l'Evesque de Grenoble en date du 6 août 1649 ", avait été faite au mois de janvier dernier (donc 1650) par Henri de Mollines, curé de Tullins, et Jean Morons, curé de Pollénas (Poliénas) ; huit témoins y furent entendus [4]. »

Les curieux ne tardent guère à se manifester, et en 1663 l'humble village fut doté de dix hôtels. Ce qui témoigne de l'importance de l'affluence quelque trois lustres après les événements du 25 mars. La simple curiosité donne naissance à de véritables pèlerinages et l'Église, par l'entremise de l'évêché de Grenoble, autorise l'érection d'une croix près de l'osier sanglant le 14 septembre 1656. Une chapelle est bâtie sur les lieux un an plus tard, en février 1657, et huit brefs et bulles rendent public le culte à « Notre-Dame-de-l'Osier ». Successivement, quatre papes les signeront : Alexandre VII, Clément X, Clément XI et Innocent XI. En outre, de nombreux livres résulteront des enquêtes menées tant par les incrédules que par les zélateurs du miracle dauphinois. Quant à l'arbre lui-même, il se dessèche prématurément et très tôt l'on prend conscience qu'il faut à tout prix que les pèlerins puissent se rendre sur les lieux mêmes de l'événement avec commodité ; dont il convient d'acheter le terrain du prodige à Pierre Port-Combet. C'est chose faite en 1656 et il semble alors, selon les chroniqueurs, que les miracles se multiplient : on ne compte plus les morts qui ressuscitent, les boiteux qui marchent et les aveugles qui voient ! L'Église, émue, ordonne une seconde enquête.

Le 24 février 1657, le chanoine Balme et le chanoine Bernard s'acquittent de cette tâche et rendent compte de leurs travaux de recherche.

« S'étant transportés au lieu de Vinay, ils ont remarqué qu'il se fait grands miracles au lieu où était l'ozier, appelé aujourd'hui Nostre-Dame-de-l'Ozier (...), que quantité de personnes qui y vont ou font vœux y trouveraient, les uns la guérison, et les autres du soulagement de leurs maux. »

---

4. L. Delarue, *op. cit.*, p. 5.

Le dénouement mystérieux

    Sept années exactement après le saignement de l'osier, Pierre Port-Combet avait peut-être oublié le malaise que lui avait causé ce fait inattendu. Mais, depuis le 25 mars 1649, les protestants de la région de Vinay ne cessaient d'embrasser la religion catholique, puisqu'il ne faisait pas de doute, selon eux, que l'événement miraculeux fût un avertissement que le Ciel leur adressait.

    En mars 1656, donc, Pierre décide de labourer l'une de ses terres située non loin de sa maison, afin d'y semer de l'avoine. Il part, tôt le matin, accompagné de ses bœufs, et commence son ouvrage. Tout à coup il voit apparaître « une demoiselle vêtue de blanc et de bleu, avec sur sa tête un crêpe noir rabattu ». Elle est, ainsi qu'il le dira plus tard, d'une beauté éclatante, et ne met que quelques instants à franchir la distance qui la sépare de lui, ce qui, déjà, le trouble profondément... Comment peut-elle se déplacer aussi vite ?

    C'est alors qu'elle lui adresse la parole :

    « A Dieu sois-tu mon ami ! Que dit-on de cette dévotion ? Y vient-il beaucoup de monde ? »

    Une discussion s'engage donc, à laquelle assistent, de loin, de jeunes bergères ; mais pour elles il s'agit d'un monologue : elles voient et entendent les paroles de Port-Combet, mais ne distinguent pas d'interlocuteur ; à la vérité, il paraît parler tout seul... Et voici bien qui ruine la thèse d'un éventuel canular dont le pauvre paysan aurait pu être l'objet.

    Il parle tant et si bien, qu'il en vient à se contredire, à mentir, et la mystérieuse « Dame » a tôt fait de déjouer ses mensonges :

    « Ah ! misérable », s'exclame-t-elle, non par ressentiment, mais prise de pitié. Elle lui annonce aussi que sa fin est prochaine et que, s'il ne revient point à Dieu, il encourra les flammes de l'enfer. Désemparé, Pierre pique ses bœufs et continue son ouvrage, en tournant le dos à cette femme qui lui paraît tout à coup bien agaçante ! Mais plus il avance dans le tracé de son sillon, et plus les regrets l'assaillent... Oui, il faut qu'il s'en retourne vers elle, et qu'il s'excuse. Le sillon terminé, après un temps qui lui parut couvrir l'éternité, il se retourne et voit la Dame qui s'en va vers les bois de l'Épinousa. Alors, laissant là ses bœufs, il court à sa suite, il court à en perdre haleine, mais elle avance toujours, et sa démarche n'est pas une démarche naturelle. Elle franchit la combe en un clin d'œil ! Puis, parvenue dans le bois vers lequel elle se dirigeait, et duquel elle était sortie, elle s'arrêta soudain et sembla écouter les supplications et les plaintes de Pierre Port-Combet qui s'approcha jusqu'à une douzaine de pas, se confondant en excuses. Et c'est alors que là, sous ses yeux incrédules, *elle disparut* !

C'en était beaucoup trop pour cet homme rude, habitué à commercer avec les réalités tangibles et matérielles de la terre...

« Persuadé de la vérité, comblé de consolation intérieure et dans une forte résolution de se convertir », il demeura cloué sur place. Combien de temps resta-t-il dans cet état de prostration ? Plusieurs heures sans doute, puisqu'il ne rentra chez lui qu'une heure avant le coucher du soleil...

Il raconta son aventure à sa femme, qui l'avait désespérément attendu puis cherché durant l'après-midi : pour elle il ne faisait aucun doute que Pierre avait vu la Vierge. Quant à lui, il se refusait à pareille idée et ne voulait pas croire que le Ciel avait tourné ses regards vers l'homme humble et ignorant qu'il était.

Cependant, quelques mois plus tard, le 14 août 1657, il fut pris d'un accès de fièvre et le jour de l'Assomption — nouvelle coïncidence « hasardeuse » ? — il renonça au protestantisme, se déclara catholique et reçut le Saint-Sacrement. Après avoir formulé ses désirs concernant son ensevelissement et recommandé ses enfants à Jeanne, il mourut, *sept* jours après son abjuration.

C'est une bien étrange histoire que celle de Pierre Port-Combet, qui débute le jour de *l'Annonciation* et se parachève à celui de *l'Assomption*, en étant marqué, pour ses dates importantes, par le chiffre *sept*, dont nous avons dit déjà l'importance symbolique plus haut. Sept années d'attente, et sept jours d'agonie auront marqué la conversion, puis la mort terrestre de celui grâce à qui Notre-Dame-de-l'Osier devint un lieu marial extrêmement important. De nos jours encore, trente à quarante mille pèlerins s'y rendent chaque année, pour prier dans l'église bâtie sur l'emplacement de la chapelle primitive et près de la chapelle vouée à Notre-Dame-de-Bon-Rencontre, là où Pierre conversa avec la Dame.

Ainsi la dévotion se perpétue-t-elle, par-delà les siècles, et peut-on toujours voir, dans la basilique, quelques vestiges de cet épisode mystérieux, tel un fragment de l'osier qui saigna ou une pièce ayant appartenu à la charrue que Pierre Port-Combet utilisait lors de sa rencontre. Les nombreux ex-voto témoignent non seulement de la ferveur et de la piété populaires, mais aussi du fait que des guérisons de l'âme et du corps ont bien eu lieu en cet endroit où la Nature s'est faite l'instrument de la Providence, pour le salut des hommes.

4.
Grenoble, capitale des Alpes

L'on ne peut que bien imparfaitement, hélas, retrouver, ne serait-ce qu'un court instant et en esprit seulement, l'ambiance du Moyen Age finissant, et de cette Renaissance qui fut tumultueuse, certes, dans tous les domaines des arts et des lettres, ambiance dans laquelle vécurent nos ancêtres sur ces places et en ces rues dont certaines se meurent aujourd'hui victimes de la cancérisation urbaine. L'asphalte masque ainsi le pavé de la vieille ville qui résonnait sous les pas joyeux des chalands avides de réjouissances collectives où se mêlaient, en une osmose parfaite, sacré et profane. Ce n'est pas au demeurant le moindre des mérites que nous reconnaissons à Fulcanelli que d'avoir remis en lumière le caractère sacré des fêtes d'antan, toutes teintées qu'elles étaient par le symbolisme hermétique qui leur donnait vie et significatif enseignement.

L'une des fêtes grenobloises les plus curieuses était celle au cours de laquelle on élisait le Roi-Coq, et qui emmenait les écoliers de Grenoble, leurs maîtres et les clercs, de la ville jusqu'à Saint-Robert.

La fête du Roi-Coq

Le roi était présenté au prieur des bénédictins, avant qu'il ne conduise la procession à Montfleury où il devait recevoir, des mains de la prieure du monastère, un don.

La vie des « escholiers » nous est connue grâce au règlement rédigé pour l'école par les consuls de Grenoble et daté du 1er juin 1520.

« Cette école était une école de grammaire ; elle était établie dans la maison de la ville. (...)

« Il est prescrit aux écoliers de ne parler que la langue latine ; ceux qui seront surpris parlant leur langue maternelle seront notés. Deux fois par mois, les notes pour absence ou pour usage de la langue maternelle seront réglées, et ceux qui ne paieront pas l'amende seront fouettés[1]. »

Ces rigueurs n'empêchaient nullement maîtres et élèves de se réunir en un banquet le jeudi de carême, à l'issue duquel deux « escholiers » étaient choisis, afin qu'ils se procurassent six ou neuf coqs en vue de les faire publiquement se battre. L'issue du combat assurait au propriétaire du coq vainqueur le titre de « Roi-Coq ».

« Ce roi devait alors se procurer une poule qu'on portait dans un champ. Le recteur la lançait en l'air et tous les écoliers couraient après elle. Celui qui réussissait à l'attraper par la tête devenait le " ministre du roi " avec le titre de Capio[2]. »

Cette coutume n'est pas sans rappeler « la course au coq », qui se maintint en France jusqu'à la Révolution. Dès après le repas du lundi de Pâques qui rompait le carême, la foule se mettait en route pour quérir le volatile, redevance à laquelle étaient tenus certains habitants de la commune.

« Le juge sénéchal le lançait ensuite en l'air et donnait le départ de la course. Aussitôt les sergents se précipitaient sur le volatile comme une meute de lévriers en fureur ; celui-ci, effrayé par les cris, s'enfuyait à tire d'aile ; les sergents couraient après lui, et la foule de suivre la course de toute la vitesse de ses jambes en criant : " L'aura ! L'aura pas ! "[3]. »

L'on peut s'interroger, à juste titre, sur le symbolisme particulier du *coq*, avant même que de vouloir comprendre l'allégorique festivité. Selon les textes alchimiques qui nous révèlent certaines clés symboliques, dans l'ordre des acquisitions du « labeur hermétique »...

« ce qui apparaît tout d'abord, c'est le *coq* ou la portion volatile, conséquemment vivante, active, pleine de mouvement, extraite du sujet, lequel a pour *emblème le chêne*[4]. »

Nous laissons ici la parole à Eugène Canseliet qui précise

---

1. *Le Vieux Grenoble*, t. I, p. 241.
2. *Ibid.*, p. 215.
3. L. Arnould de Grémilly, *Le Coq*, p. 73.
4. Fulcanelli, *Le Mystère des cathédrales*, p. 164.

davantage encore cette idée, qui paraît bien confuse au prime abord :

« Kottos, *Kotto,* qui désignait le coq dans l'ancienne Grèce, ne répond-il pas nettement au vocable exprimant la même idée dans notre dialecte d'oïl et nos divers patois : *cou, co, cô, cot* ! Kottos signifiait encore le *derrière de la tête* ; là où siège le sens de *l'intuition.* (...) Nous ne pouvons mieux faire pour compléter que de reproduire le passage de Fulcanelli, en recommandant, comme lui, à l'expérimentateur qu'il ne confonde ces choses afin de ne point s'égarer :

« " Non seulement le chêne fournit la Galle (Gallus, coq), mais il donne encore le Kermès, qui a, dans la Gaye Science, la même signification que *Hermès,* les consonnes inutiles étant permutantes. Les deux termes ont un sens identique, celui de Mercure. Toutefois, tandis que la *Galle* donne le nom de la matière mercurielle brute, le Kermès caractérise la substance préparée[5] ". »

Si le coq, donc, est l'un des emblèmes de ce que les alchimistes nomment le « mercure », on peut penser aussi que le *jeune roi* de la fête grenobloise était lui-même le symbole vivant, pour un temps, du messager des dieux, le volatile familier n'étant en effet que le représentant de son maître le temps du combat allégorique.

Sans doute, au cours de ce joyeux défilé qui parcourait ces rues où nous nous plaisons à déambuler par les beaux après-midi d'été, les regards amusés des profanes côtoyaient-ils ceux, plus graves, des initiés.

Les « escholiers » et leurs maîtres ne se doutaient certes pas que nombre des logis qu'ils frôlaient de leur manteau abriteraient plus tard de mystérieux personnages dont l'image s'est estompée lentement dans la mémoire oublieuse des hommes pour disparaître tout à fait dans les brumes du temps.

Le chimiste Dupré

Né le 17 janvier 1723, Antoine Després, plus connu sous le nom de Dupré, est l'une des figures grenobloises dont la vie et l'œuvre demeurent peu connues. Ce n'est certes pas la courte *Notice sur le chimiste Dupré,* conservée à la bibliothèque de la ville, qui satisfait la curiosité de l'investigateur. La reliure cartonnée ne recèle, au

---

5. Eugène CANSELIET, commentaire du *Mystère des cathédrales* de Fulcanelli in *Les Douze Clefs de la Philosophie,* par Basile Valentin, pp. 121, 122.

vrai, qu'une seule feuille imprimée, dont les deux pages ne livrent pas le secret de celui qui fut surnommé ainsi.

Apprenti bijoutier en la ville de Gap, il vint s'installer à Grenoble, successivement Grande-Rue puis rue Marchande, où il fit, croit-on, la découverte qui lui valut à la fois une éphémère notoriété et une mise au secret rigoureuse. L'on rapporte que c'est en fondant des cristaux de roche que jaillit un « feu inextinguible » en apparence, qui semblait même s'aviver au contact de l'eau. Rien de précis, quant à la teneur de cette invention, n'est parvenu jusqu'à nous.

Immédiatement le sieur Dupré vit le profit qu'il pourrait tirer de ce « feu » et proposa ses services au roi de France dont les démêlés avec l'Angleterre, à cette époque, sont bien connus. Accompagné de quelques officiers, le chimiste Dupré se rendit au Havre, en vue de mettre en pratique son invention au détriment de la flotte anglaise. Un fait imprévu survint qui l'empêcha d'exécuter ses plans, et dont nous n'avons pas l'exacte connaissance. L'on présume seulement que, par suite d'un fort vent contraire qui risquait de pousser les matériaux en ignition dans la direction de son embarcation et peut-être du quai, il n'osa rien entreprendre.

Un autre essai fut cependant effectué sur le grand canal de Versailles en présence de Louis XV qui, devant les résultats terrifiants, acheta le terrible secret. Décoré du Grand Cordon de Saint-Michel, Dupré dut jurer de garder le silence. Nanti d'une pension de 2 000 livres, il regagna Grenoble où il vécut jusqu'en 1772 ou 1802, selon certains historiens.

« Deux hommes, prétend-on, le surveillaient sans cesse pour qu'il ne divulguât pas son secret. Profondément malheureux de voir ainsi sa découverte fabuleuse inemployée, il vécut tristement et resta célibataire. Il distribuait tout son bien aux pauvres, ne buvait que de l'eau, se nourrissait de soupe et couchait dans son magasin sur un lit de sarments[6]. »

Dans sa *Biographie du Dauphiné*, A. Rochas nous donne une description sommaire des « grenades » de Dupré, qui sont, dit-il, « des bouteilles de grès pleines de liqueur et enveloppées de morceaux de linge ou de papier imbibé, auxquels on met le feu, et qu'il jette ensuite de façon qu'elles se cassent et produisent un feu terrible avec une fumée extrêmement épaisse ».

La thèse de son assassinat semblerait confirmée par la disparition, à sa mort, de tous ses papiers. L'on ne saura conséquemment

---

6. Madeleine RIVIÈRE-SESTIER, *Grenoble secret*, p. 31.

jamais quelle était la composition de cette liqueur qui brûlait sur l'eau « comme si elle avait été sur terre », de ce « feu si rapide et si dévorant qu'on ne pouvait ni l'éviter, ni l'éteindre : l'eau lui donnait une nouvelle activité[7] ».

François Massart

Quittant la place aux Herbes, suivons le défilé qui s'engouffre rue Brocherie, rue que les révolutionnaires baptiseront rue Marat et qui ne prendra qu'ensuite l'appellation que nous lui connaissons aujourd'hui.

C'est tout particulièrement en cette rue qu'avaient élu domicile médecins, chirurgiens, herboristes et apothicaires grenoblois. De tous ces hommes de science, François Massart, qui naquit vers 1737, fut assurément l'un des plus singuliers. Sans doute aucun, c'est à ses parents qu'il dut son goût de la médecine, puisqu'il fut le second enfant d'une longue famille d'apothicaires. Les détails biographiques manquent à son sujet pour que l'on puisse, avec précision, retracer un portrait de cet homme qui fut qualifié par ses contemporains d' « illuminé ». Deux de ses écrits demeurent, que l'on peut consulter avec profit à la bibliothèque municipale.

Le premier fut imprimé par les soins de Frémon, imprimeur de la rue Brocherie, en 1679, et porte le titre révélateur de *Panacée*. L'auteur dédia « à Madame la Conseillère de la Martelière, de Laval, St-Estienne et autres places » cet ouvrage, où il fait preuve d'une assez profonde connaissance de la médecine spagyrique, et qui fut édité en deux parties, la première en 1679 et la seconde en 1680. La page de garde porte une gravure suffisamment intéressante pour que nous nous y arrêtions quelque peu. Dans un ovale formé par des branches de chêne issant du cœur d'une rose, un soleil darde ses rayons dans le firmament ainsi délimité, alors qu'à la partie inférieure de la composition des flammes abondantes sortent d'une parcelle de terre aride. Une devise latine, inscrite sur le phylactère, explique : « *Vigorem Luce Ciebis* ». Sans doute est-ce le merveilleux remède, la Panacée, qui « tire sa force de la lumière ». L'idée de puissance est également renforcée par la présence des branches de chêne, et de la rose qui doit aussi sa vie au soleil. Une devise précise encore l'intention de l'auteur :

---

7. J.-C. MARTIN, *Notice sur le chimiste Dupré*.

> *En vain mon ennemy me presse*
> *Qui peut abattre ma vigueur*
> *Ta lumière versant des esprits dans mon cœur*
> *A me relever s'intéresse.*

Éloge adressé au soleil, qui remplace peut-être ici symboliquement l'or duquel on tirait de précieux remèdes. Au demeurant, il se pourrait fort bien que la « Panacée » de Jacques Massart fût l' « or potable » spagyrique.

Une lecture attentive de son intéressant ouvrage met en lumière, dès les premières pages, toutes les qualités de spagyriste du docteur qui fut peut-être aussi un alchimiste expert, puisque lui-même se compare au célèbre Aureolus Theophrastus Bombastus, dit Paracelse :

« Le remède que je propose agit de la même manière, il guérit les maladies les plus opiniâtres, et produit les mêmes effets que les remèdes universels de Paracelse. »

Plus loin dans son texte, l'on peut relever une phrase qui laisse apparaître l'estime particulière que Massart portait à la chymie, qu'il ne faudra pas entendre ici par « chimie vulgaire » mais par alchimie :

« La chymie fait connoitre à l'artiste les premiers principes des choses, elle luy enseigne l'ordre que la Nature et l'Art gardent dans leurs opérations et le moyen de perfectionner la vertu des semences. Dieu a permis que ces choses soient demeurées cachées à ceux qui se croient sages et entendus[8]. »

Et ce n'est pas sans profit que l'on examinera la composition des différentes panacées, spécifiques de maladies particulières telles la teigne ou la lèpre, que Massart soignait avec une médication à base de mercure et d'antimoine, ou encore les hémorragies que soulageait grandement l' « essence » de fer. Comme Paracelse, il tenait en estime le troisième « principe » remis en lumière par Basile Valentin :

« Car le *sel* doit être dans une juste modération, non seulement dans les assaisonnements, mais aussi dans tous les corps mixtes dont il est le principe ; c'est ce principe qui est l'auteur de la saveur, et par conséquent de toutes les vertus, comme l'enseignent les chimistes[9]. »

---

8. François MASSART, *La Panacée,* Frémon, Grenoble, 1679, p. 93.
9. *Ibid.,* p. 31.

Victime de la révocation de l'édit de Nantes, Jacques Massart s'établit en Hollande en 1685 et c'est à Amsterdam, un an plus tard, que parut son plus singulier ouvrage : *Harmonie des Prophéties anciennes avec les modernes*. Au demeurant, la lecture de cette étude comparative se révèle pour le moins infructueuse, car les dates que Massart assigne à certains événements historiques, fruit de son analyse prospective, semblent bien être erronées...

On ignore toujours le lieu et la date de la mort de cet homme discret qui ne fut pas, il est vrai, avide de mondanités et de publicité.

Une affaire de sorcellerie

C'est non loin de là, tout près de cette fameuse place Mauconseil, que vécut Marie Vignon, seconde épouse du maréchal de Lesdiguières. Cela ne serait, on le conçoit, que fort banal, si Marie Vignon n'avait eu le singulier privilège de fréquenter un trio d'alchimistes qui se nommaient Bernardin Rey, curé de Brezin près de La Côte-Saint-André, Italien né à Mondovi en Piémont, Francesco de Nobilibus, gentilhomme italien, religieux de l'ordre de Saint-François, et le père Gabriel de Castagne, natif de l'île de la Barthelasse près d'Avignon et gardien, en ce temps-là, du couvent des Frères prêcheurs ou de la Magdeleine de la ville de Grenoble.

Ces trois investigateurs, qui œuvrèrent à Grenoble entre les années 1600 et 1605, y furent arrêtés, accusés de sorcellerie, jetés en prison et traduits devant le tribunal de la ville en 1606. Seul Francesco de Nobilibus fut condamné comme sorcier par le Parlement, puis pendu « par charité » sur la place du Breuil (actuelle place Grenette), après avoir été traîné en chemise, une corde au cou et une torche à la main, pour faire amende honorable sur le parvis de la cathédrale Notre-Dame ; son cadavre fut ensuite brûlé, entouré de ses « talismans et instruments diaboliques ».

Si l'on ne sait ce qu'il advint de Bernardin Rey, la destinée de Gabriel de Castagne fut, par la suite, bien singulière en vérité, puisqu'il devint conseiller et aumônier du roi (Henri IV, puis Louis XIII), protégé de Catherine de Médicis, abbé général de Saint-Ruf de Valence et de Saint-Tiers-du-Sau (Drôme).

Il ne fait aucun doute qu'il travailla avec application au Grand Œuvre d'Alchimie puisqu'il mit au point un « or potable » avec l'aide, rapporte la rumeur populaire, du sieur Nobilibus, or potable qui lui permit d'effectuer de très nombreuses cures et guérisons, tant auprès des humbles que des plus grands personnages de son époque.

C'est dans le couvent des religieux de Saint-François que Castagne et ses amis travaillaient. On y saisit en effet, après leur arrestation, force « fourneaux à faire distillation et fondre métaulx et papiers contenant des receptes de magie ». Peut-être rien ne se serait-il passé de fâcheux si Nobilibus, avec la faconde italienne qu'on peut lui supposer, ne s'était vanté de ses pouvoirs magiques : parler au démon, faire surgir de la muraille un cheval qui disparaissait aussitôt vendu. Et afin de prouver ses pouvoirs, chargé de chaînes aux pieds et aux mains, ne les rompait-il pas incontinent tout adorné qu'il était aussi de bagues ou anneaux, peaux, parchemins, images, statues ?... Tout cela ne manqua pas de le conduire au gibet !

Gabriel de Castagne était déjà, quant à lui, à cette date, un personnage fort important. En effet, le 15 août 1600, le roi Henri le quatrième, de passage à Grenoble, fit un don audit Castagne, docteur en la sainte faculté de théologie et déjà abbé de Sau, conseiller et aumônier ordinaire du roi, conventuel d'Avignon, de l'évêché de Saluces en Dauphiné.

On lui doit un singulier ouvrage imprimé en 1661 chez Jean d'Houry à Paris et intitulé : *Les œuvres du R.P. Gabriel de Castaigne tant médicales que chimiques, divisées en quatre principaux traitez :*
    I Le Paradis Terrestre,
    II Le Grand Miracle de la Nature Métallique,
    III L'Or Potable,
    IV Le Thrésor Philosophique de la Médecine Métallique.

Il semble bien, ainsi qu'il est dit à la page 4 par J. B. de la Nove, éditeur de l'ouvrage, que le R.P. de Castagne était décédé à cette date et que la plus grande partie de ces textes furent imprimés pour la première fois en 1611 et 1615.

Ce sont là, en vérité, de bien curieux traités. L'on y trouve en effet, mêlés ensemble, des poésies adressées aux grands du royaume, une longue série de médecines spagyriques en français et en latin, l'édition d'un traité philosophique, seize chapitres attribués à Jean Saunier dont Arthephius était le maître et datés du 7 mai 1432, et les dix-huit « aphorismes basiliens », le tout entrelardé (c'est bien le terme idoine !) d'un extraordinaire florilège publicitaire décrivant avec force détails les cures et guérisons réalisées par les remèdes du père de Castagne avec les lettres mêmes de ses malades louangeant leur guérisseur ! Notons que cela ne relevait en rien du charlatanisme puisque « l'or potable » du père fut *vérifié* par MM. les médecins de Verville et Georges Eglissem, deux célèbres praticiens de la ville de Paris, ainsi qu'il est rapporté aux pages 54 et suivantes du *Paradis Terrestre,* comme aux pages 4 et suivantes du *Grand Miracle de la Nature Métallique.* Gabriel de Castagne, qui dit avoir eu entre les mains un traité de saint Thomas d'Aquin, le docteur angélique, concernant la préparation de l'or potable, un « original escrit de sa propre main en latin et qui commençait par ces mots : *Sicut lilium inter spinas* », n'apprit-il pas, de cette manière, à confectionner sa médecine ?

Bien étrange destinée en vérité que celle-ci, témoignant d'un temps où magie, médecine, spagyrie, théologie étaient mêlées pour « le bien de l'âme et du corps »...

Henri Corneille Agrippa

Parmi les habitants de la rue des Clercs, qui se nomma jusqu'en 1339 rue Flandin, au n° 11 très exactement, l'ombre qui se penchait à l'étage de la demeure du président François de Vachon devait, en cette année 1535, revivre les inoubliables heures consacrées à l'art d'Hermès et qui, toutes, s'étaient soldées par un échec décevant vingt-six années auparavant, plus précisément en 1509 dans la ville d'Avignon. Au demeurant, on aura reconnu l'illustre personnage qui venait ainsi chercher refuge chez le notable grenoblois, dès après sa sortie d'une prison lyonnaise, et qui se nommait Maître Henri Cornelius Agrippa de Nettesheim.

Se pencher sur son énigmatique personnalité n'est pas chose aisée, de l'aveu même de l'un de ses biographes :

« Il n'est point facile de faire un portrait fidèle d'un tel homme dont tout en lui peut apporter un démenti à la célèbre sentence de Publius Syrius : *Sermo animi est imago : qualis vir, talis et oratio est* [10]. »

C'est que le caractère aventureux de ce philosophe contribua grandement à disperser les traces de son existence qui débuta, croit-on, le 14 septembre 1486 en la bonne ville de Cologne. D'une belliqueuse humeur proverbiale, le jeune Agrippa eut très tôt le goût des armes et des batailles. Comme ses ancêtres, il servit l'empereur d'Autriche, durant sept années, qui lui permirent de parcourir l'Espagne, les Pays-Bas et l'Italie. Voyageur infatigable, on le trouve en 1508 dans les Pyrénées pour y exercer son génie militaire : ses engins de guerre firent, dit-on, merveille. Il quitte Avignon en

---

10. Joseph ORSIER, *Henri Corneille Agrippa dans sa vie et son œuvre,* p. 9.

1509 déçu par ses échecs dans le domaine de l'alchimie, et son passage est marqué, le 5 juin de la même année, en l'abbaye de Saint-Symphorien d'Autun. Ses *commentaires sur l'Épître de saint Paul,* restés inachevés, virent le jour à Londres en 1510, avant qu'il ne regagne, la même année, Cologne. C'est à cette époque, dès 1508, qu'il rédige les premiers chapitres de sa célèbre *Philosophie occulte,* aidé qu'il fut par l'abbé Trithème qui l'exhorta à achever ce travail. La publication en sera tardive puisqu'il faudra attendre 1533 pour que la première édition complète paraisse. Après son premier mariage en 1514 avec une riche jeune fille, on le voit, à l'université de Pavie, réciter publiquement ses études sur *Hermès Trismégiste.*

Cette première épouse le suivit à Metz en 1518 où elle mourut. Aussi « Maistre Cornelis » contracta-t-il à nouveau mariage, le 17 septembre 1521 à Genève, avec une jeune fille âgée de dix-huit ans.

Installé à Fribourg au début de l'année 1523, sa renommée commence à lui susciter de nombreux disciples qui lui écrivent de toutes parts, nourris qu'ils sont aux pages manuscrites de sa *Philosophie occulte* et de ses lettres nombreuses, qu'on lit dans le plus grand secret des cloîtres. Homme de la Renaissance, esprit novateur, il était de ces penseurs qui donnèrent naissance au courant de vulgarisation scientifique.

L'incertitude et la vanité des Sciences et des Arts, qui paraît en 1528, sera pour lui source de nombreux tourments, ce qui aggravera encore sa situation pécuniaire. Cependant, par des lettres patentes du 29 décembre 1529, l'empereur élèvera Agrippa aux fonctions d'indiciaire et d'historiographe impérial.

Lors d'un séjour à Bruxelles, trois ans plus tard, accablé par ses créanciers, il fut conduit au cachot de la ville. Dès lors la Providence sembla tourner le dos à Agrippa, dont on perd, pour un temps, la trace.

C'est à l'âge de quarante-neuf ans qu'il reçoit l'hospitalité de François Vachon de La Roche chez qui il mourra inopinément en 1535. Tour à tour militaire, humaniste, théologien, jurisconsulte, médecin et alchimiste, Henri Cornelis Agrippa fut inhumé dans l'église des Frères Prêcheurs de Grenoble, détruite en 1562 par les protestants ; cependant Guy Allard rapporte que de son temps encore une pierre carrée indiquait le lieu de sa sépulture.

Depuis des siècles, on colporte l'absurde anecdote que Mgr Naudé rapporta en son apologie pour Agrippa [11] :

« Touché de repentance il donna congé à un grand chien noir

---

11. Mgr NAUDÉ, *Apologie des grands hommes soupçonnés de magie,* p. 285.

qui l'avait suivi tout le temps de sa vie, lui ôtant un collier plein d'images et de figures magiques et lui disant tout en colère : " *Abi perdita bestia quae me totum perdidisti*'". Après quoi le chien s'alla précipiter dans la Saône et ne fut depuis ni vu ni rencontré. »

Cependant, redressant plus loin dans son texte l'erreur grossière qui fait mourir Agrippa à Lyon, Mgr Naudé nous affirme qu'il mourut en l'an 1535, non point à Lyon, comme le veulent certains historiens mais « plus véritablement, comme l'assure Wiems et Melchior Adam, en la ville de Grenoble chez le receveur général de la province du Dauphiné ».

Rabelais à Grenoble

Derrière Henri Corneille Agrippa se profile l'ombre de François Rabelais, et l'on sait que le personnage d'Her Trippa, qui apparaît au *Tiers Livre,* dissimulerait, caricaturé par le sage de Chinon, Agrippa de Nettesheim.

En effet, un problème d'histoire littéraire se pose ici qui n'a pas fini de faire, semble-t-il, couler beaucoup d'encre. Les deux célèbres personnages se seraient-ils rencontrés à Grenoble ?

Il existe pour cela une solide tradition qui voudrait que Rabelais y eût terminé son *Pantagruel.* On peut en effet, lire dans la *Bibliothèque du Dauphiné* (contenant le nom de ceux qui se sont distingués par leur savoir dans la province, et le dénombrement de leurs ouvrages, depuis le XIIe siècle) dressée par Guy Allard à Grenoble en 1680 :

« François Rabelais estoit de Touraine comme chacun sçait mais tout le monde n'a pas appris qu'il a achevé dans Grenoble son Pantagruel : s'étant réfugié dans cette ville pour éviter quelque persécution que son libertinage luy avoit attiré. Le président Vachon fut son patron et sa maison son azile. (...) François de Vachon, président à Mortier en ce Parlement soubs Henry III, ne passoit point également les heures de son loisir, qu'il n'estudioit pas, et ses plus charmantes conversations estoient avec les gens de lettres ; aussi recueillit-il Rabelais et Agrippa dans sa maison. »

Car Guy Allard, né en 1635, tenait ses renseignements de la bouche même des contemporains de Rabelais. Ce dernier fut, on le sait, attaché comme médecin au Grand Hôpital du Pont-du-Rhône à Lyon, de novembre 1532 à la fin de février 1535, « au salaire de 40 livres l'an » (Registre des comptes de l'Hôtel-Dieu). Il y fit de nombreuses fugues dont la dernière eut lieu le 13 février 1535, date à laquelle il quitta brusquement Lyon.

Les séances des 15 et 23 février constatèrent son absence et l'on proposa de le remplacer par Pierre du Castel. Cependant Pierre Durand déclare :

« L'on doit suspendre jusques après Pâques car il a entendu que ledit Rabellayse est à Grenoble et pourra revenir. »

Mais ses absences ayant eu lieu sans qu'il prît congé, son remplacement fut décidé définitivement le 5 mars 1535.

On pense qu'il publia, selon Abel Lefranc, son *Pantagruel* le 3 novembre 1532 aux foires de Lyon et, en mai 1534, son *Gargantua,* au retour d'un voyage à Rome (février-avril 1534), ou bien alors en mai 1535.

5.

La légende de Mandrin, le bandit au cœur généreux

Quelle est cette silhouette qui sillonne à cheval, au XVIIIe siècle, les plaines du bas Dauphiné, là où les pentes du plateau boisé viennent mourir sur les champs fertiles qui s'étirent paresseusement ? De cet homme légendaire, on possède une description physique très satisfaisante qui répond à notre légitime curiosité :

« Il avait le teint clair, les cheveux blonds tirant sur le roux, qu'il portait, en cette période de sa vie, longs et frisés ; ses yeux avaient un peu la même couleur : roux clair. Sa taille était moyenne : cinq pieds, quatre pouces (1,71 m). Sur des traits assez accentués et marqués légèrement de petite vérole, le nez apparaissait un peu fort, la bouche assez grande, la mâchoire assez accentuée et le menton pointu et fourchu [1]. »

Ainsi se présentait Louis Mandrin, chef redoutable d'une bande de contrebandiers, dont la renommée allait devenir nationale et, aidée par la fantaisie populaire, prendre des dimensions peu communes. Sans doute y a-t-il à cela quelques raisons, si l'on songe, par exemple, que les faits et gestes qui le rendirent célèbre se déroulèrent quelques décennies seulement avant la Révolution française.

Certes, il est audacieux d'affirmer que Mandrin inspira la révolte populaire, mais l'histoire des hommes et des sociétés n'est point aussi simple et rigoureuse qu'on le croirait au premier abord. Si l'éclatement du courant révolutionnaire fut d'une rare violence, sa préparation et les raisons qui conduisirent le peuple à s'y abandonner sont beaucoup moins évidentes. Il n'est, pourtant, que de fouiller un peu le « livre de la France » pour reconnaître que les

---

1. René FONTVIEILLE, *Mandrin*, p. 54.

idées des Encyclopédistes, dont l'importance est unanimement reconnue tout au long de la période préparatoire à la Révolution, ne purent germer qu'en un terrain propice à leur éclosion.

Et Louis Mandrin fut, plus encore que tous les intellectuels de son temps, un laboureur efficace, car il entreprit d'attaquer de front et par la force le scandale des Fermiers généraux et de l'imposition inhumaine qui maintenait dans la misère, tout particulièrement, le monde rural.

Alors, pourquoi ne pas voir en lui, sinon le principal flambeau, tout au moins l'un des souffles qui animèrent le feu de la colère qui couvait sous les cendres de la liberté ?

Une société en déroute

La France du XVIIIe siècle était en fait un royaume éclaté.

« C'était, rapporte Louis Blanc dans son *Histoire de la Révolution française,* tout le long des barrières intérieures du royaume, une dispute éternelle. Des deux cent cinquante mille hommes chargés de lever tous les divers genres d'impôts, vingt-sept mille étaient occupés à tourmenter les citoyens, à fouiller leurs maisons et leurs caves, à sonder leurs tonneaux, à compter leurs bouteilles. »

Ce n'est là qu'un modeste exemple de ce qu'était ce pays à l'illusoire unité où l'imposition elle-même n'était soumise à aucune règle rigoureuse, puisqu'en matière de gabelle, par exemple, on distinguait plusieurs catégories. Au sein de ce désordre, le Dauphiné se révélait particulièrement contestataire, et déjà soufflait, dans ses vallées alpines, un vent républicain.

« D'autre part, la situation économique, souvent bouleversée par les intempéries et les crues des rivières, l'Isère et le Drac, transformées parfois en impétueux torrents, était précaire. Les textes les plus anciens comme ceux du XVIIIe signalent des situations dramatiques. Les Remontrances du 17 août 1763, bien que rédigées dans un style déclamatoire, évoquent la grande misère du paysan : " Le laboureur éperdu, dépouillé des fruits de ses peines et de ses travaux, déchiré des plaintes et des murmures de ses enfants, accablés des horreurs de la faim, maudit leur naissance, et déteste un lieu dont la fécondité l'attache encore à la patrie ; de pâles citoyens luttent contre la faim, la soif et la nudité ; les saisons ne varient que pour augmenter leur supplice, de sombres retraites suffisent à peine pour cacher leur honte, leurs besoins et leur désespoir [2]. " »

---

2. *Ibid.,* p. 30.

Évidemment, avec de pareils propos, le Parlement du Dauphiné, tout en dénonçant le rôle funeste des Fermiers généraux, préparait la Révolution française.

Il n'en fallait sans doute pas plus pour qu'un enfant du pays tel que Mandrin partît en guerre contre les abus et les injustices.

L'enfant de Saint-Étienne de Saint-Geoirs

Né le 11 février 1725 à Saint-Étienne-de-Saint-Geoirs, Louis Mandrin était le fils de François-Antoine Mandrin, boutiquier et maquignon, et de Marguerite Veyron-Churlet. C'était une des plus anciennes familles de la bourgade, qui jouissait tout à la fois de l'estime de ses concitoyens et d'une aisance matérielle non négligeable. François-Antoine mourut en 1742, âgé de quarante-deux ans, et institua sa femme et son fils aîné légataires universels. Cependant la famille était nombreuse, et il ne semble pas que Louis ait géré ses affaires de façon très ordhoxoe, si l'on en juge par les procès assez nombreux qu'il eut à soutenir. Pourtant, dès 1747, la municipalité de sa commune semble avoir eu confiance en ses capacités, puisqu'elle le chargea de quelques travaux intéressants. Mais au sein des difficultés financières, Mandrin s'était déjà signalé comme étant particulièrement irascible : il joignait facilement l'acte à la parole et ne ménageait pas ses créanciers !

En 1748, conscient qu'il lui fallait tenter une opération commerciale d'envergure, il conclut un important contrat avec des banquiers de Lyon. Il engagea tous ses biens et prit deux associés : Pierre Jacquier et Claude Brissard. Tous trois devaient conduire quatre-vingt-dix-sept mulets, ainsi que leur chargement, au maréchal Belle-Isle qui combattait avec ses hommes en Italie du Nord. Hélas ! outre les pertes accidentelles qui émaillèrent le trajet, en juillet 1748, l'entreprise devint inutile, puisque Belle-Isle, qui négociait l'évacuation, se trouva privé d'une partie importante de ses troupes, pour lors renvoyée en France. A leur retour à Saint-Étienne-de-Saint-Geoirs, les trois associés ne possédaient plus que seize mulets... Il semble bien que cette mésaventure fut le point de départ de la carrière de contrebandier que devait embrasser Louis Mandrin.

Quelque temps plus tard, en 1751, Pierre et Claude Mandrin furent condamnés, avec Joseph Jourdan dit Blondin et Ennemond Diot dit Guyot, pour avoir pillé les troncs de leur église. Rendu furieux par le verdict et vexé d'avoir entendu la condamnation proclamée par le curé du haut de sa chaire, Louis, avec quelques complices, arracha « 120 jeunes mûriers, une centaine de souches de vigne et (abattit) une douzaine de châtaigniers [3] » dans la propriété de l'ecclésiastique ! Ce n'était décidément pas un caractère facile que celui de l'aîné des Mandrin qui, en la circonstance s'attira les foudres de ses concitoyens et dut se cacher pour échapper à leur colère. Au mois de mars 1753, au cours d'un affrontement armé, deux hommes furent tués et, à cette occasion, Louis devint réellement un hors-la-loi. Il fut condamné le 21 juillet à être roué vif et Benoît Brissard, son complice, à la pendaison, alors que Pierre Fleuret et Antoine Sauze, qui complétaient ce petit groupe de violents, furent condamnés aux galères. Cette dernière péripétie obligea Louis Mandrin à vivre en marge de la société, puisqu'une mort certaine l'attendait s'il était arrêté par les forces de l'ordre. A cette situation déjà pénible vint s'ajouter la pendaison de son frère Pierre, accusé d'avoir fabriqué, en sa compagnie, de la fausse monnaie... Ainsi commença la carrière de hors-le-loi de Mandrin, qui intégra la bande de malfaiteurs commandée par Jean Bélissard.

L'aurore de la célébrité

« Ce qui paraît extraordinaire, remarque à juste titre René Fontvieille, quand on connaît la puissante personnalité de Jean Bélissard, c'est que Louis Mandrin à peine entré dans sa bande en soit devenu le chef. Le premier n'avait que trente-quatre ans, tandis que le second était à peine âgé de vingt-neuf ans. Les qualités de Mandrin devaient être bien éclatantes pour qu'en si peu de temps il ait pu s'imposer à un homme qui n'avait connu que des succès et que ni l'âge ni les circonstances ne disposaient à passer la main. Mais ce qui est encore plus exceptionnel, c'est que Bélissard ait accepté de travailler sous les ordres de Mandrin. Donc l'un ne boute pas l'autre au-dehors de la bande, c'est le premier qui accepte le changement de commandement à son détriment, et qui se soumet à l'autorité de son cadet [4]. »

On reconnaît du reste à Mandrin une rare éloquence, un courage sans bornes et une force de persuasion peu commune, autant de qualités qui font de lui un meneur d'hommes par excellence. Au demeurant, les avis sont partagés : inspirant sinon de l'estime, tout

3. *Ibid.*, p. 43.
4. *Ibid.*, p. 53.

au moins du respect et une certaine admiration aux uns, il s'attire les foudres des autres qui ne voient en lui qu'un homme sans foi ni loi. Pourtant, il ne laisse personne indifférent, et la témérité de ses premiers faits d'armes démontre sa résolution dans la lutte qu'il vient d'entreprendre contre le pouvoir, qui maintient en place le carcan rigide d'une fiscalité écrasante.

On n'eut pas à déplorer d'excès lors des combats et il semblerait même que Louis fût enclin à pratiquer une certaine indulgence au-delà des rudes exigences de la bataille. Il recrutait ses troupes avec soin, tout particulièrement parmi les soldats déserteurs et les officiers qui ne parvenaient pas à s'intégrer à la vie civile après leur réforme. Les malfaiteurs notoires, quant à eux, n'étaient pas enrôlés, ce qui démontre que Mandrin ne désirait pas mettre sur pied une bande de criminels, mais une véritable armée. Ainsi était-il assuré de pouvoir bénéficier de l'expérience militaire de ses hommes, qui étaient donc naturellement enclins à se plier aux rigueurs de la discipline.

Leur armement était impressionnant : « Chacun était armé d'un mousquet, de deux pistolets de ceinture, de deux pistolets d'arçon et de deux pistolets de poche, toutes ces armes à deux coups, ainsi que d'un couteau de chasse [5]. »

Quant à leur activité principale elle résidait, bien entendu, dans la contrebande. Il s'agissait en effet pour eux de vendre des articles, dont certains étaient proposés par les Fermes générales, à des prix défiant toute concurrence : tabac à priser et à chiquer, toiles, mousselines, flanelles, bijouterie. Ce commerce ne se faisait nullement à la sauvette : Louis Mandrin s'installait en plein jour, dans les villes, et y déballait ses lots, parfois sous les regards ahuris des Fermiers généraux ! La population n'était que trop heureuse d'aider les contrebandiers et ceux-ci bénéficiaient donc des complicités indispensables à leur activité.

Vers des campagnes militaires d'envergure

La situation devenait de plus en plus préoccupante dans le Dauphiné. L'activité des contrebandiers suivait cependant un trajet bien connu qui les menait de la Suisse à Pont-de-Beauvoisin, situé à la frontière de la Savoie. Il convenait donc d'y concentrer des troupes, qui se révélèrent du reste rapidement insuffisantes. Les

---

5. *Ibid.*, p. 56.

Fermiers généraux eurent dès lors l'appui d'une armée importante, dont ils durent eux-mêmes payer la solde ainsi que tous les frais annexes, composée de cinq cents dragons à cheval et mille fusiliers, le tout placé sous les ordres du colonel de La Morlière. D'autres régiments se tenaient prêts à intervenir à Valence, commandés par le marquis Voyer d'Argenson lui-même. Mais cet impressionnant déploiement de forces ne suffit pas pour venir à bout de Mandrin, aussi étonnant que cela puisse paraître.

Du 2 au 5 janvier 1754 eut lieu la première campagne. A la tête d'une poignée d'hommes, Louis pénétra en France par la Chartreuse et tous les affrontements furent à son avantage. Les Fermes perdirent, en même temps que leur prestige, beaucoup de leurs employés.

Psychologiquement, ces premiers succès furent très importants pour les contrebandiers qui, à l'issue d'une période de combats, purent regagner la Suisse sans encombre.

La deuxième campagne fut lancée en juillet 1754, entre le 6 et le 9, et fut rendue célèbre par l'attaque de la tour du pont de Claix où étaient casernés les employés des Fermes. L'affaire fut retentissante et eut son prolongement dans les escarmouches qui se déroulèrent tout au long de la vallée du Rhône. Voici du reste les propos que tenait l'intendant du Dauphiné dans une lettre adressée au ministre de la Justice.

« L'audace des contrebandiers se porte aux derniers excès. Non contents d'introduire à main armée, dans le royaume, des marchandises prohibées, ils attaquent les bureaux des Fermes, ils intimident les employés, ils entreprennent d'enlever aux collecteurs les deniers de leur recette... Que reste-t-il à ces brigands que de faire contribuer les communautés [6] ? »

D'autres campagnes suivirent les deux premières qui s'étaient révélées encourageantes : en juillet, août, septembre et octobre 1754, Voltaire lui-même s'enflammait pour les exploits de Louis Mandrin :

« Le peuple aime ce Mandrin à la fureur. Il s'intéresse pour celui qui mange les mangeurs de gens », écrivait-il dans une lettre. Et il ajoutait :

« Ce Mandrin a des ailes, il a la vitesse de la lumière. Toutes les caisses des receveurs des domaines sont réfugiées à Strasbourg. Mandrin fait trembler les suppôts du fisc. C'est une grêle qui ravage les moissons dorées de la Ferme. »

---

6. *Ibid.*, p. 81.

Comme on peut le constater, l'action du capitaine des contrebandiers est bien liée au courant révolutionnaire qui déjà s'annonce. Elle est la preuve de l'efficacité de la révolte et de la fragilité des structures royales.

Dénouement

La sixième campagne, qui se déroula du 15 au 26 décembre 1754, ne fut pas un franc succès pour Louis Mandrin et ses troupes. Il faut avouer que des mesures de plus en plus importantes étaient prises pour arrêter les excès qui ruinaient les Fermes et, n'eût été le génie militaire de leur chef, les contrebandiers eussent péri cent fois dans les embuscades que leur tendaient les soldats du roi.

Néanmoins on décida de passer à une nouvelle tactique qui consistait à encourager la délation par des récompenses, afin d'obtenir des renseignements qui permettraient alors de capturer Mandrin.

Et l'appât du gain le perdit puisqu'il fut dénoncé... On apprit en effet qu'il se cachait en Savoie, au château de Rochefort. Évidemment, il était risqué de passer une frontière sans créer d'incident diplomatique, mais l'occasion était trop belle pour qu'on la laissât échapper.

« Sitôt en possession des renseignements sur le refuge du chef contrebandier, l'opération d'enlèvement fut décidée : dans la nuit du 10 au 11 mai 1755, une troupe de cinq cents hommes composée d'argoulets et d'employés des Fermes franchissait la frontière franco-sarde à une demi-lieue de Pont-de-Beauvoisin, au lieu-dit Le Pilon, à un endroit où le Guiers-Vif est guéable. Le colonel de La Morlière assura le passage du gué mais ne pénétra pas lui-même en Savoie, il laissa le commandement au capitaine Diturbie de Larre, secondé par un groupe d'officiers des volontaires des Flandres ; tous étaient déguisés [7]. »

L'arrestation fut accompagnée d'une série de pillages et de scènes gratuites de violence : ceux qui venaient arrêter les contrebandiers, lâchement, se livraient à des exactions encore plus graves et leur passage laissa d'âpres souvenirs. Cependant le fait le plus important demeurait la capture de Mandrin... Il fut dirigé, ainsi que ses compagnons, vers Valence, afin d'être traduit devant la

---

7. *Ibid.*, p. 125.

commission dont Voltaire affirma qu'elle faisait partie des fléaux de l'humanité ! C'est dire de quelle réputation elle jouissait.

Le 24 mai, le jugement fut rendu en ces termes :

« Avons condamné ledit Louis Mandrin à être livré à l'exécuteur de la haute justice, qui le mènera nud en chemise, la corde au col, ayant un écriteau, où seront ces mots, en gros caractères, *chef des contrebandiers, criminels de lèze-majesté, assassins, voleurs et perturbateurs du repos public (...),* sera ensuite conduit à la place des Clercs, et là aura les bras, jambes, cuisses et reins rompus vifs, sur un échafaud qui y sera à cet effet dressé, mis ensuite sur une roue, la face tournée vers le ciel pour y finir ses jours. (...) [8]. »

Auparavant, Louis Mandrin eut à supporter la question ordinaire et extraordinaire, mais malgré ce supplice il ne dénonça aucun de ses complices. Le corps déjà brisé, il fut acheminé vers la place des Clercs et fixé sur une croix de Saint-André. Les annales de Michel Forest rapportent que le père Gasparini, s'apitoyant sur le sort du condamné, reçut cette réponse :

« Quoi père, vous pleurez ! moi je ne pleure pas, pleurez donc pour tous deux. Ce n'est pas la mort qui me fait de peine, ni le jugement qu'on vient de prononcer, qu'on va exécuter et ne durera qu'un instant ; mais j'ai à subir celui de Dieu qui décidera de mon sort pour l'éternité. »

Si ce furent là les mots exacts de Mandrin, on ne peut point ne pas être surpris par cette « conscience de l'éternité » qui est en somme une notion philosophique bien surprenante sur les lèvres d'un rebelle. Mais le supplice fut tout de même bien pénible à endurer :

« Il reçut huit coups sur les bras et cuisses en vie, un sur l'estomac, avec une constance et une patience sans égales qui étonna tous les spectateurs. Il fut étranglé après huit minutes d'intervalle des coups [9]. »

Le courage de Mandrin est attesté par d'autres témoignages et cette concordance d'avis en est une preuve évidente.

Ainsi s'acheva l'épopée, brève mais violente, qui mit en lumière les injustices dont le peuple était l'objet. Peut-on dire que Louis Mandrin fut, malgré ses excès, un martyr de la liberté ? Le mot est peut-être exagéré ; néanmoins, après son action, rien ne fut plus comme avant. Il devint la figure de proue de la subversion, alors qu'une vague de protestations s'élevait. Et le Parlement du

---

8. *Ibid.,* p. 140.
9. *Ibid.*

Dauphiné ne fut pas le moins actif de ces groupes de contestataires acharnés.

Oui, Louis Mandrin avait sapé les bases du système aberrant représenté par les Fermes générales, et provoqué une brèche dans la muraille du pouvoir royal.

Alors, sans doute, la conclusion de René Fontvieille se révèle fort pertinente, si l'on songe que tous ces faits se déroulèrent quelque trente années avant la Révolution française.

« Il se peut que l'action de Mandrin, qui avait sensibilisé le peuple, ait joué le rôle de la pierre que l'on lance dans l'océan et dont les ondulations se transmettent lentement sur des rives éloignées [10]... »

Telle fut, brièvement résumée, la carrière de Mandrin, faite d'ombre et de lumière ; en tout cas, c'est ainsi que l'Histoire nous le présente. L'imagination populaire et la légende firent le reste...

---

10. *Ibid.*, p. 233.

6.

Les prémices révolutionnaires

La franc-maçonnerie

Sans que l'agitation fût encore publique, le dernier quart du XVIIe siècle, en son début, se révélait déjà mouvementé dans le Dauphiné, et peut-être plus qu'en nulle autre province française l'ombre révolutionnaire commençait-elle déjà d'éclipser le soleil du pouvoir royal. Grenoble, naturellement, jouait un grand rôle en cristallisant les forces vives de la contestation.

« Il n'était peut-être aucune ville de province où l'attention générale et les vœux publics fussent plus absorbés qu'à Grenoble par toutes les questions politiques, affirme Augustin Périer. Cette capitale servait de centre à une province considérable, dont les principales autorités siégeaient dans son sein. Elle renfermait toujours une garnison nombreuse, dont les principaux officiers y rapportaient, avec l'élégance de Paris, les idées patriotiques qui dominaient de plus en plus. Les hommes distingués de toutes les classes étaient rapprochés par une tendance commune et se retrouvaient tous les jours, dans les sociétés renommées pour leur urbanité, et qui avaient acquis un nouvel attrait en cessant d'être exclusives. Un club, à l'anglaise, favorisait les conversations sérieuses : la Loge écossaise rappelait à un but moral et élevé l'ancienne institution de la franc-maçonnerie. »

Assurément, comparer une loge maçonnique à un simple club anglais, c'est passer sous silence le rôle occulte et important que joua celle de Grenoble dans le domaine politique. Il n'est nullement question, pour les francs-maçons, et il ne l'était pas davantage en ce temps-là, de se réunir pour le seul plaisir de la rencontre, loin des tumultes de la ville, et de s'adonner à un passe-temps favori !

Forte de sa vocation philanthropique, la maçonnerie œuvrait dans l'ombre pour que fût lancé le courant de libération qu'elle préparait. Aussi bien, selon que le fait remarquer Prudhomme, la Loge grenobloise comptait dans ses rangs les hommes les plus distingués du Tiers État, de la noblesse et quelques ecclésiastiques parmi lesquels un agent général du clergé en France.

On verra plus loin que la franc-maçonnerie jouera un rôle déterminant lors de l'Assemblée de Vizille. La Loge Égalité, qui prit du reste en 1769 le nom de Bienfaisance et Égalité, avait pour but non seulement de défendre la liberté, mais aussi d'aider matériellement les malheureux et les indigents. Ses bonnes intentions ne sauraient être mises en doute, ainsi que les faits eux-mêmes en témoignent.

« Elle fit construire à ses frais la maison de Joseph Brunel, un pauvre cultivateur veuf et père de cinq enfants, dont l'un avait été atrocement brûlé dans l'incendie détruisant sa demeure et ses biens. Elle pourvut au sauvetage d'un jeune homme qui eut le poignet sectionné en bûcheronnant. (...)

« La loge prit aussi l'engagement de payer la libération des détenus pour dettes. Ceux-ci encombrant les prisons.

« Elle versa pour cette aide, qui fit grand bruit dans la région, plus de mille écus.

« Enfin, les trois loges grenobloises apportèrent leur appui à une fondation, le Prêt charitable, créée en 1693, ne fonctionnant que de façon dérisoire faute de moyens [1]. »

L'Assemblée provinciale et la journée des Tuiles

Avec le projet de création de l'Assemblée provinciale en 1787, commence l'époque de troubles successifs qui s'enchaîneront sans trêve jusqu'à l'explosion révolutionnaire. En une véritable escalade politique, les passions grondèrent sourdement avant que de se donner libre cours dans la violence.

Depuis 1628, le Dauphiné essayait de restaurer ses États qui avaient été supprimés, mais la cour refusait obstinément de revenir à un régime qui lui serait par trop défavorable. Cependant elle ne voyait nulle objection à ce qu'une Assemblée provinciale fût instituée et, dès 1779, l'idée avait pris corps. Il ne restait qu'à la matérialiser mais, pour ce faire, il fallait évincer le Parlement qui voyait

---

1. R. L. LACHAT, *Histoire de la franc-maçonnerie en Dauphiné,* pp. 47-48.

d'un mauvais œil la fondation d'une institution qui aurait diminué l'importance de son rôle politique. Or le Parlement du Dauphiné s'était montré un farouche défenseur des libertés publiques : depuis des lustres il ne ménageait pas le pouvoir royal et jouissait conséquemment de l'estime de la population.

Malgré l'opposition, l'Assemblée provinciale se réunit le 1er octobre 1787 dans l'hôtel de ville de Grenoble, tout près de l'église Saint-André, mais son rôle fut immédiatement entravé par le Parlement. Il s'ensuivit une agitation pacifique qui fut néanmoins l'embryon de faits beaucoup plus graves. Au reste, il ne fallut point attendre bien longtemps pour que ceux-ci se manifestent.

Le droit de vérification fut enlevé au Parlement par les édits du 10 mai 1788. Le comte de Clermont-Tonnerre et l'intendant Caze de La Bove eurent recours à la force pour obliger les magistrats à quitter le Palais. Une réunion immédiate du conseil général et du Parlement eut lieu, dans les remous naissants d'une agitation populaire, et l'extrait de la correspondance du procureur général à l'attention du comte de Brienne, rapporté par Prudhomme, rend compte de la situation qui régnait à Grenoble au mois de mai 1788.

« Ces nouvelles lois ont excité ici une vive fermentation. La violence qu'on emploie dans cette malheureuse circonstance, loin de calmer les esprits, ne sert qu'à les aigrir. Si le Parlement n'avait pas eu la prudence de ne pas se présenter à la porte du Palais, il paraît certain qu'il y aurait eu une émeute populaire mardi dernier. La consternation est générale de voir l'anéantissement de nos privilèges, qui sont une condition essentielle de la réunion du Dauphiné à la couronne. » Cela se passait le 15 mai et le ministère fit la sourde oreille.

Cependant, déjà, des rassemblements avaient lieu ; les paysans menaçaient de ne plus payer les impôts et la rumeur publique s'amplifiait dangereusement. Et comme toujours en ces instants clés de l'Histoire, curieusement, la décision du ministère fut paradoxale et donna libre cours à un enchaînement inéluctable d'événements destructeurs. Alors que la prudence était indispensable, le pouvoir central choisit d'user de la force.

Le 30 mai, donc quinze jours exactement après la lettre d'avertissement du procureur général, le duc de Clermont-Tonnerre remit aux membres du Parlement des lettres de cachet leur assignant l'exil. Face à leur refus, il avait reçu l'ordre de les faire expulser par la troupe. Le 7 juin, il fallut passer à l'exécution de cet ordre. Dès lors des groupes se forment et sillonnent les rues de la ville afin de prêter main-forte aux conseillers. Les paysans eux-mêmes viennent aider les citadins en enfonçant l'une des portes de la ville... La foule se fait de plus en plus menaçante, assiège l'hôtel du duc de Clermont-Tonnerre, qui est quelque peu malmené, alors que la troupe attend des ordres pour passer à l'attaque. Son attente sera de courte durée. L'émeute battra son plein lorsque des tuiles et des pierres seront lancées du haut des toits, sur les militaires. Dans le désordre qui règne place Grenette, un adjudant et quatre de ses hommes sont pris à partie par un groupe d'émeutiers : effrayés, ils ouvrent le feu et sous leur mitraille tombent quelques victimes, dont un enfant. Qui pourrait alors arrêter ce déferlement de haine ? La situation paraît en fait sans issue et échappe à tout contrôle. Le lieutenant général ordonne que le Parlement réintègre le Palais et les conseillers, escortés par la foule, regagnent les lieux d'où ils avaient été chassés. Dans une ambiance de liesse générale, persuadé d'avoir remporté une victoire capitale, le peuple se disperse dans les rues et le calme revient progressivement dans la ville.

Cela n'empêcha pas les membres du Parlement de se plier aux ordres qui leur avaient été donnés, et ils quittèrent Grenoble le 13 juin, alors que le calme était définitivement revenu et que la « journée des Tuiles » entrait dans l'Histoire.

L'assemblée de Vizille

Le rôle de la franc-maçonnerie fut très important lors de l'assemblée de Vizille du 21 juillet 1788. Un an avant la prise de la Bastille, cette réunion fut comme le prélude à la Révolution française.

Elle était présidée « par le comte de Morges, entouré du comte Galbert, fondateur de la Concorde, la première loge grenobloise, de Jean-Marie de Barral, marquis de Montferrat, haut dignitaire porteur du chandelier d'or à trois branches, de la loge Égalité ; et du comte Henry de Virieu, celui qui représenta la France au célèbre couvent de Wilhelmsbad, page essentielle de la maçonnerie irreligieuse et révolutionnaire [2] ».

Un autre détail d'importance se rattache à la tradition maçonnique dauphinoise. On veut en effet que les trois mots qui ornent les frontons de la plupart des hôtels de ville français, « Liberté — Égalité — Fraternité », soient issus des loges grenobloises.

Claude Périer, industriel dauphinois, mit donc son château de Vizille à la disposition des organisateurs de la réunion des États du

2. *Ibid.*, p. 2.

Dauphiné. Des décisions d'une grande importance allaient y être prises et le ministère, quelque peu inquiet face à l'ampleur de la manifestation, se décida à convoquer les États de la province pour le 29 août à Romans. A cette occasion, le Tiers État obtint un nombre de représentants égal à celui des deux autres ordres, et l'élite maçonnique dauphinoise soutint Barnave qui fut député du Dauphiné, ainsi que Mounier.

Ce n'était là qu'un pas supplémentaire vers la Révolution. Le 8 août 1788, le roi annonce que la réunion des États généraux aura lieu à Versailles le 1er mai 1789 : on connaît la suite des événements et leur influence sur le déroulement du courant historique.

Le démembrement du Dauphiné

Dans son désir de centralisation, le pouvoir révolutionnaire décide, le 11 novembre 1789, de supprimer les provinces et de les remplacer par des départements. A cet effet, on ne saurait qu'applaudir les propos de Mounier dont la teneur fut pour le moins prophétique.

« Un des plus dangereux effets que pourrait produire la faiblesse du département des provinces, c'est que la ville de Paris acquerrait une prépondérance dont rien n'arrêterait le progrès. »

Et tel fut bien le cas, puisqu'on sait de nos jours combien le déséquilibre causé par la centralisation outrancière est funeste.

Malgré la véhémence des protestations dauphinoises, le démembrement eut lieu et le Dauphiné donna naissance à trois départements : Isère, Drôme et Hautes-Alpes. Des frontières sont donc arbitrairement tracées en tenant compte des exigences de chacun, mais ce ne fut pas chose facile que de toutes les satisfaire.

Il fallut chercher une capitale pour l'Isère et après un vote serré Grenoble fut élue. Le bilan de toutes ces décisions fut lourd... La misère s'installe alors à la faveur d'une situation économique catastrophique, car les grandes familles s'en vont et n'alimentent plus de leurs capitaux le commerce et l'artisanat locaux.

Cependant, ici beaucoup moins qu'ailleurs, la guillotine exerça sa fonction. C'est à peine si deux prêtres réfractaires furent décapités, le 26 juin 1794, sur la place Grenette. C'est que la lutte antireligieuse bat son plein : les églises désaffectées sont utilisées comme entrepôts ou fabriques d'armes. Seule l'église Notre-Dame, par une cruelle ironie du sort, devient le temple de la déesse Raison... Était-ce là que voulaient en venir ceux qui, quelques années auparavant, accueillirent la troupe sous une pluie de tuiles ? Certes on ne savait pas encore que l'on venait de quitter une monarchie pour s'engager insensiblement vers la dictature de l'Empire.

7.

Organisation de la Savoie

La fin du XVIIe siècle et le début du XVIIIe furent pour la Savoie une période d'extrême difficulté. Divers facteurs firent que la situation se dégrada rapidement. Les guerres d'occupation de 1690 à 1696 et de 1703 à 1713 ne furent pas les moindres fléaux qui frappèrent le duché.

Les années difficiles

Un déplacement important de troupes est toujours suivi d'une vague de calamités : l'occupation de la Savoie par les Français ne fit certes pas exception à cette malheureuse règle et les pillages furent nombreux. A partir de 1691, l'occupant lui-même reconnaissait que le pays avait beaucoup souffert et qu'une grande misère commençait à le frapper. La contre-offensive de 1709 ne fit qu'aggraver davantage encore une situation intolérable, alors que des bandes de brigands ajoutaient leurs préjudices à ceux causés par les deux armées antagonistes.

« Une succession d'années calamiteuses contribua à dramatiser la situation. De 1680 à 1700 une dizaine d'hivers prolongés, assez rigoureux pour geler la plupart des grands lacs alpestres, se signale sur les mercuriales par des hausses subites des grains. En 1692-1694, les blés furent d'une " cherté effroyable " tandis qu'un " nombre exorbitant " de pauvres se pressait aux portes des maisons charitables. Les neiges, les gelées et les pluies de l'année 1698 ouvrirent un nouveau cycle de pénuries et de hauts prix qui se prolongèrent jusqu'en 1706. Le terrible hiver 1709 anéantit les blés et détruisit châtaigniers et noyers : la catastrophe ne fut évitée que grâce à des semailles rapides d'orge, d'avoine, de blé noir et de légumes, mais jusqu'en 1711 la disette n'en resta pas moins menaçante [1]. »

Des orages terribles dévastèrent le duché, et la sécheresse elle-même s'ajouta à ces aléas climatiques qui frappaient l'agriculture. Au demeurant, le siècle tout entier fut partagé entre les éclairs d'un certain progrès et les nuages sombres des calamités. Il fallut attendre les premiers échos de la Révolution pour que les choses évoluent réellement. Cependant, l'agitation et les affrontements se succéderont de 1789 à 1792 et l'on reconnaît, là encore, l'influence de la franc-maçonnerie dans la lutte pour la liberté. Les réunions maçonniques étaient interdites depuis 1790, ce qui démontre que le pouvoir républicain, qui avait été mis en place par les maçons, savait à quoi s'en tenir quant à la puissance des loges et à leur possible influence dans le courant politique. Ceux qui avaient tant et si bien parlé lors de la période prérévolutionnaire se trouvaient bâillonnés par ceux-là qu'ils avaient eux-mêmes hissés aux premières loges de la vie politique. Il y a dans ce fait historique un exemple remarquable que tout homme devrait, aujourd'hui encore, méditer, et qui se révèle éloquent quant à l'évolution de l'action révolutionnaire.

De la franc-maçonnerie aux clubs

L'éclatement de la franc-maçonnerie donna naissance aux clubs et sociétés de pensée. Des intrigues se nouèrent dans l'ombre et il semble même qu'un complot a été fomenté en Savoie.

Un certain « parti français » se serait révélé très actif par ses relations avec le club helvétique, regroupant à Paris les exilés savoisiens et suisses, qui devint plus tard le club des Allobroges dirigé par Doppet et Desonnaz.

Les « soldats de la liberté », commandés par Montesquiou, pénétrèrent en force en Savoie, semant la panique dans les rangs piémontais, et on célébra dans une véritable liesse le départ des « tyrans » qui s'enfuyaient à toutes jambes par les chemins de Genève ou les grands cols alpins.

Les francophiles étaient enfin heureux de sentir leur destinée liée à celle de la France et la Société des Amis de la Liberté et de l'Égalité fut immédiatement fondée, suivie par d'autres qui appa-

---

1. Henri BAUD, *Histoire de la Savoie*, pp. 288-289.

rurent un peu partout sur le territoire. Enfin, le 30 septembre 1792, les conventionnels Dubois-Crancé, Lacombe-Saint-Michel et Gasparin vinrent annoncer aux Savoyards que la République leur accordait de choisir eux-mêmes leur destin ! On imagine l'agitation qui suivit la nouvelle, puisqu'il s'agissait de désigner des délégués pour chaque commune.

Le 27 novembre, la Savoie devint officiellement province française : le règne du « despote sarde » était terminé et le nouveau régime s'installait pacifiquement.

Le retour à la réalité

L'emportement du moment et le déchaînement des passions se décantèrent peu à peu et l'enthousiasme se heurta aux réalités. La proximité des frontières apparut comme une constante menace et le clergé, par son attitude, instaura un climat de tension interne. Il n'était pas question, pour lui, de plier sous le joug du pouvoir républicain. Des affrontements eurent lieu, notamment à Saint-Jean-de-Maurienne, entre les contre-révolutionnaires et la municipalité.

Nombreux furent les prêtres qui préférèrent l'exil au serment et la population, pour sa part, soutenait les réfractaires. Assurément on admettait que fussent abolies les anomalies de l'Ancien Régime, qu'une plus grande liberté fût pratiquée, mais de là à abandonner la foi catholique et à renier l'Église il y avait un pas d'importance, que beaucoup se refusèrent à franchir. Tout comme en Vendée, l'insurrection grondait et battit son plein avec le décret du 24 février 1793 qui ordonnait la levée de 300 000 hommes.

Dans leur simplicité, éloignés de toute velléité d'intrigue, les paysans demeuraient profondément attachés à leurs prêtres. Et leur méfiance proverbiale, relative aux gens de la ville, leur permit très tôt de découvrir les travers des principes révolutionnaires.

« En Savoie, les classes rurales, pauvres dans leur grande majorité, avaient approuvé la suppression des dîmes et de la gabelle du sel, l'abolition gratuite des derniers droits seigneuriaux et l'annulation des taxes d'affranchissement perçues dans les communautés qui avaient passé un contrat de rachat. Mais très vite elles ne connurent plus que l'aspect répressif du pouvoir révolutionnaire [2]. »

2. *Ibid.*, p. 343.

Le département du Mont-Blanc était donc menacé et l'agitation s'amplifia rapidement, malgré l'importance du mouvement de déchristianisation qui tentait de saper les bases de la « croyance ancienne », à grand renfort de rites nouveaux. Il n'y eut guère que dans les villes, et parmi les bourgeois, que ces simulacres se développèrent. Le peuple, quant à lui, et surtout le monde rural, demeurait sourd aux appels de la déesse Raison.

Il fallut attendre le concordat de 1801 pour que les ruptures religieuses cessent enfin avec la nomination de l'évêque de Chambéry. A partir de cet instant, toute une période de réorganisation fut mise sur pied, mais si la spiritualité était retrouvée, l'Église dut cependant renoncer à recouvrer ses biens matériels.

8.

Saint François de Sales

La religiosité des Savoyards, dont on a vu qu'elle résista à l'atmosphère révolutionnaire, s'appuyait sur toute une tradition chrétienne de la plus grande pureté. Saint François de Sales fut sans doute le plus illustre des hérauts de Dieu qui virent le jour sur le sol de l'ancienne Savoie. Il naquit, en effet, au château de Thorens le 21 août 1567, et devint, à trente-cinq ans, évêque de Genève. Mais là ne s'arrêtent pas ses mérites.

Une noble ascendance

Les ancêtres de François furent tous hommes d'armes, et son père, le comte de Sales, ne faillit point à cette mission. Il épousa Françoise de Dionas et leur union fut des plus heureuses : n'étaient-ils pas tous deux issus de familles nobles et pieuses ?
Demandant avec empressement au Ciel d'avoir un fils, la comtesse donna le jour, au septième mois de sa grossesse, à un enfant dont la santé, quelque peu défaillante, causa de grandes inquiétudes à la famille. Mais ces craintes devaient être de courte durée, puisque François de Sales se développa bientôt dans le plus réjouissant des épanouissements physique et intellectuel.
Dès son plus jeune âge, il se fit remarquer par sa docilité et son application, qui devançaient largement les années. Quant à sa piété, elle ne pouvait qu'être développée auprès d'une mère dont c'était là le principal souci. On rapporte que la comtesse de Sales faisait largement bénéficier les plus démunis de ses richesses, et que son fils l'accompagnait fréquemment lorsqu'elle rendait visite aux malades

ou aux isolés. Son enfance se passa donc tout entière dans cette ambiance de charité chrétienne et de pratique évangélique.

Cependant, le jour vint où il fallut songer à l'avenir de François avec davantage de précision. Évidemment son père eût aimé qu'à l'instar de ses ancêtres il choisît la carrière des armes. Mais rien n'était encore arrêté : il convenait auparavant d'affermir son instruction. Dans cette intention, il fut placé au collège de la Roche puis à celui d'Annecy, où il se fit remarquer par ses excellentes dispositions intellectuelles.

Travailleur acharné, à l'esprit vif, François devança bientôt tous ses condisciples et d'autres horizons s'imposaient donc à lui, puisqu'il était évident qu'il ne pourrait rien recevoir de plus à Annecy. Malgré toutes les peines qu'engendra une séparation, on se résolut à l'envoyer à Paris où il pourrait terminer ses études. Il fut confié, pour ce faire, aux soins de l'ecclésiastique Déage. Sa mère craignait beaucoup que les mœurs de la ville ne vinssent ternir une âme dont la pureté était inédiable. C'était compter sans le détachement naturel de François pour les vanités du monde. Ses études mêmes ne le passionnèrent guère, mais il s'y appliqua tout de même afin de satisfaire son père. En fait, il aimait exercer son esprit en des matières plus graves que les arts : le grec, l'hébreu, la théologie occupaient ses loisirs, alors que la prière nourrissait son âme qui déjà s'éveillait et s'ouvrait aux béatitudes.

Sa rencontre avec Ange de Joyeuse fut déterminante et lui ouvrit les portes de la vie contemplative. Dès cet instant il porta le cilice trois fois par semaine en signe de mortification, et fit vœu de chasteté perpétuelle.

Naissance d'une vocation

En proie au doute quant à la voie qu'il venait de choisir, François de Sales fut journellement assailli par mille idées contradictoires. Dieu entendait sans conteste éprouver cette âme d'élite qui se trouvait ainsi ballottée douloureusement. Implorant la Vierge en l'église de Saint-Étienne-des-Grés, François reçut l'apaisement qu'il souhaitait et sortit donc de l'impasse spirituelle dans laquelle il se trouvait engagé.

Ses études se poursuivirent jusqu'en 1585, date à laquelle son père décida de l'envoyer à Padoue, afin d'y suivre des cours de droit : on ne s'embarrassait point des distances en un siècle où la vitesse ne régnait pas en maîtresse et l'on peut imaginer quels avantages, au niveau humain, pouvait tirer un jeune homme ainsi confronté aux situations et aux lieux les plus divers.

Il obtint à cette occasion les mêmes éclatants succès que lors de ses précédentes études. Son instruction était presque achevée lorsque la maladie le frappa brutalement. Les médecins jugèrent qu'il était condamné et qu'il ne fallait nourrir, à son sujet, aucun espoir de guérison. On vint lui demander ce qu'il souhaitait après sa mort et s'il désirait qu'on embaumât son corps afin que le transport de sa dépouille au château de Sales fût rendu possible.

« Non, répondit-il, qu'on le donne à la faculté de médecine pour servir aux dissections et aux démonstrations académiques ; puisque ma vie s'est écoulée sans utilité pour mes semblables, que du moins ma mort leur soit utile. »

Néanmoins ce n'était là qu'une nouvelle épreuve, de laquelle il devait sortir victorieux et plus résolu que jamais à se consacrer à Dieu.

Après avoir reçu le diplôme de docteur, il entreprit un voyage à Rome, afin de parfaire ses connaissances artistiques. Instants d'intense émotion que ceux qu'il vécut aux sources du christianisme occidental, tant en la basilique Saint-Pierre qu'à Lorette.

Pendant que François cultivait ainsi son esprit, son père songeait déjà à son avenir. Sa carrière était toute tracée et une compagne digne de lui avait été choisie. Néanmoins, dès son retour dans la demeure familiale, François de Sales se trouva dans l'obligation d'expliquer à ses parents l'ensemble de décisions qu'il venait de prendre. Il trouva dans son cousin Louis de Sales, chanoine de Genève, un précieux allié, qui demanda pour lui le poste de prévot à l'église de cette ville, ce que le pape lui accorda. A partir de cet instant, il devenait indispensable de dévoiler au comte de Sales les projets de son fils. Ils furent accueillis avec bienveillance et la carrière ecclésiastique s'ouvrit devant lui, lumineuse à souhait.

Les combats de la vie publique

Les études théologiques qu'il avait suivies, une élocution facile, un heureux organe, une mémoire d'une grande fidélité et riche de toute l'histoire sacrée, une éloquence peu commune, tels furent pour François de Sales les atouts dans l'exercice de ses fonctions ecclésiastiques. Ses auditeurs étaient unanimement subjugués, et le sacerdoce qu'il reçut lui permit de développer davantage encore son penchant pour la bienfaisance.

Il institua à Annecy une congrégation consacrée au soulagement des malheureux, à laquelle il donna le nom de Confrérie de la Croix. Ce n'était là que la première pierre d'un riche édifice qui fut bâti au détriment du protestantisme. En effet, certaines contrées — le Chablais, les baillages de Gex et de Terni — avaient cessé d'appartenir à la religion catholique, mais Charles-Emmanuel de Savoie, qui venait de les reconquérir, désirait qu'elles abandonnassent la religion réformée. L'évêque de Genève fut sollicité pour que des missionnaires aillent porter la bonne parole en ces terres, mais la tâche paraissait ardue, voire insurmontable... C'est alors que François de Sales se porta volontaire pour cette mission d'évangélisation qui cachait mille périls, suivi qu'il fut par son dévoué cousin Louis.

Sans tarder ils se rendirent à Thonon, capitale du Chablais et fief du protestantisme. On dit que sur l'ensemble de la population, sept personnes seulement étaient demeurées catholiques, ce qui n'assurait évidemment aucun appui aux zélés missionnaires hébergés par le gouverneur au château des Allinges, et qui se rendaient chaque jour en ville afin d'y passer la journée.

Au sein des sarcasmes, des injures, des embûches multiples, François et Louis prêchaient, infatigables, et leur auditoire, d'abord réduit aux seuls enfants et à quelques militaires, grossit de jour en jour. La curiosité s'empara de chacun et personne ne demeurait insensible aux vertus de François de Sales. Peu à peu les abjurations se suivirent, à une cadence qui s'accéléra rapidement et fort de ce succès François proposa aux ministres protestants une conférence, afin de porter un dernier coup à « l'hérésie ». Elle eut lieu à Genève et fut pour lui un succès total. Charles-Emmanuel ne put point refuser, dès lors, l'église qui lui fut réclamée à Thonon et, le jour de Noël 1597, trois cents personnes y communièrent.

La peste sévit bientôt dans la ville et l'on vit François au chevet des malades, secourant les uns, consolant les autres, donnant l'extrême-onction aux plus désespérés. Cela contribua à la conversion définitive du peuple : en 1598 le protestantisme avait disparu du duché et des baillages et François de Sales avait pleinement rempli sa mission.

A peine revint-il auprès de son évêque qu'il fut nommé, à son corps défendant, coadjuteur. A cette occasion il dut se rendre à Rome et reçut du pape les bulles d'évêque de Nicopolis et de coadjuteur de l'évêque de Genève.

Ce fut à l'issue de ce voyage qu'il apprit qu'une maladie dangereuse venait de frapper son père. Le comte de Sales mourut au moment même où son fils accédait à une charge élevée. Il prêchait en chaire lorsque la terrible nouvelle lui fut annoncée.

Par-delà les frontières

La renommée de François de Sales était parvenue jusqu'à la cour d'Henri IV qui lui demanda de prêcher le Carême, en 1602, dans la chapelle du Louvre. Son éloquence fit merveille au sein des calvinistes encore nombreux, qui se pressaient dans l'église par curiosité, et plusieurs conversions eurent lieu. Le cardinal Du Perron dit à ce sujet :

« Je suis sûr de pouvoir convaincre les calvinistes ; mais pour les convertir, il faut les envoyer au coadjuteur de Genève : Dieu lui a réservé ce talent. »

Le canton de Gex venait de passer sous la domination du roi de France et François obtint néanmoins l'autorisation d'y prêcher l'Évangile. Henri IV, subjugué par tant de talent, voulut fixer ce valeureux soldat du Christ dans l'un de ses évêchés, mais tel n'était pas le désir de François de Sales, qui se sentait profondément enraciné au sol de sa Savoie natale.

Quelque temps après, il succéda à l'évêque de Genève et reçut la consécration au château de Sales, après une retraite de vingt jours et une confession générale. Ses charges augmentèrent considérablement, mais sa capacité de travail était exceptionnelle. Par-dessus tout, il aimait prêcher, surtout dans les campagnes où il pouvait aussi donner libre cours à sa charité. Cette dernière était sans bornes, puisqu'il alla jusqu'à distribuer tout son argent, y compris le fruit de la vente des vases de son église.

Après la mort de sa mère, en 1610, s'ouvrit devant lui, en quelque sorte, une carrière d'écrivain. Successivement, il put exposer, dans l'*Introduction à la vie dévote* et le *Traité de l'Amour de Dieu,* les idées qui nourrissaient ses quotidiennes méditations. Mais François n'était pas écrivain dans l'âme ; simplement, il obéissait aux souhaits de ses plus proches amis.

Rapidement, ces ouvrages se répandirent. Henri IV, Catherine de Médicis et Jacques Ier, roi d'Angleterre les lurent avec beaucoup d'intérêt. Sa renommée fut telle qu'il remplit bientôt des missions diplomatiques. En 1619, il accompagna le cardinal de Savoie en France, pour demander la main de Christine, sœur de Louis XIII, que le prince de Piémont désirait épouser. Il devint même, à cette occasion, son aumônier. En 1622, il accompagna en Avignon le duc de Savoie qui allait y saluer Louis XIII et suivit la cour à Lyon où l'on se disputa sa présence.

La même année, il insista pour prêcher la veille et le jour de Noël, malgré les signes alarmants que donnait sa santé. Profondément affaibli, il fut contraint de s'aliter ensuite. La mort vint le frapper le 28 décembre 1622, alors qu'il était âgé de cinquante-six ans.

Son corps fut transporté à Annecy, selon ses souhaits, et son cœur, placé dans un reliquaire offert par Louis XIII, déposé en l'église de la Visitation de Bellecour à Lyon. Il semblerait que François de Sales ait opéré de nombreux miracles, dont certaines guérisons, mais sa modestie fut telle qu'il n'en laissa jamais rien transpirer. Cependant, Louis XIII et Louis XIV ont juré avoir été guéris par lui. Sa vie vertueuse lui valut d'être béatifié par Alexandre VII en 1661 et canonisé en 1665. On sait qu'en 1618, ayant prêché l'Avent et le Carême à Grenoble, saint François de Sales se rendit à la Grande-Chartreuse et l'on rapporte à ce sujet une anecdote peu connue. L'évêque de Genève passa plusieurs jours dans le monastère et il assista une fois aux mâtines.

« On lui offrit de chanter une leçon, mais il refusa, ne se croyant pas préparé et craignant pour cela de troubler[1]. »

L'Introduction à la vie dévote

Le célèbre traité de saint François de Sales, *Introduction à la vie dévote*, parut au début de l'année 1609 et fut composé des lettres et petits traités, évidemment revus et augmentés, que l'évêque de Genève envoya à sa cousine par alliance Louise de Charmoisy. Celle-ci connaissait quelques difficultés à vivre pleinement sa vie d'épouse, malgré l'amour qu'elle avait pour son mari, et la correspondance qu'elle entretint avec François de Sales lui fut fort bénéfique. Quant à l'*Introduction*, dont les textes de base s'étaient donc montrés si efficaces pour Mme de Charmoisy, c'est un traité destiné non pas à extraire l'être humain de la société pour s'adonner, dans la solitude, à la méditation, mais à aider chacun pour que les actes de la vie quotidienne fussent vécus dans leur sens spirituel. François de Sales savait pertinemment que la contemplation solitaire et l'élan mystique claustral ne peuvent être indistinctement vécus par tous : les degrés de la vocation sont multiples et il con-

---

1. *La Grande-Chartreuse par un Chartreux*, p. 120.

vient de ne point se hisser à une hauteur qui donnerait le vertige au lieu de se montrer bienfaisante. En revanche, il savait aussi que la Rédemption est le fait de chacun et que la vie peut être une expression de la beauté divine, pour peu qu'on s'accorde à lui conférer un élan vertical.

C'est peut-être là l'originalité majeure de l'*Introduction à la vie dévote*, que d'être un traité de mystique quotidienne et universelle. Du reste, le public ne s'y trompa point et l'ouvrage eut un immense succès, puisqu'il fut traduit en dix-sept langues. L'évêque de Genève avertit le lecteur, dès sa préface, eu égard à la nouveauté de son travail :

« Ceux qui ont traité de la dévotion ont presque tous regardé l'instruction des personnes fort retirées du commerce du monde, ou au moins ont enseigné une sorte de dévotion qui conduit à cette entière retraite. Mon intention est d'instruire ceux qui vivent ès villes, ès ménages, en la cour, et qui par leur condition sont obligés de faire une vie commune quant à l'extérieur, lesquels bien souvent, sous le prétexte d'une prétendue impossibilité, ne veulent seulement pas penser à l'entreprise de la vie dévote, leur étant avis que, comme aucun animal n'ose goûter de la graine de l'herbe appelée Palma Christi, aussi nul homme ne doit prétendre à la palme de la piété chrétienne, tandis qu'il vit emmi la presse des affaires temporelles. »

Les nombreuses citations ou allusions aux textes des Pères de l'Église prouvent, s'il en était besoin, que saint François de Sales cultivait une rare érudition théologique, mais ce qui surprend chez cet ecclésiastique d'exception, c'est le constant souci de mettre en pratique, à quelque niveau que ce soit du quotidien, les enseignements les plus profonds. Il rédigea d'autres ouvrages, mais tous avaient une vocation d'enseignement directe et spécifique à un ensemble de situations précises. Ainsi, le *Livre des Controverses* et la *Défense de l'Étendard de la Sainte-Croix* s'adressaient-ils aux missions du Chablais ; alors que le *Traité de l'amour de Dieu* fut rédigé pour les visitandines.

Présenter à chacun selon son rang et sa condition les beautés de cette Lumière surnaturelle qui l'avait éclairé dès son adolescence, tel était son principal souci. On ne s'étonnera point qu'avec un tel phare le christianisme savoyard sût résister aux rigueurs républicaines, plus d'un siècle et demi après la parution de l'*Introduction à la vie dévote*, et que les prêtres luttèrent avec un acharnement égal à celui de François, lorsqu'il entreprit de convertir la foule protestante de Thonon.

9.

Le Saint-Suaire à Chambéry

En 1613, une foule énorme se presse, à Turin, pour y contempler une relique que l'on dit vénérable. Saint François de Sales est là, avec d'autres ecclésiastiques, pour montrer au peuple le Saint-Suaire qui est la propriété de la maison de Savoie depuis 1453.

Origines de la vénérable relique

Le Saint-Suaire est sans doute la plus extraordinaire relique que la chrétienté possède puisqu'elle résume la Passion de Jésus avec une précision étonnante. Grâce à des investigations menées selon les méthodes scientifiques les plus modernes, on a pu suivre pas à pas les périples de la vénérable pièce d'étoffe avec beaucoup de précision. Voici, rapidement exposé, le parcours probable qu'elle suivit.

Elle quitta Jérusalem aux environs de l'année 30 pour Edesse, puis Samosate, où elle séjourna jusqu'en 944. De là, elle gagna Constantinople le 15 août 944 et y demeura jusqu'au 12 avril 1204. A partir de cet instant, il semble que les croisés, et plus probablement les Templiers, l'eurent en leur possession. Sa trace est retrouvée à Paris en 1307, puis à Lirey de 1357 à 1418, à Saint-Hippolyte-sur-Doubs de 1418 à 1449, Genève en 1453 et enfin Chambéry en 1502, où le Suaire demeurera jusqu'en 1578.

En 1537, il fut exposé à Nice et le souvenir de ce séjour demeure peint tant dans le cloître de Cimiez qu'à l'étage du monastère franciscain où se trouvait le noviciat. Dès 1578, son lieu de résidence définitif sera Turin, malgré quelques déplacements momentanés, notamment celui d'Avellino de 1939 à 1946.

Ainsi, avant que d'avoir appartenu à la maison de Savoie, le Saint-Suaire aurait été en possession des chevaliers du Temple, et cela est d'une grande importance si l'on considère l'histoire secrète de cet ordre qui a fait couler beaucoup d'encre et demeure l'un des sujets préférés des chercheurs qui se passionnent pour les énigmes historiques.

Un écrivain anglais, Ian Wilson, vient cependant de faire toute la lumière dans ce domaine, ce qui confère encore à la relique qui séjourna à Chambéry une importance toute particulière [1].

L'énigme du Baphomet

Que n'a-t-on pas écrit au sujet du fameux Baphomet que les chevaliers du Temple adoraient, et dont on voulait que ce fût une face barbue et quelque peu effrayante ! Les interprétations les plus diverses ont été avancées, où se partagent fantaisie et goût gratuit du mystère, sans qu'aucune réponse acceptable ait été fournie. Or, dans une ancienne commanderie templière du Somerset, en Angleterre, on a découvert, en 1951, une fresque représentant très exactement une tête d'homme barbu, c'est-à-dire probablement une représentation du Baphomet de la tradition.

« Aujourd'hui, cette peinture restaurée est suspendue dans la minuscule église de Templecombe. Elle est importante, parce qu'elle élimine définitivement l'idée que l' "idole" des Templiers ait pu avoir une forme quelconque de buste. Elle est absolument conforme aux descriptions les plus rationnelles que nous possédons : "une peinture sur une plaque", "une tête d'homme barbu", "grandeur nature", "avec une barbe grisonnante comme celle d'un Templier" [2]. »

Comment a-t-il pu se faire que ce visage, qui manifestement rappelle celui du Christ, ait été confondu avec une « idole païenne » ? Ian Wilson nous fournit à ce sujet une parfaite justification.

« Mais le détail le plus significatif est, bien que cette image semble être celle du Christ, l'absence de toute auréole ou halo, ce qui pourrait expliquer le mystère entourant le modèle de l'image. (...) Mais cette absence d'auréole indique quelque chose de plus : quand on pense à la vénération extrême dont les Templiers entou-

---

1. Ian Wilson, *Le Saint-Suaire de Turin*.
2. *Ibid.*, p. 228.

raient leur " tête barbue ", il est difficile de supposer que leurs artistes aient ignoré une tradition vieille de mille ans et qu'ils aient omis l'auréole par irrévérence. N'ont-ils pas plutôt obéi au désir de reproduire directement une caractéristique tout à fait particulière de l'objet " original " dont ils faisaient la copie [3] ? »

Or, cet « objet » n'est autre que le Suaire, plié de manière telle que seul le tracé flou et indistinct du visage fût visible ! Ainsi donc les Templiers n'adoraient nullement une idole païenne ou lucifé-rienne, comme l'ont prétendu certains historiens, mais l'empreinte du visage du Crucifié. Et puisque traditionnellement le Christ est appelé « Soleil de Justice », il est exact d'interpréter le mot « Baphomet » par *baptême de la lumière*, car l'empreinte ainsi laissée sur la toile serait un témoignage de sa Divinité. Au demeu-rant, on verra plus loin que l'analogie est plus frappante encore, eu égard aux résultats proposés par les analyses modernes de l'effigie.

Remarquons enfin que le suaire disparut de 1207 à 1353 et qu'il fut la propriété du comte Geoffroy de Charny, mort en 1356, dont le nom n'est pas sans rappeler Geoffroy de Charnay, visiteur de Normandie, qui fut brûlé avec Jacques de Molay, dernier grand maître des Templiers, en 1314. Et Liray, où réapparaîtra la relique, n'est qu'à vingt kilomètres de la forêt d'Orient, haut lieu templier. Autant de coïncidences qui tendent à justifier l'hypothèse selon laquelle le Saint-Suaire fut jalousement gardé par les chevaliers du Temple.

Le Saint-Suaire en Savoie

Marguerite de Charny décida de donner la relique à la maison de Savoie en 1453. Elle reçut du duc Louis le château de Varambon, ainsi que les revenus du domaine de Miribel, près de Lyon. Quatre années plus tard, elle est menacée d'excommunication si elle ne rend pas la relique aux chanoines de Lirey. L'excommunication sera cependant levée et après la mort de Marguerite, le duc Louis de Savoie décida de dédommager les chanoines le 6 février 1464, en leur attribuant la somme de cinquante francs en or.

Après l'exposition du Vendredi saint 1494 à Vercelli, le Suaire est déposé dans la chapelle du château de Chambéry, qu'il quittera le 14 avril 1503, pour être exposé à Bourg-en-Bresse dans l'une des

---

3. *Ibid.*

grandes salles du palais ducal, au bénéfice de l'archiduc Philippe de Flandre.

Dès 1506, la fête du Saint-Suaire est instituée par Jules II et fixée au 4 mai. Chambéry devient, par la même occasion, sa résidence permanente et des expositions sont annuellement organisées. Laurent de Gorverod y apporte, le 10 août 1509, le reliquaire que Marguerite d'Autriche a fait exécuter afin que la relique ait une plus digne demeure.

François Ier lui-même, après la victoire de Marignan, se rend à Chambéry, le 15 juin 1516, pour y vénérer le Suaire. Dans la nuit du 4 décembre 1532, un incendie se déclara dans la chapelle, et sous l'action des flammes la châsse fondit par endroits : une goutte de métal liquéfié tomba sur le tissu plié provoquant de graves brûlures. Avant que l'irréparable n'advînt, on parvint à le soustraire aux flammes, mais le Suaire gardait désormais deux séries de traces préjudiciables : la première causée par les flammes et la seconde par l'eau qu'on déversa afin de les éteindre.

Le 15 avril 1534 les clarisses de Chambéry sont chargées de réparer les dommages causés par l'incendie. Elles eurent à coudre des pièces qui, hélas ! ne purent que masquer partiellement les trous bruns des brûlures.

Ce travail fut achevé le 2 mai. Un an plus tard, le 4 mai 1535, le Suaire fut exposé à Turin. Une enquête fut cependant menée afin de mettre fin à la rumeur selon laquelle le Suaire authentique avait été entièrement détruit et remplacé par une copie. Le duc Charles II fit appel au pape qui nomma une commission.

Après de multiples péripéties, le Saint-Suaire fut transporté à Turin le 14 septembre 1578, afin que saint Charles Borromée vînt l'adorer. Le duc Emmanuel-Philibert de Savoie profita de cette occasion pour que la relique changeât de capitale. Depuis lors, Chambéry perdit le bénéfice de l'abriter, mais le souvenir de son séjour en Savoie restera à jamais tristement imprimé dans la toile vénérable.

On peut certes se poser mille questions eu égard à l'authenticité du Saint-Suaire et sans doute ne sera-t-il pas inutile d'explorer brièvement les énigmes dont il s'entoure, puisque la science la plus avancée s'est penchée de nos jours sur les problèmes passionnants qu'il soulève.

Première révélation du Saint-Suaire

Ce fut en 1898 que l'abbé Noguier de Malijay manifesta l'intention de faire photographier le Saint-Suaire pour la première fois. Nicéphore Niepce avait, soixante et onze ans auparavant, inventé la photographie, et cet art s'épanouissait peu à peu, grâce aux perfectionnements successifs apportés par Daguerre, Abel Niepce, Legray et quelques autres chercheurs. Devant les balbutiements et les craintes inspirés par cette technique nouvelle, il ne fut pas aisé à l'abbé Noguier d'obtenir l'autorisation souhaitée, mais sans doute fût-ce sous les auspices de la Providence que maître Pia, avocat, put, dans l'après-midi du 25 mai, procéder à un premier et infructueux essai. La déficience de l'éclairage et quelques autres ennuis secondaires furent causes de cet échec : que l'on imagine ce que pouvait alors représenter une prise de vue, eu égard à l'appareillage quelque peu rudimentaire dont disposaient les pionniers de la photographie...

On craignait que la Sainte Relique ne souffrît du second essai et que l'expérience ne devînt une profanation. Dès lors, le Linceul fut protégé par une plaque de cristal qui ne facilita nullement le travail. Néanmoins, au soir du 28 mai, deux clichés purent être tirés, qui nécessitèrent respectivement quatorze et vingt minutes de pose, et que maître Pia, dans l'exaltation de cette tâche inhabituelle, s'empressa de traiter à son domicile.

Quelle ne fut pas sa stupeur lorsque l'Image apparut en négatif sur les plaques, *révélant*, positivement, ces traits divins que les générations antérieures à la sienne ne contemplèrent qu'indistinctement !

En effet, le Saint-Suaire était adoré depuis 340 environ, date attestée par saint Cyrille de Jérusalem, mais on peut dire que cette adoration fut le fait d'une tradition, puisqu'il fallut attendre l'invention de la photographie pour que l'on pût contempler le Corps du Crucifié, qui se présente comme en « négatif » sur le linceul. Ce n'est que le négatif photographique, donc, qui permet d'observer avec beaucoup de précision ce que les fibres du tissu cachent à l'œil humain.

Ainsi la science confirmait-elle que ce drap, d'humble aspect, pouvait bien être celui dans lequel fut enveloppé, à sa descente de croix, Jésus de Nazareth. Que cette découverte ait eu lieu à l'aurore de notre vingtième siècle devrait déjà attirer notre attention ; mais il ne s'agissait alors que d'un premier élément, capital certes, d'une longue et lumineuse suite de révélations.

L'incertitude qui pesait toujours sur la personnalité du Crucifié devait être levée par des études médicales successives. On put, dès lors suivre, en effet, la Passion du Christ, grâce à l'examen précis de chacune des blessures. Et le mystère douloureux du Vendredi Saint nous apparaît maintenant dans toute sa plénitude. Les anatomistes affirment donc que, singulièrement, les clous utilisés pour la Crucifixion n'ont brisé *aucun os* du Divin Corps. Ce qui confirme bien les propos du Psaume XXXIV, verset 21, de l'Exode XII, verset 46, et que rapporte saint Jean (XIX, 36).

La mort serait intervenue par asphyxie après une longue agonie. Celle-ci nous est connue dans ses moindres détails et vient confirmer les dires des Évangélistes. Les éxégètes s'accordent même à reconnaître que le texte de saint Jean, dont on louait surtout la valeur mystique et spirituelle, est d'une surprenante précision quant au déroulement historique des faits.

C'est qu'il se tenait, avec les rares disciples qui n'avaient pas été effrayés par la condamnation, au pied de la Croix, soutenant Marie, et bravant les brimades et les insultes des soldats romains. Qui, mieux que lui, pouvait nous renseigner avec exactitude ?

La datation du Linceul et les « bandelettes », seconde énigme

On sait avec certitude que le Saint-Suaire séjourna en Orient jusqu'en 1204, date à laquelle Constantinople fut prise par les croisés. Le Linceul était donc vénéré dans ces lointaines contrées depuis près d'un millénaire, avant de faire son apparition en Occident, très exactement en France. Son ancienneté ne fait par conséquent aucun doute, mais il restait à la confirmer. Or, l'étude des pollens qui se sont successivement déposés entre les fibres de la toile a permis de conclure qu'elle provient bien du Moyen-Orient, très exactement de cette région de Judée où eut lieu la Crucifixion.

Il faut rappeler que ces travaux ont été effectués par le docteur Max Frei, botaniste et criminologiste suisse. Comment aurait-il pu se faire, s'il s'était agi d'un faux suaire produit au Moyen Age, que des variétés de plantes désertiques, caractéristiques de la Palestine, y aient déposé leurs pollens ?

Mieux encore, par cette étude, on a pu confirmer, *très exactement*, le long périple dont fut l'objet cette sainte relique, puisqu'on a successivement examiné ceux des végétaux qu'il rencontra sur son passage.

Ainsi la Nature a marqué d'un sceau particulier, et somme toute bien ordinaire, le Saint-Suaire, afin qu'on le pût authentifier dès que la science aurait disposé des outils nécessaires : or, dans le cas de l'analyse des pollens, il faut user de microscopes extrêmement puissants. Venons-en maintenant aux énigmatiques « bandelettes ».

De nombreux exégètes n'ont jamais très bien compris, ni même admis, certains propos de saint Jean en faisant état. On sait, bien entendu, que les Juifs n'entouraient point les cadavres de longues bandelettes semblables à celles qui caractérisent les momies égyptiennes. Et cependant, saint Jean insiste :

« Ils (Pierre et Jean) couraient tous deux à la fois, mais l'autre disciple courut plus vite que Pierre et arriva le premier au sépulcre. Et, en se penchant, il vit les *bandelettes posées là* mais il n'entra pas. Puis arriva Simon-Pierre qui le suivait, et il entra dans le sépulcre : il vit *les bandelettes posées là*, et le *suaire* qui avait été sur la tête, posé non avec les *bandelettes* mais dans un endroit à part, enroulé » (Jean XX).

Il s'agit donc bien de deux sortes de linges : des bandelettes et un linceul, celui-là même qu'avait apporté Joseph d'Arimathie.

Vainement a-t-on essayé de justifier la présence de ces bandes de tissu, et l'on a fini par traduire le latin *linteis* par « menus linges ». Ainsi, il se serait agi surtout de ces morceaux de toile que l'on avait pliés ou roulés en boule, afin de soutenir, de part et d'autre, la tête du Sauveur.

Il apparaît cependant que les mains et les pieds du corps du Divin Supplicié furent liés ensemble par des bandelettes. Mais, outre cela, on peut aussi conjecturer que le Linceul fut bordé, puis *serré* près du corps, puisque des taches apparaissent en double. Ce qui n'a pu se faire que grâce à d'autres bandelettes. Cela s'avéra d'autant plus nécessaire que Joseph d'Arimathie et Nicodème versèrent sur la dépouille *cent livres* (environ 33 kg) de myrrhe et d'aloès ! Pareille quantité d'aromates ne pouvait qu'être maintenue par des bandes de tissu.

Donc, cette fois encore, saint Jean se montre d'une grande précision : il y avait bien, dans le tombeau, le Suaire et des bandelettes.

Pas à pas, nous parcourons l'insondable mystère de la relique qui nous révèle les arcanes de la Résurrection. La dernière découverte, cependant, est de loin la plus extraordinaire, que nous pouvons maintenant examiner.

Le mystère de l'effigie

Une chose est certaine, c'est que les blessures et les taches de sang ne sont pas seules à apparaître sur le Suaire. Il s'agit bien, en quelque sorte, d'un phénomène photochimique — du moins le croyait-on jusqu'à aujourd'hui — qui fait que l'on retrouve *en clair* toutes les parties du corps qui ont été *en contact* avec la toile.

Dès lors, des hypothèses furent émises quant à la nature exacte de ce phénomène, puisqu'il est évident qu'il ne s'agit nullement de peinture ou de quelque autre procédé frauduleux : les détails sont beaucoup trop précis pour cela, et nécessiteraient, dans ce cas, une technique et des moyens que les Hébreux ou les éventuels faussaires médiévaux étaient loin de posséder.

On pensa alors à une réaction chimique provoquée par les aromates, et le docteur Vignon s'adonna, au début de ce siècle, à quelques essais infructueux. On obtenait bien « quelque chose » avec de l'aloès synthétique, mais toute expérience menée avec le véritable aloès, ou « agalloche », ne donnait aucun résultat. Il était donc douteux que ce procédé expliquât le mystère de l'effigie. Cependant, faute de preuves suffisantes, on en resta là. Et ce manque de conclusions scientifiques — notre siècle ne réclame que cela — fut un élément de taille entre les mains des sceptiques...

Déjà, on avait remarqué que les traces des brûlures provoquées par l'incendie de 1532 avaient d'étranges analogies avec celles de l'effigie, mais ce fait, pour curieux qu'il fût, ne demeura qu'une singularité.

Or des chercheurs obtinrent, dernièrement, l'autorisation d'analyser quelques fibres de tissu. Ce travail fut exécuté, on l'imagine, par les méthodes les plus modernes d'analyse. Et voici le premier résultat : ce que l'on croyait être du sang coagulé... n'est pas, ou plus, du sang ! Toutes les traces brunâtres ne seraient, en fait, que des « *brûlures* », d'où l'identité d'aspect avec celles de 1532.

Mais alors, dira-t-on, que faut-il en conclure ?...

Oui, la réponse, pour incroyable qu'elle soit, nous révèle le dernier mystère du Suaire : celui de la *Résurrection*.

Les scientifiques s'accordent à dire, après examen de ces traces, que l'on pourrait être en présence de brûlures provoquées, jusqu'à mi-fibre, par *radiation*.

On peut donc risquer une conclusion : cette effigie a été imprimée à l'instant exact de la Résurrection ; en ce moment clé d'un nouveau « Fiat Lux », où le corps du Christ, dans une explosion de lumière surnaturelle, revenait à la vie...

Cette apparente invraisemblance ne devrait nullement nous choquer, puisque les Évangélistes nous en donnent des preuves patentes. Que l'on se souvienne de la Transfiguration.

« (...) Jésus prit avec lui Pierre, Jacques, et Jean son frère, et il les emmena à l'écart sur une haute montagne. Et il se transfigura à leurs yeux ; *son visage devint brillant comme le soleil et les vêtements blancs comme la lumière* » (Matt. XVII, 1-2).

Voilà pourquoi cette effigie est véritablement un « baptême de la Lumière » et sans doute est-il extraordinaire de constater que la science contemporaine authentifie le *Baphomet* vénéré par les templiers.

10.

Le Val d'Aoste de la Révolution à l'Empire

On ne peut pas dire que les événements qui se déroulèrent dans le Val d'Aoste tout au long de la période qui alla de la Révolution française à l'Empire démontrèrent une volonté marquée, de la part des Valdôtains, d'être annexés par les Français.

Plus encore qu'en Savoie, où les troupes françaises avaient été accueillies avec une joie quelque peu partagée, l'influence des Piémontais se faisait sentir. En fait, Charles-Emmanuel III avait entrepris, vers 1758, de soumettre le duché aux lois du royaume sarde, et depuis lors l'ensemble de la vallée était devenu une parcelle, à part entière, du royaume de Sardaigne.

L'occupation de la Savoie

On se souvient qu'en 1792 le général Montesquiou pénétra, à la tête de ses troupes, dans le territoire savoyard. Dans une ambiance de déroute, les notables et les troupes royales se replièrent sur le col du Petit-Saint-Bernard, persuadés qu'ils étaient que les Alpes formaient là une barrière infranchissable.

Les soldats avancèrent néanmoins jusqu'au pied du col et prirent position à Séez et au pied du Mont. Cependant on n'était guère disposé à guerroyer du côté français, à tout le moins tant que la réorganisation de la Savoie, qui devenait ainsi le département du Mont-Blanc, n'était pas engagée.

Dès le printemps 1793, les Français commencèrent à démontrer clairement qu'ils n'entendaient pas laisser le Val d'Aoste à son destin : c'était là une plate-forme très importante, sur le plan stratégique, dont on pouvait se servir lors de la conquête du Piémont et il convenait donc de se l'assurer.

Le premier assaut eut lieu le 26 mai 1793, à la redoute du Traverset, tout près du col du Petit-Saint-Bernard, et cette attaque, malgré le nombre important de morts et de blessés, se révéla tout à fait infructueuse. Un mois plus tard, le 29 juin, nouvel engagement sur les mêmes lieux que le précédent. Il se solda par de lourdes pertes du côté piémontais. Néanmoins les Français avaient pu être refoulés momentanément, ce qui était déjà une consolation. Durant tout le mois de juillet une guerre de harcèlement mit à rude épreuve les nerfs des Italiens, qui parvinrent tout de même à tenir tête aux assaillants jusqu'à l'arrivée des renforts qui leur avaient été promis, ce qui leur permit même de passer à l'offensive le mois suivant.

Les troupes du marquis de Montferrat pénétrèrent dans la vallée de la Tarentaise et après les combats qui furent livrés près de Bourg-Saint-Maurice, les Français durent quitter leurs positions.

Pendant ce temps, encouragé par son succès, le duc de Montferrat, qui avait initialement séparé son armée en trois groupes, s'installa à La Roche-Cevins et y demeura six semaines.

Durant cette accalmie, les Français gagnèrent progressivement les postes clés autour du campement et la position des Piémontais devint brusquement des plus dangereuses... Quittant rapidement leur établissement, et se repliant vers les montagnes, ils ne parvinrent à franchir le Petit-Saint-Bernard qu'après avoir livré des batailles dans lesquelles ils perdirent quelques ressources. A partir de cet instant, le col ainsi que le village de La Thuile seront le théâtre d'affrontements incessants. Les Piémontais séjournèrent en ces lieux jusqu'au printemps 1794. Le 24 avril, une offensive d'envergure fut lancée et malgré leur vaillance les troupes royales ne résistèrent pas au choc rude des forces françaises. Sans le dévouement des habitants d'Avise et d'Arvier, celles-ci auraient sans doute aucun pu passer le cap de Pierre-Taillée, où elles furent arrêtées.

Annexion du Piémont

Affaiblis, les Piémontais battirent en retraite et les miliciens valdôtains prirent seuls en charge leur défense, sous les ordres du capitaine Chamonin. Avec les renforts envoyés par le duc de Montferrat, elles repoussèrent les Français jusqu'à La Thuile. On verra encore le capitaine Chamonin et ses hommes aux côtés des soldats royaux tout au long des combats qui s'engagèrent autour du col du

Mont, où les Français essuyèrent, le 25 juin 1795, une cuisante défaite.

Il faudra attendre 1798 pour que la victoire française soit réellement totale. Cependant, dès 1796, les troupes furent placées sous le commandement de Napoléon Bonaparte, dont la science militaire fit merveille. Le 7 juin 1798, quelque 22 000 soldats, fantassins et cavaliers pénétrèrent dans la ville d'Aoste et logèrent, notamment, dans l'église cathédrale et l'église du collège Saint-Bénin. Leur but était d'attaquer les villes piémontaises afin d'annexer le Piémont, ce qu'elles firent au mois de novembre. Le roi quitta la péninsule et se retira en Sardaigne au mois de décembre. Dès le mois de mai 1799, le Piémont fut soumis aux lois révolutionnaires et républicaines, puis démembré en quatre départements, dont celui de la Doire auquel appartint Aoste.

L'Église valdôtaine sous la Révolution

Le clergé valdôtain fut très partagé, pendant la période révolutionnaire, puisqu'on trouvait des ecclésiastiques parmi les Jacobins notoires, qui laissaient alors courir librement leur passion républicaine. En plus de cela, depuis le début de la Révolution, et après l'occupation de la Savoie par l'armée républicaine, aristocrates et réfractaires émigraient en masse. L'évêque d'Annecy, l'archevêque de Paris, l'évêque de Clermont-Ferrand, l'archevêque de Vienne, les vicaires généraux de Lyon et de Saint-Claude, ainsi que quelques centaines d'autres hommes d'Église, trouvèrent dans le Val d'Aoste un lieu momentané de refuge. La famille de Joseph de Maistre, c'est-à-dire sa femme, ses deux enfants, puis Xavier de Maistre, frère du philosophe, arrivèrent à Aoste avec André-Marie de Maistre, doyen de la Tarentaise. Joseph séjourna lui-même plusieurs mois dans la vallée en tant qu'officier recruteur de l'armée piémontaise.

Un fort courant réactionnaire et contre-révolutionnaire se développait donc, dont l'influence n'allait pas tarder à se faire sentir au sein de la population. Mais avant cela, le clergé eut à subir beaucoup de préjudices. Bon nombre d'églises et autres édifices religieux furent réquisitionnés, détournés de leur destination première et « transformés », si l'on peut dire, en casernes, magasins et écuries... Puis, par l'arrêté du 31 août 1802, l'administrateur général Jourdan supprima tous les ordres religieux dont on confisqua les biens. Tous furent donc expulsés, capucins, visitandines, chanoinesses, et le clergé valdôtain, dans son ensemble, supporta les humiliations en courbant le dos et sans éclat.

Néanmoins, quelques prêtres qui ne s'avouaient point vaincus fomentèrent des mouvements d'insurrection.

Les révoltes des Socques

Après les succès remportés par l'armée austro-russe sur l'armée française, un vent contre-révolutionnaire souffla sur le Piémont. Il n'en fallait pas plus à l'abbé Nicolas Gontier de Champorcher pour lancer un mouvement subversif qui avait pour but de s'assurer la place forte de Bard. A la tête d'une foule de paysans révoltés, armés sommairement de fourches et bâtons, il se rendit dans la forteresse et s'en empara aisément. On imagine la joie, teintée de surprise, de tous ces hommes nullement préparés à la carrière des armes et qui venaient ainsi de triompher, sans trop de peine, de la troupe régulière ! Curieuse armée, d'ailleurs, que celle qui célébrait la victoire : des haillons pour tout uniforme et aux pieds des sabots, ou « socques », d'où le nom de l'insurrection.

Les arbres de la liberté furent abattus et tous les suspects, ainsi que les Jacobins, incarcérés à Bard. Une croix bénite remplaça l'arbre devant le palais du gouvernement et quelques pillages eurent lieu. Le 9 mai 1799, les troupes austro-russes mettaient fin à la révolte. On s'était réjoui de la défaite française, mais on s'aperçut rapidement que le revirement de situation politique n'apportait rien de nouveau à la vallée. Certes, une troupe remplaçait l'autre, alors que les problèmes demeuraient strictement les mêmes : il fallait entretenir un nombre considérable d'hommes, sans en tirer aucun bénéfice... Et les batailles de se poursuivre encore et toujours.

Après le retour des Français, l'avocat Bertoliatti fut nommé commissaire, que devait remplacer Ferdinand Bruni, plus ferme et rigide dans ses décisions. Il cultiva cette qualité tant et si bien qu'il fit éclater une seconde insurrection populaire. Fonctionnaire zélé, Bruni s'appliqua à faire respecter les ordres qui lui parvenaient de haut lieu, telle, par exemple, la réquisition des cloches non indispensables au culte.

La disette causée par le passage incessant des troupes, la haine sourde que l'on entretenait à l'encontre des Jacobins s'ajoutèrent au mécontentement de voir ainsi disparaître des objets qui tenaient à cœur aux populations rurales : les cloches étaient en quelque sorte les voix des villages, et on n'entendait nullement qu'elles fussent anonymement fondues dans quelque officine obscure.

Après le refus que les municipaux essuyèrent le 1er ou le 2 janvier 1801 à Châtillon, Bruni décida de répondre par la force à l'entêtement des paysans d'Antey, de Torgnon et de Valtournanche. Levant une troupe, il se rend lui-même dans la localité au petit matin et fait abattre toutes les cloches. Sur les treize que l'on comptait au total, cinq furent immédiatement brisées. On convint néanmoins que deux d'entre elles seraient sauvegardées, l'une pour le culte, l'autre pour sonner l'heure. Décision futile au demeurant, puisque déjà les Socques se soulevaient, par milliers. La seconde insurrection fut beaucoup plus violente que la première et les excès ne manquèrent pas.

Une « chasse aux sorcières » fut lancée dont les Jacobins firent les frais : on jeta des cadavres dans la Doire, dont celui de Bertoliatti, et les pillages se succédèrent. Le 6 janvier, cent vingt gardes nationaux et trente soldats français quittèrent Ivrée, sous les ordres de l'adjudant Merck, et vinrent se joindre aux cent hommes de Bruni. C'était bien peu pour faire face aux trois mille rebelles qui ne voulurent point se plier aux arguments des différents médiateurs, aux rangs desquels se trouvait l'évêque de Solaro. Le 13 janvier, ils pénétrèrent à Aoste dans la plus grande confusion. Celle-ci dura jusqu'au lendemain et fut atténuée par une procession générale qu'on organisa, afin de parvenir à canaliser les forces vives de cette foule désordonnée et dangereuse.

Le 17 janvier l'avocat Martinet gagne Aoste à la tête de mille hommes, sans toutefois user de la violence. Il remplace Bruni, qui avait fui par le Petit-Saint-Bernard et s'engage à adopter une conduite beaucoup plus souple. La seconde insurrection des Socques prenait fin sans que rien de réellement constructif en fût sorti. Tel est du reste le cas de beaucoup de soulèvements populaires qui se terminent dans l'anonymat, après que les villes soient mises à feu et à sang de façon inconsidérée.

Au demeurant, après la chute de l'Empire en 1814, les États sardes reprirent corps. On en revint incontinent aux Royales Constitutions de 1770 et on abandonna toutes les transformations effectuées par la République française. Comme toujours en pareil cas, la période de remaniement entraîna des troubles plus ou moins importants. L'Église fut très favorisée par le changement de régime et recouvra bon nombre de ses prérogatives.

En 1853, à la suite d'une profonde crise économique, éclata la troisième insurrection des Socques, dont le prétexte officiel fut la publication de la loi sur la taxe personnelle et mobilière. Comme les précédents soulèvements, celui-ci se déclencha dans la basse vallée et remonta vers Aoste, à partir du 26 décembre. Cette fois-ci, un ensemble de revendications précises servait de fer de lance aux paysans : abolition du statut, révocation du ministre des Finances, suppression des impôts et abrogation des nouvelles mesures fiscales, rétablissement des fêtes. Le 13 janvier 1801, les Socques pénétraient à Aoste en criant : « Vive la République ! Vive la nation française ! » ; près d'un demi-siècle plus tard, leurs descendants proclameront : « Vive le roi ! A bas le drapeau tricolore ! A bas la Constitution ! » Est-ce assez singulier tout de même, que pareil revirement de situation...

Malgré les tentatives de négociation, les insurgés marchaient sur la ville qui avait déclaré l'état d'alerte et posté aux points stratégiques une troupe maigre et disparate : carabiniers, sapeurs-pompiers, citadins et douaniers, sommairement armés, attendaient dans l'angoisse l'arrivée de la colonne. De nombreux pourparlers, menés par l'intendant Rocca, eurent pour effet de dissuader les Socques de pénétrer à Aoste armés. Les armes furent donc déposées dans la chapelle Saint-Roch et le désordre évité, ainsi qu'un affrontement, qui eût été aussi sanglant qu'inutile.

Tenant compte de l'extrême misère des paysans, poussés à l'insurrection par le désespoir, on leur fit distribuer du pain, du vin et de l'eau-de-vie. Beaucoup d'emprisonnements et de jugements suivirent néanmoins ces faits. Quatre prêtres furent condamnés puis acquittés, alors que neuf condamnations seulement furent maintenues concernant des délits somme toute mineurs.

Les années qui suivirent ne furent pas pour autant placées sour le signe d'une paix intégrale. La politique française, tout particulièrement en ce qui concernait la Savoie, ne manqua pas de faire ressentir aux Valdôtains que leur position de frontaliers n'était pas de tout repos et que les déchirements subsisteraient toujours, par-delà le temps et les changements de régime politique.

CINQUIÈME PARTIE

Espérances et réalités

DAUPHINÉ

1.

Prophéties et énigmes archéologiques

Curieusement, la montagne semble être une terre prophétique, et si le cas de La Salette est fort connu, qu'il nous sera donné du reste d'examiner plus loin, celui des prophéties de Prémol l'est beaucoup moins. Cependant, on ne peut demeurer indifférent aux propos qu'elles recèlent, et qui se révèlent extrêmement précis eu égard à certains événements historiques annoncés.

Les prophéties de Prémol

En quittant la station thermale d'Uriage, le touriste qui désire se rendre à Chamrousse doit choisir entre deux voies possibles. La première passe par Saint-Martin-d'Uriage et Les Seiglières, alors que la seconde permet de franchir le col de Luitel. D'un côté comme de l'autre on parcourt les magnifiques forêts de conifères qui caractérisent le massif de Belledonne, mais c'est en empruntant le second parcours que l'on passe par Prémol.

Les nombreux lacets qui permettent à la chaussée de s'élever rapidement s'étirent en une courte ligne droite, au-dessus du col de Luitel et, en même temps, la montée cesse pour faire place à un plateau étroit. Là se trouvent les ruines du modeste monastère de Prémol, qui fut rapidement désaffecté et abandonné. Combien, parmi les promeneurs nombreux qui s'ébattent en ces lieux chaque dimanche, savent qu'un jour lointain de la seconde moitié du XVIIIe siècle un être inspiré consigna anonymement pour la postérité cent treize paragraphes prophétiques, qui déjà annonçaient les bouleversements sociaux apportés par la Révolution ?

Ces prophéties furent découvertes par hasard en 1783, dans les papiers d'un notaire grenoblois, qui était aussi l'homme d'affaires du couvent. Nulle mention ne permet de les attribuer à qui que ce soit, et leur terminologie est beaucoup moins hermétique que celle de nombreux textes analogues. Cet écrit relate, dans l'ensemble, le combat eschatologique entre saint Michel et le dragon, ce dernier étant, bien entendu, Satan. Les aspects visibles de cette « lutte céleste » étant les troubles sociaux, le prophète de Prémol décrit les bouleversements qui frapperont l'humanité. Mais ce qui s'avère très singulier, c'est que les événements sont datés avec précision. Point n'est besoin ici de se livrer à quelques exercices abstrus pour faire parler les nombres : il faut simplement transformer les « années » du prophète en siècles, et les « heures » en années, puis appliquer les chiffres obtenus à l'Histoire. Les résultats sont déconcertants...

De la Révolution à l'Empire

1. « L'Esprit me conduisit dans les régions célestes et il me dit : " Il est écrit que l'Archange Michel combattra le Dragon, et il le combattra devant le Triangle de Dieu. " »

2. « Puis il ajouta : " Ouvre les portes de l'entendement. L'Archange et le Dragon sont les deux esprits qui se disputent l'empire de Jérusalem ; et le Triangle, c'est la gloire de Dieu. " »

Ce n'est que la phase préparatoire qui s'ouvre et qui est prolongée par le destin de la monarchie française, représentée par le Lys.

9. « Mais le Dragon ne fait que passer, répandant le trouble, la terreur et le sang, *et fauchant de sa queue le Lys sur sa route.* »

Et c'est ici que l'on peut commencer à appliquer les nombres. Donc, le Dragon fauchant le Lys, ce n'est autre chose que la Révolution française.

10. « Le torrent impétueux laisse souvent un limon bienfaisant sur les champs qu'il ravage, et le fils du laboureur profite alors des larmes de son père. Ainsi passera le Dragon. »

11. « *Onze heures* lui seront comptées, et voici de nouveau l'Archange sur la nue qui envoie l'Aigle pour dévorer le Serpent. »

L'Aigle, c'est évidemment l'Empire et plus précisément Napoléon Bonaparte. Or, si l'on ajoute 11 années à 1789, on aboutit à 1800, date du plébiscite sur la Constitution de l'an VIII (28 février) et de la victoire de Marengo (14 juin). Autant d'événements qui contribuent à asseoir le pouvoir de l'Aigle.

Mais ce triomphe sera de courte durée, et les prophéties de Prémol signalent ce fait avec le même souci de précision.

12. « Et le deuxième temps commence, me dit l'Esprit, et onze heures sont données au vol de l'Aigle. »

En effet, la gloire napoléonienne fut bâtie en deux temps et l'on peut dire que le second commence avec le Concordat. Donc, « onze heures sont données au vol de l'Aigle », c'est-à-dire du 18 mai 1804, jour de l'établissement de l'Empire, au 18 juin 1815 qui marque la défaite de Waterloo ! Saurait-on être plus précis ? Mais ce n'est pas tout.

13. « Et voici le Lys qui renaît aux champs, mais l'heure sonne et la serre de l'Aigle vient l'arracher. »

14. « Et pas encore une heure et la tempête précipite l'Aigle sur le rocher. »

Oui, entre-temps, les Bourbons revenaient en France, mais Napoléon, quittant l'île d'Elbe, entame les fameux Cent Jours — pas encore une heure, précise le prophète — avant que d'être précipité sur le rocher de Sainte-Hélène. On connaît, historiquement, la suite, et il semble bien que dans la forêt de Prémol on la connût avant qu'elle ne se déroulât, tout comme, du reste, ce qui va suivre.

De Louis XVIII à Louis-Philippe

15. « Et le Lys refleurit de nouveau pendant trois fois cinq heures, jusqu'à ce que le Coq le coupe de son bec et le jette au fumier. »

Le 8 juillet 1815, Louis XVIII entre à Paris et, quinze années plus tard, Louis-Philippe devait être le dernier roi, mais ce fut un bien piètre monarque qui prêta serment de fidélité à la Charte le 9 août 1830. Auparavant, les Trois Glorieuses s'étaient déroulées les 27, 28 et 29 juillet. Déjà le Coq, qui est un emblème de la République, coupait de son bec le Lys... Mais ici le Coq semble avoir une valeur plus précise et se rapporte en particulier à Louis-Philippe.

16. « Or, le Dragon dévorera le Coq lorsqu'il aura chanté deux fois, trois fois trois heures sur son fumier. »

Deux fois, trois fois trois heures, soit dix-huit années, ce qui nous conduit logiquement à 1848, chute de Louis-Philippe (24 février) et proclamation de la République le 25 février... On demeure confus devant autant d'exactitude.

Et l'on pourrait continuer ainsi à interpréter les autres paragraphes de ce texte singulier avec un égal succès. Car ce qui surprend dans les prophéties de Prémol, c'est l'extrême précision traduite de manière concise. Il suffit à tout un chacun d'appliquer les nombres pour découvrir les événements, et l'on ne peut point invoquer la supercherie, car ce texte est antérieur à 1783. Au demeurant, le cinquième paragraphe précise que les « temps historiques », qui sont caractérisés par des bouleversements, « seront inégaux » ; mais ils « seront marqués du nombre de Dieu, et ces nombres sont simples et caractéristiques, et parmi les simples, il en choisit (l'Esprit qui dicte au prophète) quelques-uns ».

Parmi ces derniers nous n'avons examiné que ceux qui se rapportaient à la période allant de la Révolution à la chute de Louis-Philippe.

Mais il en est beaucoup d'autres qu'il faudrait prendre en considération, et ce serait là matière à rédiger un riche ouvrage. Déjà, cependant, ce qui précède se révèle fort troublant et nous incite à écouter une fois encore le prophète dénonçant l'incrédulité :

18. « Ainsi l'homme se joue des prophéties et périra, parce qu'il n'a pas cru les envoyés du Seigneur. »

Une naissance miraculeuse

En 1790, la femme de Jacques Champollion, libraire natif de Figeac en Guyenne, était clouée au lit par la maladie depuis de longs mois. Les médecins avaient renoncé à toute possibilité de guérison et en désespoir de cause Jacques s'adressa à Jacquou le sorcier, l'un de ces guérisseurs et magiciens qui peuplaient alors les campagnes de certaines provinces françaises. Plusieurs témoins dignes de foi assistèrent à la consultation.

Jacquou fit boire à la malade du vin chaud et accompagna sa thérapeutique de quelques phrases énigmatiques qui surprirent l'assistance : la guérison était prochaine et le foyer allait être favorisé, par la suite, de la naissance d'un enfant qui atteindrait la plus haute renommée !

Effectivement, trois jours plus tard, la malade quittait son lit et le 23 décembre de la même année naissait, à 2 heures du matin, Jean-François Champollion dont on sait qu'il fut le premier « lecteur » des hiéroglyphes. Jacquou le sorcier avait eu raison du scepticisme de sa patiente, puisque les deux prophéties s'étaient réalisées. Là ne s'arrêtent pas les détails singuliers qui accompagnèrent la naissance de Jean-François. Le docteur qui l'examina eut la surprise de constater qu'il avait la cornée jaune, or cette particularité est caractéristique des Orientaux. Et son teint était olivâtre et foncé alors que la coupe de son visage était celle d'un Occidental. Et quelque vingt années plus tard on l'appela « l'Égyptien ».

Réellement, s'il y eut un être chez lequel la prédestination fut marquée, ce fut bien Jean-François Champollion qui, après des études médiocres à Figeac, fut pris en charge par son frère Jacques-Joseph.

Tous deux s'installèrent à Grenoble, en 1801, où l'aîné fut professeur de littérature grecque, puis doyen de la faculté des lettres. Sa carrière se termina brillamment à Paris où il fut nommé conservateur des manuscrits à la Bibliothèque nationale, professeur de paléographie à l'École des Chartes et enfin conservateur de la bibliothèque du château de Fontainebleau. C'est lui qui choisira, afin de se distinguer de son brillant frère cadet, de s'appeler Champollion-Figeac.

Jean-François, pour sa part, révéla très tôt ses dons puisqu'à l'âge de douze ans il avait déjà une connaissance surprenante du latin et du grec, alors qu'il abordait l'apprentissage de l'hébreu, langue dans laquelle ses progrès furent extrêmement rapides.

En ce temps-là, Fourier, le célèbre mathématicien et physicien qui avait pris part à la campagne d'Égypte, rassemblait autour de lui, à Grenoble où il s'était installé, l'élite intellectuelle de la ville.

On raconte qu'un jour où il inspectait les écoles, il fut attiré par l'assurance et la science du jeune Champollion, qu'il invita à son domicile, afin de lui montrer certaines curiosités de sa collection privée. L'enfant fut fasciné par les hiéroglyphes qui couvraient un fragment de papyrus et s'étonna que cette écriture, si particulière et si expressive, demeurât indéchiffrée. Il se serait alors exclamé, en parlant du papyrus : « Moi, je le lirai ! Je le lirai dans quelques années quand je serai plus grand ! »

Son frère Jacques avait le plus grand mal à canaliser et discipliner l'insatiable curiosité de François qui écrivit à douze ans son premier livre, dont le titre, tout autant que le contenu, est des plus singuliers : *Histoire des chiens célèbres*. Ce travail fut suivi d'une *Chronologie depuis Adam jusqu'à Champollion le Jeune*.

Dès l'âge de treize ans il entreprend l'étude du syrien, de l'arabe, du chaldéen et du copte, alors que son centre d'intérêt véritable est l'Égypte.

Par l'entremise de Fourier il a accès aux manuscrits les plus rares et s'attache aussi à pénétrer le chinois ancien, les textes orientaux les plus divers, phalvis et parsis, dans le but de pouvoir opérer des recoupements avec le vieil égyptien.

Les lumières de l'adolescence

A-t-il réellement été un enfant celui qui, dès l'âge de dix-sept ans, traça sa première carte de l'Égypte des Pharaons ? Pour ce faire, il fallait pouvoir lire les textes hébraïques, latins, arabes, coptes et faire appel aux ressources d'un extraordinaire esprit de synthèse.

Toujours est-il que Jean-François décide de se rendre à Paris où se trouve une nourriture plus substantielle pour son intelligence avide. Cependant, l'Académie de Grenoble entend qu'il ne quitte pas la ville sans avoir rédigé une thèse. Champollion leur fournit beaucoup plus qu'un simple discours d'usage : il rédige un livre intitulé *L'Égypte sous les pharaons,* dont il lit l'introduction le 1er septembre 1807 devant les membres de l'auguste assemblée.

La surprise fut sans précédent. Cet être malingre et élancé exposa des thèses totalement originales et les appuya de démonstrations tellement convaincantes qu'il fut élu, à l'unanimité, membre de l'Académie. Renaudau, qui en était alors le président, l'accueillit avec des propos plus que chaleureux et Champollion put enfin partir vers la capitale, alors que dans son imagination un étrange objet l'obsédait déjà. C'était une pierre noire, couverte de signes, qu'un obscur militaire avait déterrée au nord-ouest de Rosette, sur le Nil. Une particularité avait retenu son attention ; sur les trois lignes d'écriture, l'une était en grec. Lire les hiéroglyphes... Était-ce donc possible ?

La pierre de Rosette

On conclut très vite que les deux autres textes gravés sur cette pierre devaient être des traductions du texte grec et que, conséquemment, on allait, enfin, pouvoir expliquer l'énigmatique écriture égyptienne. En Allemagne, en Italie, en Angleterre et en France les plus éminents esprits de l'époque s'adonnèrent à cette tâche avec ferveur, mais ce fut en vain. On ne parvint pas même à un accord entre les différentes thèses.

A Paris, Champollion s'isole des vanités du monde et se plonge dans l'étude du sanscrit, de l'arabe et du persan dont il pénètre, de jour en jour, les arcanes. Un an plus tard il parle couramment copte et, dira-t-il, « je parle copte tout seul, vu que personne ne m'entendrait ».

Il rédigeait même des textes en écriture démotique avec une perfection telle que, quarante années plus tard, on présenta l'un de ses écrits comme un original datant de l'époque des Antonins... Sa vie à Paris est loin d'être luxueuse et déjà la maladie le ravage. A ces soucis de santé viennent s'ajouter ceux de sa probable incorporation dans l'armée napoléonienne. Seuls les esprits réellement libres savent ce qu'il en coûte de retomber dans la banalité et se plier au carcan d'une stricte et absurde discipline. Et Champollion était de ceux-là...

Il put néanmoins éviter le pire grâce à l'aide de son frère et continua ainsi ses études.

Alors qu'il allait enfin s'attacher à examiner sérieusement les énigmes de la pierre de Rosette, la nouvelle lui parvint qu'Alexandre Lenoir avait décrypté les hiéroglyphes ! Cruelle désillusion pour cet étudiant opiniâtre, dont c'était là le but avoué de toute l'existence. Mais son érudition eut tôt fait de chasser la désillusion, puisqu'une lecture du livre de Lenoir lui suffit pour en déceler toutes les erreurs. Le secret était encore entier et de longues années s'avéraient nécessaires afin qu'il fût réellement percé.

Insolemment, la stèle en basalte noir défiait les intelligences qui s'enfiévraient en vain.

Le retour à Grenoble, l'exil et le secret des hiéroglyphes

Depuis le 10 juillet 1809, Jean-François Champollion était revenu à Grenoble où il enseignait l'histoire. Il était professeur à l'âge de dix-neuf ans, au lieu même où il occupait quelques années auparavant la place d'étudiant. Dans cette ville, son action politique lui fut fatale.

Ardent défenseur de la liberté, il ne put jamais admettre ni l'Empereur, ni la royauté et le fait que son frère fut nommé, pendant les Cent-Jours, secrétaire de Bonaparte, n'influença nullement son jugement. L'Empereur, de retour de l'île d'Elbe, fut accueilli en triomphateur à Grenoble, et là il rencontra le jeune professeur, avec lequel il eut plusieurs conversations. Il lui promit de veiller à la publication de ses ouvrages ; mais quelques mois plus tard les Bourbons rentraient à Paris. En hâte, le tribunal politique condamne Jean-François, qu'il confond avec son frère Jacques, et les nombreux jaloux qui attendaient l'occasion propice pour l'abattre ne firent qu'aggraver les accusations injustes dont il fut l'objet.

Il connut alors l'exil et l'abandon, mais n'en poursuivit pas moins sa tâche monumentale. En juillet 1821, il doit en effet quitter Grenoble et chercher refuge sous des cieux plus cléments.

Pendant ce temps, les interprétations des hiéroglyphes se succédaient et les travaux les plus fantaisistes paraissaient. Chacun croyait détenir la vérité, alors que l'abbé Tandeau de Saint-Nicolas pensait pour sa part qu'il ne s'agissait en fait que de motifs décoratifs... Champollion travaillait toujours avec méthode, fuyait les chimères de l'illumination subite. Quant aux autres chercheurs, ils étaient persuadés que les hiéroglyphes étaient une écriture purement figurative et que les textes d'Horapollon devaient être considérés comme la pierre d'angle de la recherche dans ce domaine.

C'est alors que Champollion pensa que les tracés égyptiens pouvaient représenter, en fait, des phonèmes : « Sans être rigoureusement alphabétiques, dira-t-il, ils représentent néanmoins des sons. » Il en vint également à penser qu'il fallait aller à l'encontre d'Horapollon pour pénétrer le mystère. Et patiemment, cultivant ces deux certitudes, fort des douze langues qu'il connaissait parfaitement, il s'engagea dans le labyrinthe. Ce qu'il voulait découvrir, c'était la méthode véritable qui permet aux Égyptiens d'utiliser les hiéroglyphes, et il découvrit enfin la valeur phonétique des signes de la pierre de Rosette. En 1822, grâce à une copie de l'inscription hiéroglyphique de l'obélisque de Philae, il put vérifier son hypothèse. De certitude en certitude, travaillant toujours avec acharnement, il put ainsi rédiger sa fameuse *Lettre à Dacier relative à l'alphabet des hiéroglyphes phonétiques*.

En 1824, il écrivit son *Précis du système hiéroglyphique des anciens Égyptiens, figuratif, idéographique et alphabétique*. Un voyage en Égypte lui permit de contempler ces merveilles qu'il avait tant de fois entrevues dans son imagination et, à son retour, il fut admis à l'Académie des inscriptions et belles-lettres.

Une année après la fondation de la chaire d'égyptologie au Collège de France, en 1831, il mourut subitement. C'était le 4 mars 1832, et la tuberculose, ainsi que le diabète, avaient eu raison de sa santé.

La voie d'une nouvelle science venait de s'ouvrir grâce au dévouement et à l'intelligence extraordinaire de Jean-François Champollion dont on dit qu'il répéta fréquemment, tout au long de son existence brève et passionnée : « L'enthousiasme seul est la vraie vie. »

Sans doute peut-on être surpris par l'écriture égyptienne, pour laquelle la phonétique est un élément essentiel eu égard au tracé des mots. Schwaller de Lubicz, qui s'est penché sur ce qu'il a appelé *le miracle égyptien,* titre de l'un de ses ouvrages, fournit à ce sujet une explication qu'il convient de prendre en considération, et rend ainsi hommage, par-delà les siècles, au génie pharaonique, comme Champollion le fit en son temps :

« La pensée pharaonique choisit toujours pour les images et signes des réalités naturelles, quitte à les combiner et à faire d'une figure un rébus complexe. Chaque partie analysée a un sens naturel, jamais conventionnel.

« Le symbolisme pharaonique est naturel, jamais conventionnel, donc vivant.

« Pour comprendre le sens d'un hiéroglyphe, il faut chercher les qualités et les fonctions de la chose représentée ; si un signe est composé, il faut lui faire la synthèse de ses parties dans leur sens vivant. Ceci suppose une exactitude absolue dans la figuration et exclut la possibilité de laisser subsister toute malformation, toute négligence, à noter également que la symétrie est un des modes d'expression, mais n'a pas de but esthétique.

« Ainsi les hiéroglyphes ne sont pas, au réel, des métaphores. Ils expriment directement ce qu'ils veulent dire, mais le sens reste aussi profond, aussi complexe que pourrait l'être l'enseignement d'un objet (chaise, fleur, vautour), si l'on concevait tous les sens qui s'y rattachent. Mais par routine et par paresse, nous évitons cette pensée analogique, et désignons l'objet par un mot qui n'exprime pour nous qu'une seule notion figée[1]. »

On peut donc dire que le langage hiéroglyphique est un *langage total,* par lequel on remonte du signifié au signifiant, de l'objet au sujet universel, en un mot, du plan physique au plan métaphysique. Pour percer les premiers mystères de cette écriture synthétique il fallait un esprit vaste et lui-même épris de synthèse, exercé aux difficultés des différents idiomes moyen-orientaux. Il ne fallait pas moins que l'intelligence de Champollion qui brûla, tel un feu trop vif, dans un corps fragile. Son souvenir reste cependant vivace dans le monde entier et tout particulièrement à Grenoble où un lycée porte son nom. C'est sans doute un hommage posthume des mieux choisis pour celui qui fut, jusqu'à sa mort, un inlassable étudiant.

---

1. SCHWALLER DE LUBICZ, *Le Miracle égyptien,* pp. 14, 15.

2.

Les temps modernes

De 1826 à 1866, la population de Grenoble passe de 24 102 habitants à 40 484. Un grand mouvement vient de s'amorcer dans la région nouvellement structurée, véritable essor qui ne cessera guère par la suite, puisque plus d'un siècle plus tard on peut remarquer qu'il continue toujours. Le Dauphiné fut de tout temps mû par un dynamisme indéniable, dont les prolongements se découvrent parfois bien au-delà de ses frontières. Or, les « temps modernes » comme on les a appelés, ne pouvaient qu'être marqués par le sceau des inventions et des progrès techniques. Parmi ceux-ci, nous ne retiendrons que ceux qui nous paraissent les plus significatifs.

La chaux hydraulique

Chaque invention vient bien évidemment en son temps, puisque ce sont les impératifs culturels et, plus encore, économiques qui lui donnent son essor. Tel fut le cas du ciment artificiel, appelé encore « chaux hydraulique », inventé par Louis Vicat, sans lequel le béton ne serait pas né et beaucoup d'ouvrages de maçonnerie n'eussent pu être réalisés. Et puisque chaque invention apparaît lorsque son heure semble avoir sonné, le ciment artificiel fut découvert alors que Louis Vicat se trouvait confronté à un problème qui, jusque-là, paraissait insoluble.

Il lui fallait bâtir, en 1812, le pont de Souillac, ouvrage monumental pour l'époque, avec ses 180 mètres de long et ses 9 mètres de large.

Les arches, au nombre de sept, devaient reposer sur des piliers qui auraient à supporter la rage des crues, sans se rompre sous les terribles coups de boutoir que lui infligeraient les blocs de rocher roulés par les eaux torrentielles du fleuve.

Louis Vicat ne s'avouait pas vaincu. En effet, cet ingénieur des Ponts et Chaussées, diplômé de Polytechnique, avait un caractère particulièrement combatif, et c'est en pareille circonstance que l'on s'aperçoit que l'avenir n'appartient pas aux résignés. Les habitants du Lot, quant à eux, étaient indubitablement pessimistes. Ce pont ne pouvait être réalisé et il fallait en abandonner l'idée. Certes, avec les matériaux de l'époque, l'ouvrage était impossible. Mais avec une nouvelle chaux...

Vicat se mit à l'ouvrage, multipliant les essais, empiriquement, et avec méthode.

« Comparant les résultats obtenus, il fait une première observation : si tous les éléments sont variables, il s'en trouve deux dont la présence est constante : l'argile et le carbonate de chaux. En amont du pont projeté, il découvre des grottes qui renferment de l'argile rougeâtre. La mélangeant à du carbonate de chaux, il en fait une pâte homogène et, après dessication, la cuit comme un calcaire ordinaire. Il est " très étonné de voir que cette pâte, placée dans un verre, sous l'eau, fait prise en quelques jours " : il l'appelle, pour cette raison, la " chaux hydraulique "[1]. »

Ainsi put être construit le pont de Souillac ; mais l'invention de Louis Vicat dépassait très largement les limites restreintes de ses besoins personnels, car en ce temps-là, simultanément, s'ouvraient en France des chantiers très importants qui bénéficièrent donc de cette découverte révolutionnaire.

Immédiatement plusieurs usines s'ouvrirent en France et en Angleterre, mais ce fut à Grenoble que le ciment artificiel connut des conditions privilégiées de fabrication. En effet, depuis 1805, les premières concessions minières avaient été accordées pour l'exploitation de l'anthracite du gisement de la Matheysine, qui se révélait être dur et peu inflammable. Son grand pouvoir calorifique est cependant particulièrement propice à la cuisson du ciment, et la première cimenterie ouvrit ses portes en 1835, simultanément à l'attribution de certaines concessions minières. On utilisa les calcaires de la Porte de France étudiés par Félix Breton : une industrie tout à fait nouvelle venait de naître dans une région qui indéniablement était particulièrement favorable à son essor.

---

1. Paul DREYFUS, *op. cit.*, p. 126.

Les progrès de la ganterie

Depuis la Révolution la situation de la ganterie n'avait fait qu'empirer alors qu'elle était, auparavant, une pratique des plus florissantes. Dès la Restauration on peut parler d'une véritable agonie. Beaucoup d'emplois sont supprimés et cela compromet fort l'équilibre économique de Grenoble, métropole de l'Isère, puisqu'elle était l'industrie principale de la ville.

En 1838, Xavier Jouvin élabora une invention qui allait rapidement relancer le travail des gantiers, alors que tout semblait perdu et qu'un climat de profond pessimisme s'installait. On voyait, parallèlement au déclin de cette activité, prospérer les filatures du Nord, et cela ne faisait que rendre encore plus floues les perspectives d'avenir des gantiers...

Évidemment, Xavier Jouvin n'était pas un néophyte dans la profession. Né le 8 décembre 1800, rue Saint-Laurent, à Grenoble, il appartenait à une famille pauvre qui, très tôt, le plaça chez un gantier grenoblois afin que son salaire vînt grossir le maigre budget familial. Ces années passées à couper patiemment des paires de gants seront très bénéfiques, plus tard, lorsque Xavier entreprendra de révolutionner la profession. On peut dire qu'il fit preuve d'un esprit réellement moderne pour réaliser son invention.

Pour fabriquer les emporte-pièce qui supprimeraient l'usage lent des ciseaux, il convenait, préalablement, d'établir des « calibres ». Ce fut chose facile pour l'esprit agile de Xavier Jouvin qui s'en alla examiner les mains des sujets que l'école de médecine réservait aux dissections. Quelques observations lui permirent de déterminer trente-deux formes principales, grâce auxquelles il put calculer les différentes proportions. A partir de ces données, il réalisa ensuite l'emporte-pièce.

Immédiatement on entrevit dans cette découverte un moyen efficace d'augmenter la production de gants et, en 1844, lorsque Xavier Jouvin mourait précocement à l'âge de quarante-deux ans, la maison qui portait son nom affirmait avoir décuplé son chiffre d'affaires en l'espace de huit ans. La ganterie allait renaître et quitter le marasme dans lequel elle avait été plongée.

Hélas ! combien de gantiers exercent-ils encore aujourd'hui à Grenoble ?

Bien peu, sans doute, et les caprices de l'évolution économique et industrielle ont été tels, dans le dernier quart du XXe siècle, que pas même l'esprit d'un Xavier Jouvin ne parviendrait à redonner vie à ce noble travail artisanal : à la peau délicate ont succédé les froides matières synthétiques; et la main de l'ouvrier est désormais remplacée par le mouvement rationnel et mécanique de la machine.

La houille blanche

Quelle était donc cette nouvelle énergie baptisée « houille blanche » par l'un de ses trois inventeurs, Aristide Bergès ? Si l'on en croit les ministres de la IIIe République et le *Journal universel d'électricité*, on avait atteint, avec cette découverte, une sorte d'Eldorado industriel !

« Il n'y a plus d'incertitudes à conserver, s'exclamait-on. Le doute doit cesser, l'avenir est immense et assuré. »

Était-il donc si immense que cela, cet avenir qui ne dura qu'un siècle ? Car ces propos datent de 1883, et l'on sait quels problèmes d'importance soulève la crise de l'énergie en ce dernier quart du siècle vingtième.

Mais on était bien éloigné de cela, lorsque Amable Matussière eut le premier l'idée d'utiliser une haute chute d'eau pour la production de l'énergie hydro-électrique. Matussière, qui n'était nullement technicien, fit appel à Alfred Frédet, ingénieur de l'École centrale, pour la réalisation de son projet. En 1867, l'étude est entreprise, et les écueils s'avèrent immédiatement nombreux.

C'est alors qu'apparaît Aristide Bergès, qui parvint à matérialiser ce que ses deux prédécesseurs n'avaient pu que prévoir. Ce fut lui, en effet, le véritable inventeur de la houille blanche. Avec l'aide du docteur Marmonier, de Domène, il élabora un projet plus vaste encore que celui de Matussière et Frédet : la captation d'une chute de deux cents mètres qui produirait une force de 1000 Cv ! Commencés le 21 janvier 1869, les travaux s'achevèrent le 27 septembre et l'entreprise fut une totale réussite. Déjà Bergès songeait à la création de chutes de 500 à 2 000 mètres, et commentait, lors de l'Exposition universelle de 1889, son invention :

« Des millions de chevaux de force motrice presque gratuite peuvent ainsi être acquis à l'industrie et être exploités par les applications électriques : électricité, électrométallurgie, aluminium, transmission de force (...)

« Il semble que le moindre filet d'eau dans les grandes hauteurs ne soit plus de l'eau, mais de la houille noire qui sourd automatiquement du sol et alors le nom de houille blanche pour baptiser ces richesses vient naturellement à l'esprit [2]. »

La découverte était de taille, certes, et l'on peut constater que les Dauphinois, n'eussent-ils été que d'adoption, tels Vicat et Bergès, firent bénéficier l'industrie moderne, alors naissante, d'éléments d'expansion fondamentaux.

Le ciment artificiel, puis le béton, l'électricité transportée par les lignes à haute tension — les premiers essais eurent lieu à Paris en 1881, à Munich en 1882, puis à Grenoble —, ce sont dès maintenant des éléments indispensables de notre vie quotidienne. Que de « révolutions » naquirent dans le Dauphiné, et se répandirent de par la France, l'Europe, puis le globe tout entier !

---

2. *Ibid.*, p. 149.

3.

Les mystères de La Salette

Le 19 septembre 1846, de bien étranges faits se déroulèrent sur la montagne de La Salette, et plus précisément, dans les alpages de Sous-les-Baisses. Sans même que le surnaturel ait à s'en mêler, on peut déjà jouir en ces lieux des attraits d'un paysage grandiose. Les monts Gargas et Chamoux, l'éminence du Planeau et, tout en face, les massifs du Dévoluy et du Trièves avec leurs sommets escarpés aux pics acérés. Tout ici transporte, à moins que l'on ne soit écrasé par le décor comme le fut J. K. Huysmans, qui relata son voyage à La Salette par l'entremise de Durtal, dès les premières pages de *La Cathédrale* :

« Ah ! fit-il, on peut les vanter les pèlerins qui s'aventurent dans ces régions désolées et vont prier sur le lieu même de l'apparition car, une fois arrivés, on les bloque sur un plateau pas plus grand que la place Saint-Sulpice et bordé, d'un côté par une église de marbre brut, enduite avec les ciments couleur moutarde du Valbonnais, de l'autre par un cimetière. En fait d'horizons, des cônes secs et cendrés de même que des pierres ponces, ou couverts d'herbes rases ; plus haut encore, les blocs vitrifiés des glaces, les neiges éternelles ; devant soi, pour marcher, du gazon épilé avec des nappes de teigne en sable ; il suffisait, pour résumer le paysage, d'une phrase : c'était la pelade de la nature, la lèpre des sites [1]. »

Décidément Huysmans n'aimait pas la montagne... « la pelade de la nature, la lèpre des sites » ! Qu'eût-il dit s'il avait franchi le col du Grand-Saint-Bernard ou celui du Galibier... Il est vrai, cependant, que la montagne angoisse certains esprits que ne retient point l'élévation des sommets, et qui se sentent comme « happés »

---

1. Joris-Karl HUYSMANS, p. 17.

par la profondeur des gouffres. Paul Dreyfus est plus proche de la réalité dans sa description de l'ambiance :

« Pour aimer ce sanctuaire montagnard, il n'est que d'y venir. Pour y prier avec ferveur, il n'est que de se laisser porter par le cadre, le site, la foule. Mais pour pénétrer dans l'intimité de La Salette, il faut y passer la nuit. Ah ! les bouleversantes processions nocturnes, tous cierges allumés et semblant, sur les prés, refléter la Voie lactée. Ah ! la paix divine des matins clairs où la création paraît neuve [2]. »

Les faits

Françoise-Mélanie Calvat, née le 7 novembre 1831, et Pierre-Maximin Giraud, né le 27 août 1835, menaient paître leur troupeau dans la montagne. Ils s'étaient rencontrés le 17 septembre 1846, et Maximin ne remplissait cet emploi chez Pierre Selme que pour remplacer un berger malade. Les faits dont ils furent les témoins se déroulèrent le 19 septembre et ils ne décidèrent de le relater que le 29 mai de l'année suivante. Voici donc le récit que fit Mélanie et qu'elle répéta souventes fois sans jamais se contredire.

« Nous nous étions endormis tous les deux tout près du ruisseau où nous avions fait boire nos vaches, à côté de la fontaine sans eau, à quatre ou cinq pas environ. Puis je me suis réveillée et je n'ai pas vu mes vaches. " Maximin, j'ai dit, viens vite, que nous allions voir nos vaches. " C'était à peu près trois heures. J'ai passé le ruisseau, j'ai monté vis-à-vis nous. Maximin m'a suivie, et nous avons vu de l'autre côté nos vaches couchées. Je suis descendue la première et, lorsque j'étais à cinq ou six pas avant d'arriver au ruisseau, j'ai vu une grande clarté, et j'ai dit : " Maximin, viens vite voir la clarté là-bas ! "

« Et Maximin est descendu en me disant : " Où est-elle ? " Je lui ai montré avec le doigt vers la petite fontaine et il s'est arrêté quand il l'a vue. Alors nous avons vu une Dame dans la clarté ! Nous avons eu peur, j'ai laissé tomber mon bâton. Alors Maximin m'a dit : " Garde ton bâton ! S'il nous fait quelque chose, je lui jette un coup de bâton ! " Puis cette Dame s'est levée droite et nous a dit : " Avancez, mes enfants, n'ayez pas peur ! Je suis ici pour vous conter une grande nouvelle. " [3] »

---

2. Paul Dreyfus, *Ecclésia,* 1959.
3. Max LE HIDEC, *Les Secrets de La Salette,* pp. 10-11.

Les révélations, ou « la grande nouvelle », si on préfère, furent doubles, car il y eut des propos que les enfants rapportèrent et que le public connut, et d'autres que la Dame leur ordonna de ne point divulger immédiatement. Cependant, Mélanie fit part de ce « secret » dans un texte remis à Pie IX en 1851 et il apparaît que cette partie du discours, qui a toujours été tenue cachée par le Vatican, est de loin la plus importante. Mélanie accepta d'en publier une partie, qui parut dans une brochure intitulée *Lettres à un ami sur le secret de la bergère de La Salette*. En 1879 on connut enfin une version du secret, dont la première édition eut lieu à Diou dans l'Allier, et à laquelle l'évêque de Lecce, Mgr Zola, donna l'imprimatur. Ce fut ce texte et ses rééditions successives qui causèrent le scandale mais, auparavant, une enquête avait eu lieu, afin d'authentifier ou de condamner l'apparition de la Vierge. Comme toujours en pareil cas, deux courants d'avis contraires, aussi passionnés l'un que l'autre, se confrontèrent.

Éléments de l'enquête

L'apparition de La Salette ne fit pas l'unanimité parmi les catholiques, et le cercle Saint-Vincent-de-Paul de Grenoble se disloqua même à cause de la polémique qu'elle engendra. Les principaux détracteurs furent, outre Mgr de Bonald, cardinal archevêque de Lyon qui se montra modéré, les abbés Deléon et Cartellier, tous deux grenoblois.

Selon eux, il n'y avait nul fait surnaturel dans la montagne dauphinoise. Tout simplement les bergers avaient vu Mlle de Lamerlière qui, sous un habile déguisement, les avait abreuvés d'inepties. Camille Flammarion lui-même se réjouit à cette occasion, puisqu'il écrivit dans son ouvrage *La Mort et son mystère* :

« (...) Il en est de même des miracles de Notre-Dame de La Salette, qui ont fleuri pendant une vingtaine d'années, malgré le jugement du tribunal de Grenoble du 15 avril 1855, prouvant que cette Vierge apparue à deux enfants, le 19 septembre 1846, était Mlle de la Merlière, jouant volontairement cette comédie. »

Empressons-nous de dire incontinent que le tribunal ne prouva rien du tout, et que l'affaire fut quelque peu plus complexe, puisque Mlle de Lamerlière, qui intenta un procès en diffamation, le perdit le 2 mai 1855 et que le recours en appel confirma le jugement le 6 mai 1857. Sans doute aucun l'érudit astronome n'eut-il pas connaissance de toutes les pièces du copieux dossier qui, en tout état de cause, doivent être consultées à Grenoble.

Au demeurant, il est assez singulier de constater que celui qui se fit un ardent défenseur des « maisons hantées », et fut un précurseur des modernes parapsychologues, ne voulut pas se plier ici à la maxime qu'il prônait :

« Tout examiner a priori, ne rien admettre sans preuves. »

Le jugement du célèbre savant, qui n'est qu'un grain de sable dans son œuvre riche et passionnante, n'aurait aucune conséquence si d'aucuns n'utilisaient comme un élément de valeur à mettre au crédit de la thèse faisant état d'une possible supercherie. Ainsi peuvent-ils s'appuyer sur son autorité pour soutenir leurs préjugés.

Cependant, l'évêque de Grenoble, Mgr Philibert de Bruillard, avait constitué une commission de seize membres chargée d'enquêter en profondeur sur les faits qui touchaient, de près ou de loin à l'apparition de La Salette. Quelques années après le déroulement de ces faits étranges, le 19 septembre 1851, un mandement doctrinal fut publié. Ainsi, durant ces longs mois d'enquête, avait-on pu reconsidérer les événements, les passer au crible du raisonnement, sans hâte inutile. On sait aussi de quelle prudence s'entoure l'Église lorsqu'il s'agit d'authentifier des miracles ; et lorsqu'elle se prononce favorablement, elle engage toute son autorité : celle de nombreux siècles d'existence au service de sa cause.

Voici quelques extraits du mandement doctrinal publié par l'évêque de Grenoble.

« Malgré la candeur naturelle des deux bergers, malgré l'impossibilité d'un concert entre deux enfants ignorants, et qui se connaissaient à peine, malgré la constance et la fermeté de leur témoignage, qui n'a jamais varié ni devant la justice humaine, ni devant des milliers de personnes qui ont épuisé tous les moyens de séduction pour les faire tomber en contradiction ou pour obtenir la révélation de leur Secret, nous avons dû, pendant longtemps, nous montrer difficile à admettre comme incontestable un événement qui semblait si merveilleux. Nous jugeons que l'Apparition de la Sainte Vierge à deux bergers, le 19 septembre 1846, sur une montagne de la chaîne des Alpes située dans la paroisse de La Salette, de l'archiprêtre de Corps, porte elle-même tous les caractères de la vérité, et que les fidèles sont à la croire indubitable et certaine. »

Ce qui est en effet très remarquable, c'est que les deux enfants, malgré tous les pièges qu'on leur tendit — et ils furent nombreux ! — ne se contredirent jamais. Au demeurant, ces esprits simples et incultes pouvaient-ils élaborer pareille cabale, qui ne leur attira que des ennuis ? Enfin, parmi toutes les affirmations de Mélanie, on relève deux points qui ruinent la thèse d'une supercherie montée de toutes pièces par Mlle de Lamerlière, ou toute autre personne mal intentionnée. Et ces propos, l'humble bergère les répéta des milliers de fois :

« Je lui ai montré (à Maximin) avec le doigt vers la petite fontaine et il s'est arrêté quand il l'a vue [il s'agit de la « clarté », suffisamment forte pour qu'elle attirât leur attention]. Alors nous avons vu *une Dame dans la clarté.* »

Comment une personne eût-elle pu se tenir « dans la clarté » ? En fait, c'était l'Apparition elle-même qui rayonnait ainsi. Il y a, enfin, l'issue de la rencontre, qui révèle des détails encore plus extraordinaires.

« Puis elle monta jusqu'à l'endroit où nous étions allés pour regarder nos vaches, à peu près à vingt pas du ruisseau. En marchant, elle ne *remuait pas les pieds, elle glissait sur l'herbe à cette hauteur* (environ 20 cm). (...) Et puis cette belle Dame s'est élevée comme ça (environ 1,50 m), puis elle a regardé le Ciel, puis la terre, et *nous avons vu disparaître sa tête, puis ses bras, puis ses pieds* et il n'est resté qu'une grande clarté, ensuite tout a disparu. (...) Alors Maximin lança la main pour attraper un peu de la clarté, mais il n'y eut plus rien, et nous regardâmes bien pour voir si nous ne la voyions plus. »

Décidément, il fallait que cette « clarté » fût vive : il était, lors de l'apparition, 3 heures de l'après-midi, et ce jour-là le ciel était très beau, débarrassé de tout nuage...

Le secret bien gardé

Bien que surnaturelle, l'affaire eût pu ne point être aussi retentissante s'il n'y avait eu les « secrets » dont Maximin et Mélanie furent dépositaires car, outre les propos qu'ils rapportèrent, la Dame de l'apparition leur fit des révélations qu'ils se devaient de garder cachées. Disons tout de suite que l'idée ne vint pas aux deux enfants qu'il aurait pu s'agir là de la Vierge Marie. Ils supposèrent bien qu'il s'agissait d'une « sainte personne », mais leur imagination ne fut pas aussi vive qu'on voulut le faire croire. Cependant, les propos qu'ils rapportèrent faisaient état de « la main de mon Fils », c'est-à-dire du Christ ; dès lors, les ecclésiastiques qui entendirent les enfants eurent conscience que la Dame était bien Marie.

Ces secrets, Maximin et Mélanie ne voulurent jamais les communiquer et ils furent l'objet des attaques les plus sournoises. Combien de fois n'essaya-t-on pas de les faire parler, usant de ruses diaboliques, sans pouvoir tirer d'eux le moindre mot. Ecclésiastiques et laïcs se succédèrent sans succès, pendant plus de vingt années ! La vie des deux modestes bergers ne connut plus de repos, car la curiosité humaine les réduisit à l'esclavage. Il n'est pas exagéré d'évoquer à ce propos une véritable « inquisition intellectuelle » accompagnée de tortures morales inqualifiables.

Le célèbre abbé Dupanloup, qui devint évêque et académicien, séjournant à Corps en 1848, interrogea Maximin durant quatorze heures, sans lui tirer le moindre mot concernant « le Secret ». Certains auteurs prétendent même que l'abbé, excédé, battit l'enfant !

Pressé par les curieux, mis en confiance, il accepta de rédiger un texte destiné au pape, le 11 août 1851, dont on n'est pas certain qu'il contienne authentiquement les propos du « Secret ».

Mélanie suivit son exemple et rédigea une lettre le 3 juillet dans laquelle elle semble, en revanche, avoir dit la vérité. L'effet fut différent, du reste, à la lecture des deux lettres, si l'on en juge par le récit que donnèrent Gérin et Rousselot, reçus en audience privée par Pie IX le 18 juillet 1851.

Ayant décacheté la lettre de Maximin et après l'avoir lue, le pape dit : « C'est bien là la candeur et la simplicité d'un enfant », propos somme toute bienveillants, mais qui ne trahissaient nulle émotion profonde. Pourtant, « à la lecture du secret de Mélanie, les lèvres du Souverain Pontife se contractent, ses joues se gonflent, sa figure exprime une vive émotion. " Ce sont des fléaux qui menacent la France, dit le Saint-Père. Elle n'est pas seule coupable, l'Italie l'est bien aussi, l'Allemagne, la Suisse, toute l'Europe est coupable et mérite des châtiments. Ce n'est pas sans raison que l'Église est appelée militante ; vous en voyez ici le capitaine. J'ai moins à craindre de l'impiété déclarée que de l'indifférence et du respect humain. »

Puis il ajouta :

« Permettez-moi de lire ces lettres à tête reposée [4]. »

Pie IX résuma sans doute l'essentiel du contenu du Secret, et l'on sait que toute sa vie durant il en fut marqué.

En 1873 il affirmait :

« La société est à la veille d'un fléau qui ressemblera à l'engloutissement des Égyptiens dans la mer Rouge. Sera-t-il dans qua-

---

4. *Ibid.*, pp. 66-67.

rante jours, dans quarante semaines ou dans quarante mois ? Je ne sais, mais ce que je sais, c'est que ce sera *avant quarante ans.* » Sans doute ce chiffre ne fut-il pas avancé à la légère...

Car, quarante années plus tard, ce fut l'aurore de la terrible guerre qui devait embraser l'Europe.

La fin des Temps

La particularité des prophéties de La Salette, c'est très justement de situer, avec une précision suffisante, et sans complaisance quant à la forme, la crise du monde moderne et celle dans laquelle l'Église doit se trouver plongée. On connaît la teneur du message qui fut remis au pape grâce au texte que Mélanie accepta de faire publier en 1879. Il est cependant à peu près assuré que ces révélations ne contiennent pas la totalité du Secret. Mais déjà, telles quelles, elles causèrent un terrible scandale au sein de l'Église.

On peut en effet y lire que :

« Les prêtres, ministres de mon Fils, les prêtres par leur mauvaise vie, par leur irrévérence et leur impiété à célébrer les saints mystères, par l'amour de l'argent, l'amour de l'honneur et des plaisirs, les prêtres sont devenus des cloaques d'impureté. Oui, les prêtres demandent vengeance, et la vengeance est suspendue sur leurs têtes. »

On peut juger de l'effet que ces paroles ont pu produire sur les intéressés ! Quant au monde laïc, il ne sera pas épargné.

« La société est à la veille des fléaux les plus terribles et des plus grands événements ; on doit s'attendre à être gouverné par une verge de fer et à boire le calice de la colère de Dieu. (...) La nature demande vengeance pour les hommes, et elle frémit d'épouvante dans l'attente de ce qui doit arriver à la terre souillée de crimes. »

Sont ensuite évoqués les aspects titanesques de l'ultime affrontement entre le Bien et le Mal, à l'issue duquel « l'eau et le feu purifieront la terre et consumeront toutes les œuvres de l'orgueil des hommes, et tout sera renouvelé : Dieu sera servi et glorifié ».

Dès la publication de ce texte, les passions se déchaîneront : de fervents défenseurs de Mélanie, à l'esprit enfiévré, font paraître des publications abstruses qui n'ont d'autre but que de discréditer l'Église par le biais des propos de la voyante. Certains écrits sont mis à l'Index, et quelques auteurs frappés d'excommunication.

Mais ce qui est plus extraordinaire encore, c'est le climat de confusion qu'entretinrent les entourages de Pie X et de Pie XI. Tout s'est passé comme si on avait voulu que ces deux pontifes contrarient les décisions prises par leurs prédécesseurs, Pie IX et Léon XIII, qui eurent connaissance du véritable Secret et ne le condamnèrent point. Mieux encore, ils encouragèrent la dévotion rendue à Notre-Dame de la Salette. Ce Secret, donc, paraît bien lourd et bien dérangeant... Sans doute il ne correspond pas exactement aux versions qui en ont été publiées et qui sont rédigées sous une forme amplifiée, sans qu'on en puisse discerner les apports ultérieurs et hétéroclites.

On peut donc affirmer que le message secret véritable n'a jamais été divulgué. S'appuyant sur cette révélation, Pie IX disait en 1870 :

« La prophétie de La Salette commence à s'accomplir. »

Qui, mieux que lui, pouvait porter un jugement à ce sujet ?

Que peut-on dire aujourd'hui du haut lieu chrétien qu'est devenu Notre-Dame de La Salette ? Il nous semble qu'on peut se reporter, pour juger de son essor, aux propos des actes des Apôtres, relatant l'arrestation de Pierre et de Jean, qui exaspéraient les Pharisiens et les prêtres par leurs prédications et leurs miracles. C'est alors que se leva, dans l'assemblée, Gamaliel, docteur de la loi, qui dit :

« Ne vous occupez plus de ces hommes-là et laissez-les : si en effet cette entreprise ou cette œuvre vient des hommes elle s'effondrera mais si elle vient de Dieu, vous ne sauriez l'abattre. »

Le pèlerinage de La Salette ne s'est point effondré : il n'est, pour en être convaincu, que de s'y rendre. Quant au « Secret », il semble qu'on veuille, plus que jamais, faire en sorte qu'aucun propos ne transpire...

SAVOIE

1.

Joseph de Maistre, philosophe et visionnaire [1]

Né à Chambéry le 1er avril 1753 d'une famille de magistrats, Joseph-Marie de Maistre n'eut pas une carrière sociale brillante. Sans doute son nom serait-il totalement oublié s'il n'avait légué à la postérité des œuvres philosophiques profondément originales, où transparaissent les lumières d'un esprit très singulier.

Pourtant, rien, en apparence, ne justifie dans sa vie publique ce penchant pour la métaphysique, et tout semble s'être passé comme si Joseph de Maistre avait vécu simultanément deux existences, l'une mondaine et banale, l'autre intérieure et profonde, animée par la flamme d'une âme extrêmement sensible. Il devint membre du Sénat après avoir fait ses études chez les jésuites et son droit à Turin. L'invasion française de 1793 le surprend et, n'étant nullement un sympathisant de la République, il s'enfuit avec sa famille par-delà les Alpes. Victor-Emmanuel Ier le nomma ambassadeur à Saint-Pétersbourg en 1802, poste qu'il occupa jusqu'en 1816. Cinq années plus tard il mourut à Turin, dans la simplicité qui fut, au fond, l'empreinte générale de sa vie.

Une œuvre originale et riche

Pour le philosophe qui vit dans le monde, tel Joseph de Maistre, et qui n'est donc pas un contemplatif à part entière, l'existence se trouve par la force des choses scindée en deux. Sa carrière simple d'honnête fonctionnaire démontre déjà qu'il n'avait nul

---

1. On pourra se reporter aussi au n° 303 de la revue *Atlantis* dont le sujet fut : « Joseph de Maistre, Prophète de l'éternité ».

goût pour les honneurs de la société et qu'il lui suffisait d'être un homme œuvrant parmi les autres, sans souci d'attirer sur lui les regards de son prochain. C'est qu'il y a toujours un décalage, inévitable, entre la marche de la société et les idéaux métaphysiques : ceux-ci entraînent le philosophe dans les sphères des « principes », lors même que le courant historique balbutie dans l'horizontalité d'une réalisation politique qui se trouve être éternellement mouvante. Comment peut-il s'accommoder d'une agitation sociale celui qui, à l'instar de Joseph de Maistre, ne possède, dans sa ligne existentielle, que de points fixes pour le guider ? Le philosophe chambérien choisit la discrétion et réserva les fruits d'une activité intellectuelle bouillonnante à ses écrits.

Catholique fervent, franc-maçon zélé, toute son œuvre est caractérisée par l'amalgame qu'il fit de l'ésotérisme, dans ce qu'il a de meilleur, avec la théologie chrétienne. Dans ce sens, il fut donc un esprit novateur qui ne s'embarrassa guère du carcan dogmatique que l'une ou l'autre des deux matières imposent parfois à l'esprit étroit. Pour tous ceux qui se prévalent des études traditionnelles, remises en honneur par René Guénon et Paul Le Cour, Joseph de Maistre doit être l'exemple même du traditionaliste : reconnaissant l'existence de certaines structures métaphysiques, il ne les brise point, mais pas davantage il ne se laisse enfermer par elles dans un cercle qui devient rapidement l'enceinte stérile d'une morne nostalgie. Au contraire, par la puissance de son esprit, il élargit ce cercle de la connaissance, il en repousse les limites au-delà du point où elles se trouvaient lorsqu'il entreprit sa recherche.

« Cette harmonieuse combinaison de catholicisme rigoureusement orthodoxe et de théosophie que Joseph de Maistre a été capable de réaliser, cet approfondissement du dogme par une tradition métaphysique ; ces hardis coups de sonde lancés dans l'inconnu ; ce contact plus étroit avec l'indicible ; ces efforts pour expliquer la vérité révélée, donnent à sa pensée religieuse un caractère particulièrement original [2]. »

Ces propos d'Émile Dermenghem, qui a consacré à Joseph de Maistre une étude extrêmement approfondie, prouvent aussi que l'œuvre philosophique de celui-ci est profondément originale. De fait, elle échappe à toute qualification rigoureuse puisqu'elle est le résultat d'une véritable synthèse, dont chaque élément ne peut être dissocié des autres.

Tout concourt à l'élaboration harmonieuse d'un édifice dont

---

2. Émile DERMENGHEM, *Joseph de Maistre mystique*, p. 99.

les structures mentales peuvent paraître complexes, et qui, en définitive, aboutit à la simplicité de la vérité.

« Il fallait, remarque à juste titre Émile Dermenghem, sa puissance d'assimilation, sa clarté d'esprit, son sens critique aussi, et toute l'audace de son génie pour réaliser une pareille synthèse sans perdre l'équilibre. (...) La théorie maistrienne de la Connaissance sert pour ainsi dire de base aux spéculations les plus hardies et aux ultimes conclusions religieuses de notre auteur. La grande idée qui la domine est sans doute celle de saint Paul, " le monde est un ensemble de choses invisibles, manifestées visiblement ". (...) " Il n'y a pas de pensées personnelles ", a écrit M. Maurice Barrès. Maistre, dont le traditionalisme diffère sensiblement du traditionalisme contemporain et ne se borne pas à mettre ses pas dans les pas des morts ou à intégrer l'individu simplement dans une race, adhérait peut-être avec quelques réserves à une telle formule. Il préfère dire : " Toute idée universelle est naturelle ", c'est-à-dire vraie [3]. »

Cette dernière proposition est fort importante car, si de Maistre fut traditionaliste, il ne se plia nullement à un ensemble d'idées préconçues ou, plus simplement, à de banales convenances intellectuelles. Il s'appuya fermement sur la Révélation chrétienne et découvrit qu'elle recelait l'ensemble des vérités portées par toutes les traditions ; autrement dit, il découvrit que la métaphysique chrétienne était une synthèse épurée de toutes les croyances. Voilà du reste ce qui sépare Joseph de Maistre de certains traditionalistes contemporains, ou de la tradition telle qu'on l'interprète parfois aujourd'hui. En effet, ne voulant point accorder à la Révélation chrétienne la place qu'elle occupe dans la flèche évolutive de l'économie divine, on tombe souvent dans les travers des résurgences gnostiques. Ne parlons pas, du reste, de ceux-là pour lesquels la tradition est un snobisme intellectuel... Rien de tel avec Joseph de Maistre qui affirme :

« Toute croyance constamment universelle est vraie, et toutes les fois qu'en séparant d'une croyance quelconque certains articles particuliers aux différentes nations il reste quelque chose de commun à toutes, ce reste est la vérité. »

Le problème du mal

L'antagonisme entre le bien et le mal fut l'un des sujets de réflexion de Joseph de Maistre, pour lequel « le mal est dans le monde.

---

3. *Ibid.*, p. 99-101.

Le mal ne peut venir du principe bon. Il y a donc deux principes. Mais il ne peut y avoir d'égalité entre eux : le premier se doit nécessairement demeurer vainqueur du second ».

Donc, pour de Maistre, il n'y a pas d'égalité entre le bien et le mal, et l'œuvre de rédemption est un ouvrage évolutif où les malheurs eux-mêmes ont une valeur purificatrice.

« Le père de famille peut rire d'un serviteur grossier qui jure ou qui ment, mais sa main tendrement sévère punit rigoureusement ces mêmes fautes sur le fils unique dont il rachèterait volontiers la vie pour la sienne. Si la tendresse ne pardonne rien, c'est pour n'avoir plus rien à pardonner. En mettant l'homme de bien aux prises avec l'infortune, Dieu le purifie de ses fautes passées, le met en garde contre les fautes futures, et le mûrit pour le ciel[4]. »

Commentant la prétendue injustice divine, ou cet ordre des choses dont l'étrange disposition permet de conclure qu'un Dieu juste ne pourrait tolérer l'injustice, Joseph de Maistre en conclut que :

« Dieu étant une fois admis, et sa justice aussi comme un attribut nécessaire de la divinité, le théiste ne peut plus revenir sur ses pas sans déraisonner, et il doit dire au contraire : un tel ordre des choses a lieu sous l'empire d'un Dieu essentiellement juste ; donc cet ordre des choses est juste par des raisons que nous ignorons ; expliquant l'ordre des choses par les attributs, au lieu d'accuser follement les attributs par l'ordre des choses[5]. »

Joseph de Maistre mettait toute sa foi dans la puissance de la Providence et s'élevait fermement contre le déterminisme aveugle. En sorte que le mal, d'une manière générale, n'est nullement un état inébranlable : l'homme, avec le secours de Dieu, peut dépasser les causes naturelles et rompre les chaînes de la matérialité. Ici intervient la puissance de la prière, dont de Maistre disait qu' « en vertu d'une révélation véritable ou supposée, c'est-à-dire en vertu des anciennes traditions », elle fut de tout temps universellement employée par l'ensemble des nations. La prière, donc, est l'acte religieux par excellence, celui qui *relie* l'homme à Dieu, et par lequel il dépasse sa condition ordinaire : c'est l'échelle spirituelle qui conduit à la mystique.

Ayant jeté les bases d'une métaphysique universelle, et sachant fort bien que l'univers visible rend compte des causes invisibles,

---

4. Joseph DE MAISTRE, *Les Soirées de Saint-Pétersbourg*, neuvième entretien.

5. *Ibid.*, huitième entretien.

Joseph de Maistre développa ses préceptes philosophiques au niveau même de la société. Dès lors la politique est transcendée et l'ordre social devient une forme apparente de l'ordre cosmique. Et toute division politique n'est que le témoignage du mal qui est, très justement, esprit de division et d'éclatement.

Toute révolte n'est que l'écho du *non serviam!* de Lucifer :

« Nul doute qu'aux yeux de Maistre le mal dans l'histoire humaine soit incarné par l'esprit de division. C'est cette tendance qu'il reproche si âprement au caractère grec. (...) Les hommes sont peut-être plus responsables qu'ils ne le pensent, même lorsque leur liberté et leur responsabilité semblent dépasser les cadres individuels. (...) Si les êtres collectifs, poussés par la force mauvaise, sèment le vent, comment s'étonner qu'ils récoltent la tempête ? Le mal est en eux et en nous. Si la volonté humaine s'oriente vers l'égoïsme et la haine de même que les corps attirés par la gravitation tombent avec une vitesse sans cesse croissante, de même les peuples en proie à l'esprit de lourdeur s'affaisseront de plus en plus misérablement sous le poids de leurs malheurs et de leurs fautes [6]. »

Joseph de Maistre pensait que la franc-maçonnerie pouvait œuvrer dans le sens d'une union universelle, mais il invoquait aussi et surtout le rôle de l'Église dans le monde pour que fût instaurée, en quelque sorte, une Jérusalem terrestre à l'image de la Jérusalem céleste des derniers temps.

Un esprit visionnaire

On demeure stupéfait face à l'esprit novateur de l'auteur des *Soirées de Saint-Pétersbourg*. A tel point que les qualificatifs les plus élogieux lui ont été appliqués : mystique, visionnaire, voire prophète. Sans doute ce dernier terme est-il trop fort pour se rapporter à Joseph de Maistre, lors même que ses prévisions, d'un ordre très général, se soient révélées, par certains côtés, extraordinaires. Il semblerait que l'une des clés métaphysiques de toute recherche spirituelle soit, avant même d'invoquer les lumières de la prophétie, l'esprit religieux. Écoutons à ce sujet le philosophe chambérien :

« Celui qui a passé sa vie sans avoir jamais goûté les choses divines ; celui qui a rétréci son esprit et desséché son cœur par de stériles spéculations qui ne peuvent ni le rendre meilleur dans cette vie, ni le préparer pour l'autre ; celui-là, dis-je, repoussera ces

6. Émile DERMENGHEM, *op. cit.*, p. 208-209.

sortes de preuves (il s'agit ici des preuves concernant l'origine divine du dogme chrétien), et même il n'y comprendra rien. Il est des vérités que l'homme ne peut saisir qu'avec *l'esprit de son cœur*. (...) Lorsque l'homme le plus habile n'a pas le sens religieux, non seulement nous ne pouvons pas le vaincre, mais nous n'avons même aucun moyen de nous faire entendre de lui, ce qui ne prouve rien que son malheur[7]. »

La verticalité pour Joseph de Maistre ne peut être atteinte, quel que soit le domaine dans lequel on exerce son intelligence, que grâce à la religion :

« Que la religion, et même sa piété, soit la meilleure préparation pour l'esprit humain, qu'elle le dispose, autant que la capacité individuelle le permet, à toute espèce de connaissance et qu'elle le place sur la route des découvertes, c'est une vérité incontestable pour tout homme qui a seulement mouillé ses lèvres à la coupe de la vraie philosophie[8]. »

On peut aussi découvrir, dans *Les Soirées de Saint-Pétersbourg*, des propos attestant que Joseph de Maistre avait beaucoup réfléchi au sujet de l'étrange phénomène prophétique que traduisent les expressions, parfois incohérentes en apparence, utilisées par les visionnaires pour évoquer les images qui se présentent à leur esprit.

« Mille expressions de ce genre vous prouveront qu'il a plu à Dieu, tantôt de laisser parler l'homme comme il voulait, suivant les idées régnantes à telle ou telle époque, et tantôt de cacher, sous des formes en apparence simples et quelquefois grossières, de hauts mystères qui ne sont pas faits pour tous les yeux. (...) »

Et puis il y a cette évocation, tout à fait extraordinaire et lumineuse, d'un possible mariage de l'intuition et de la raison, ou de la science et de la religion, dont on perçoit aujourd'hui à peine la possibilité.

« Cette doctrine pourra sembler paradoxale sans doute et même ridicule, parce que l'opinion environnante en impose, mais attendez que l'affinité naturelle de la religion et de la science les réunisse dans la tête d'un seul homme de génie : l'apparition de cet homme ne saurait être éloignée ; et peut-être même existe-t-il déjà. Celui-là sera fameux et mettra fin au XVIIIe siècle qui dure toujours ; car les siècles intellectuels ne se règlent pas sur le calendrier comme les *siècles* proprement dits. Alors des opinions, qui nous paraissent aujourd'hui ou bizarres ou insensées, seront des axiomes dont il ne

---

7. Joseph DE MAISTRE, *op. cit.*, neuvième entretien.
8. *Ibid.*

sera pas permis de douter, et l'on parlera de notre *stupidité* actuelle comme nous parlons de la superstition du Moyen Age. »

Peut-on découvrir vision plus prophétique ? Car enfin, quelle serait donc cette « doctrine » évoquée par de Maistre, et qu'un habile chercheur pourrait élaborer ? Tout simplement, le Philosophe attend le successeur de Newton — et il le dit en toutes lettres — qui saurait démontrer que « les corps sont mus précisément comme le corps humain, par des intelligences qui leur sont unies, sans qu'on sache comment ».

Or, « l'intelligence de la matière » est aujourd'hui envisagée par bon nombre de scientifiques [9]. Cette période d' « œcuménisme » entre science et religion s'ouvre donc sur une ère nouvelle.

« Alors, affirme Joseph de Maistre, toute science changera de face : l'esprit, longtemps détrôné et oublié, reprendra sa place. Il sera démontré que les traditions antiques sont toutes vraies ; que le paganisme entier n'est qu'un système de vérités corrompues et déplacées ; qu'il suffit de les *nettoyer* pour ainsi dire et de les remettre à leur place pour les voir briller de tous leurs rayons [10]. »

Dépassant le siècle des Lumières, survolant les temps modernes, l'esprit de Joseph de Maistre se projetait dans un avenir plus lointain encore : en ce temps-là « toutes les idées changeront ».

Laissons maintenant le philosophe visionnaire justifier par lui-même son œuvre, dont il faudrait parcourir chaque ligne pour la célébrer dignement.

« Comme les poètes qui, jusque dans nos temps de faiblesse et de décrépitude, présentent encore quelques lueurs pâles de l'esprit prophétique qui se manifeste chez eux par la faculté de deviner les langues et les parler purement avant qu'elles soient formées, de même les hommes spirituels éprouvent quelquefois des moments d'enthousiasme et d'inspiration qui les transportent dans l'avenir, et leur permettent de pressentir les événements que le temps mûrit dans le lointain [11]. »

---

9. *Cf.* à ce sujet *Sensorium Dei* par Jean Zafiropulo et Catherine Monod, et *L'esprit, cet inconnu* par J. CHARON.
10. Joseph DE MAISTRE, *op. cit.,* onzième entretien.
11. *Ibid.*

2.

Les pérégrinations du « citoyen de Genève »

Il serait injuste de parcourir la Savoie sans évoquer le souvenir de Jean-Jacques Rousseau qui, plus de dix années avant la naissance de Joseph de Maistre, hantait les rues de Chambéry à la recherche de son identité. Sans doute devait-il attendre longtemps avant que d'être en paix avec lui-même, et les années passées aux Charmettes de manière sporadique ne furent point placées sous le signe de l'équilibre et de la stabilité.

Ce sont du reste deux personnalités bien différentes que celles de Jean-Jacques et de Joseph de Maistre. Le premier, dans une sorte de repli sur lui-même, sondant les gouffres béants de son âme, s'ouvre à la contemplation ; alors que le second vit intensément au sein de l'universel mystère de la Création et procède, en quelque sorte, à une véritable synthèse métaphysique.

Plus « humain », dans l'acception exacte du terme, Rousseau ne connaîtra jamais les hautes envolées philosophiques et prémonitoires de Joseph de Maistre, pour lequel seul le divin comptait. Mais eût-il pu en être autrement, puisque Jean-Jacques Rousseau, dont le talent littéraire est indiscutable, fut un temps très avide de mondanités et d'honneurs ? Il n'y renonça que par dépit et non en manière d'ascèse. On peut du reste découvrir ses aveux sous sa propre plume :

« J'avoue que je ne fuyais pas l'occasion de me faire connaître, mais je ne la cherchais pas non plus hors de propos ; et il me paraissait fort juste, en servant bien, d'aspirer aux prix naturels de bons services, qui est l'estime de ceux qui sont en état d'en juger et de les récompenser. »

De Genève à Annecy

C'est le 14 mars 1728 que, rentrant de promenade, Jean-Jacques Rousseau trouva les portes de la ville de Genève fermées, et qu'il décida, face à ce signe du destin, de quitter cette ville pour partir à l'aventure. Il avait alors seize ans et déjà son esprit donnait des signes de grande instabilité : il lui était difficile, pour ne pas dire impossible, de se tenir à une ligne de conduite rigoureuse :

« Ayant une imagination assez riche pour orner de ses chimères tous les états, assez puissante pour me transporter, pour ainsi dire, à mon gré de l'un à l'autre, il m'importait peu dans lequel je fusse en effet[1]. »

Dès lors commence pour le jeune homme une longue période de découvertes, dont le point de départ, on le sait, fut la rencontre de Mme de Warens, le 21 mars 1728. Dans les *Confessions,* avec le lyrisme qu'on lui connaît, Rousseau relate l'événement non sans s'attendrir sur l'image de l'adolescent qu'il avait été.

« Cette époque de ma vie a décidé de mon caractère ; je ne puis me résoudre à la passer légèrement. J'étois au milieu de ma seizième année. Sans être ce qu'on appelle un beau garçon, j'étois bien pris dans ma petite taille ; j'avois un joli pied, la jambe fine, l'air dégagé, la physionomie animée, la bouche mignonne, les sourcils et les cheveux noirs, les yeux petits et même enfoncés, mais qui lançoient avec force le feu dont mon sang étoit embrasé (...).

« C'étoit le jour des Rameaux de l'année 1728. Je cours la (Mme de Warens) suivre : je la vois, je l'atteins, je lui parle... Je dois me souvenir du lieu ; je l'ai souvent mouillé de mes larmes et couvert de mes baisers. Que ne puis-je entourer d'un balustre d'or cette heureuse place ! Que n'y puis-je attirer les hommages de toute la terre ! Quiconque aime à honorer les monuments du salut des hommes n'en devroit approcher qu'à genoux. »

Ainsi se serait-il agi de l'époque de la vie de Rousseau qui aurait décidé de son caractère, et cette rencontre avec Mme de Warens aurait été un véritable acte de « rédemption »... Il sera aisé de constater qu'elle fut la vérité, qui se révèle quelque peu différente de ce que l'on pourrait attendre après pareille « illumination ».

---

1. Jean-Jacques ROUSSEAU, *Confessions,* livre premier.

Autour de Chambéry

Le 24 mars 1728, Jean-Jacques Rousseau part pour Turin à pied, afin d'abjurer la religion protestante et d'être baptisé ; ce qui fut fait le 21 avril. Néanmoins, il ne semble pas que « l'extase » du jour des Rameaux sur le parvis de l'église d'Annecy ait beaucoup changé l'adolescent : il faudra la nostalgie de la vieillesse pour donner au souvenir la teinte surnaturelle et excessive que l'on a rencontrée plus haut.

Sitôt à Turin, il entre comme laquais au service de Mme de Vercellis. Divers incidents émaillent ce séjour piémontais, dont l'épisode du petit ruban « couleur de rose et argent » qui se solda par la condamnation injuste de Marion, ne fut que minime eu égard à ceux qui suivirent, et que Rousseau relate, très honnêtement, non sans préciser auparavant qu'en ce temps-là son sang « allumé remplissoit incessamment » son cerveau « de filles et de femmes ».

« Mon agitation crut au point, dit-il, que ne pouvant contenter mes désirs je les attisois par les plus extravagantes manœuvres. J'allois chercher des allées sombres, des réduits cachés où je pusse m'exposer de loin aux personnes du sexe, dans l'état où j'aurois voulu être auprès d'elles. »

Après ces actes qui marquent son goût caractérisé pour l'exhibitionnisme, Rousseau entre au service du comte de Gouvon, qu'il quittera bientôt pour regagner Annecy. Nous sommes en juin 1729. Mme de Warens est toujours décidée à discipliner, coûte que coûte, ce jeune homme instable : d'août à octobre, il séjourne chez les Lazaristes et devient pensionnaire à la maîtrise de la cathédrale.

1730 sera à nouveau une année de voyages : Lyon, Annecy, Fribourg, Neuchâtel ; année consacrée exclusivement à la musique. Ces pérégrinations se poursuivront jusqu'en octobre 1731, où il commencera à travailler au cadastre de Savoie. Mme de Warens espérait pouvoir sans doute fixer cet esprit volage, mais ce fut peine perdue. Dès le mois de juin 1732, Rousseau quitte le cadastre et donne des leçons de musique aux jeunes filles de famille de Chambéry. Sans aucun doute l'analyse de Georges May dans *Rousseau par lui-même* est-elle profondément pertinente.

« Au contact de cette femme légère et charmante, le petit sauvageon suisse n'est pas seulement déniaisé : il est dégrossi. Plus encore que ce qu'il appelle quelque part son *pucelage,* il perd auprès d'elle le reste des principes genevois d'austérité et d'égalitarisme qui avait survécu à sa conversion de 1728. Après l'avoir conquis d'emblée à sa religion, Mme de Warens lui inculque petit à petit le sens et le goût des valeurs mondaines, puis le désir de parvenir. De paysan du Danube, le voici en passe de devenir paysan parvenu et bientôt paysan perverti. »

Rousseau aux Charmettes

Dès 1735 ou 1736, Mme de Warens loue aux environs de Chambéry une première maison, celle de Noëray, où elle séjournera avec Jean-Jacques. Mais les multiples attraits de la vie agreste ne parviendront cependant pas à fixer le voyageur impénitent qui, dès l'année suivante, part pour un nouveau périple. Mme de Warens signe le 15 septembre 1737 un bail pour une nouvelle maison, celle de Revil, que Rousseau connaîtra à son retour de Montpellier, le 22 septembre. Il ne séjournera guère aux Charmettes qu'une seule année, en 1739, année qu'il mettra à profit pour parfaire son instruction. Au reste, après sa maladie en 1742 qui le retiendra encore durant quelques mois dans la campagne de Savoie, Jean-Jacques Rousseau entreprend une suite de démarches par lesquelles il espère enfin être admis dans le grand monde. Souvenons-nous, en effet, que son désir le plus cher est de réussir socialement.

Mais sa communication à l'Académie des sciences, en 1742, ne lui ouvre point les portes de la célébrité. Il y traita pourtant d'une nouvelle méthode de notation musicale qu'il avait mise au point dès le mois de janvier aux Charmettes.

Ainsi débuta la longue suite aventureuse que l'on connaît et qui se termina le 2 juillet 1778, à onze heures du matin, chez le marquis René de Girardin, dans le parc d'Ermenonville.

Mme de Warens l'avait précédé dans la tombe le 29 juillet 1762, année de la publication de l'*Émile,* alors que son protégé ne songeait plus guère à elle. Cependant, Jean-Jacques Rousseau affirme n'avoir connu dans son existence que sept années de vrai bonheur, qui pourraient approximativement coïncider avec son séjour aux Charmettes. Sans doute se souvenait-il aussi des espoirs qui étaient alors les siens et qui furent déçus, très rapidement, dès ses premiers pas dans cette société au sein de laquelle il convoitait une place de choix. Peut-être est-ce l'ombre de cette déception qui le porta à écrire dans le *Discours sur l'origine et les fondements de l'inégalité parmi les hommes* des phrases empreintes d'une modestie qu'il ne cultivait guère dix années avant la publication de cet ouvrage :

« Pour nous hommes vulgaires à qui le ciel n'a point départi de si grands talents et qu'il ne destine pas à tant de gloire, restons dans notre obscurité. Ne courons point après une réputation qui ne nous rendrait jamais ce qu'elle nous aurait coûté, quand nous aurions tous les titres pour l'obtenir. »

Deux destinées opposées

Il n'aura pas été superflu de mettre en parallèle, bien que trop schématiquement, deux personnalités telles que Joseph de Maistre et Jean-Jacques Rousseau. Tous deux connurent Chambéry, et c'est là le trait d'union unique pour ces écrivains dont les œuvres respectives sont radicalement opposées.

Avec Joseph de Maistre, on assiste à une montée continuelle vers les sphères les plus hautes de la réflexion humaine, jusqu'au point de rupture où l'homme, esclave de sa raison, et bien que doué, lorsqu'il est artiste, d'une naturelle inspiration, n'entrevoit plus que la Lumière aveuglante du mystère grandiose de la Création. De Maistre dépasse le cap de la philosophie et parcourt le vaste domaine de la métaphysique. En un mot, il est l'homme de la verticalité spirituelle et du dépassement de la condition humaine. Grâce à lui, c'est la totale dimension de nos possibilités déductives qui est exaltée.

Bien au contraire, Jean-Jacques Rousseau demeure le philosophe de l'horizontalité sentimentale. Au point même où Joseph de Maistre échappe au lecteur par un envol vers le divin, Rousseau révèle toute la fragilité de la sensibilité. Dans l'élan sincère des *Confessions* on discerne le douloureux cheminement de l'individu qui se veut harmoniser avec lui-même et, ce faisant, découvre ses imperfections, déchire le voile du mensonge et entreprend une quête intérieure qui passe par la connaissance profonde de son être.

Oui, Jean-Jacques Rousseau achève sa réflexion là où Joseph de Maistre commence la sienne. Le premier est bien le philosophe des temps modernes qui s'ouvrent, et l'annonciateur des bouleversements humains engendrant, par voie de conséquence, des changements sociaux ; le second est un penseur de l'intemporel qui survole son époque et les calamités qui la caractérisent pour rejoindre la sphère de l'esprit, exaltant ainsi les facultés de l'intelligence qu'il transcende admirablement[2].

Tous deux semblent être les deux facettes du caractère alpin, car la destinée des provinces alpines est toute faite d'humanité et de transcendance. Pourrait-il en être autrement pour ce terroir où les légendes et les mythes se confondent avec l'Histoire et se mêlent dans les creusets des vallées mystérieuses ?

---

2. Jospeh de Maistre avait du reste peu d'estime pour les travaux de Jean-Jacques Rousseau qui fut, selon lui, « l'un des plus dangereux sophistes de son siècle, et cependant le plus dépourvu de véritable science, de sagacité et surtout de profondeur, avec une profondeur apparente, et qui est toute dans les mots ». (*Les soirées de Saint-Pétersbourg,* deuxième entretien.)

VAL D'AOSTE

De l'annexionnisme à l'autonomie

Contrairement à la Savoie, qui fut, pourrait-on dire, « naturellement » rattachée à la France dès 1860, le Val d'Aoste connut des situations douloureuses où se donnèrent libre cours les passions les plus diverses. Ce n'est pas que l'annexion de la Savoie se soit faite sans remous : on connaît les multiples péripéties qui émaillent son histoire, de l'attentat d'Orsini, le 14 janvier 1858, au plébiscite des 21 et 22 avril 1860. Non moins nombreuses furent les manœuvres politiques sournoises qui se développèrent à cette époque ; mais le fait demeurait cependant : les frontières naturelles devaient logiquement dicter leur loi et les Alpes furent dès lors scindées en deux.

Pour le Val d'Aoste ce fut une véritable mutilation. Sa culture, sa langue, son patois, tout enfin le rattachait spirituellement et sentimentalement à la France. Et voilà qu'il allait dépendre, brusquement, du seul royaume d'Italie...

Les étapes de l'italianisation

Désormais coupé de la France, le Val d'Aoste allait subir plusieurs vagues d'italianisation tendant à détruire son caractère profond. Les racines ethniques étaient maintenant un danger constant pour l'unité de l'Italie qui voyait d'un mauvais œil qu'une région pût cultiver une originalité dont on pressentait, à juste titre, qu'elle serait le ferment d'un désir d'indépendance.

Décrire toutes les étapes de cette œuvre sournoise qui se déroula plus ou moins dans l'ombre de l'Histoire serait une longue tâche. Il nous suffira cependant de mettre en évidence les agissements des autorités fascistes pour que l'on puisse entrevoir les préjudices qu'endura le Val d'Aoste.

Conscient qu'en détruisant une langue on tue l'esprit d'un peuple, le pouvoir fasciste s'employa, dès 1923, à mettre en œuvre un plan de destruction systématique qui commença par la suppression de cent huit écoles, dans divers hameaux de la vallée. C'étaient là, à ses yeux, autant de foyers de subversion qu'il fallait étouffer. Mais ce n'était que le début d'une longue période d'intolérables vexations. Écoutons à ce sujet André Zanotto.

« En 1924 une simple circulaire fit connaître les ordres péremptoires du gouvernement fasciste pour la suppression de toutes les enseignes, même bilingues, des bureaux publics, comme les postes de la ville d'Aoste, où toutes les indications en langue française venaient d'être radicalement effacées.

« Les registres de l'état civil encore rédigés en français furent écrits en italien dès 1925, et la langue italienne fut imposée dans les délibérations communales. Le commissaire fasciste de la commune d'Aoste, non certes élu par la volonté populaire, décida de substituer en 1926 par des dénominations italiennes tous les noms de rue français. Un décret du 22 novembre 1925 supprima l'enseignement du français dans les écoles, même à titre facultatif[1]. »

On obligea également les publications francophones et non conformistes à cesser toute activité, alors que toutes les communes valdôtaines reçurent une appellation italienne !

C'était évidemment plus qu'il n'en fallait pour que les passions se réveillent, à juste titre, et qu'un groupe d'action régionaliste vît le jour.

Émile Chanoux et la « Jeune Vallée d'Aoste »

Esprit ardent et actif, Émile Chanoux (1906-1944) fonda, avec l'abbé Trèves (1874-1941), la « Jeune Vallée d'Aoste », organisme qui visait surtout à obtenir les faveurs de la jeunesse dans son action légitime pour la défense du patrimoine régional.

Dès 1924, c'est-à-dire une année avant la fondation de ce groupe d'action, Émile Chanoux, à peine âgé de dix-huit ans, s'était déjà signalé par un article paru dans la presse régionale, par lequel il exprimait son indignation face aux événements.

Ce ne fut pas sans mal que la « Jeune Vallée » sauvegarda son

---

1. André ZANOTTO, *op. cit.*, pp. 238, 239.

organisation, face au pouvoir fasciste qui n'hésitait nullement à persécuter tous ceux qui montraient quelque velléité de sympathie régionaliste. Des réunions secrètes étaient organisées sur les lieux les plus retirés et les plus inattendus, sous le couvert officiel d'excursions montagnardes ou de l'intérêt archéologique. Ces activités clandestines permirent de resserrer les liens de tous ces hommes courageux qui, en 1941, fondèrent le Comité valdôtain de Libération, duquel devait naître la Résistance. L'abbé Trèves venait de décéder et l'étau fasciste faisait sentir de plus en plus la douloureuse étreinte de ses mors. Déjà, depuis le 6 décembre 1926, le Val d'Aoste faisait partie de la Provincia di Aosta, à laquelle appartenaient aussi Ivrée et le Canavais : c'était une astucieuse manœuvre par laquelle on diluait les éléments régionalistes dans la masse piémontaise majoritaire...

Évidemment, la guerre n'avait fait qu'empirer les choses et Mussolini était saisi d'une profonde aversion pour tout ce qui touchait, de près ou de loin, à la France. Il avait même attendu que le gros de l'armée française fût engagé dans le nord et l'est du pays pour pénétrer en Tarentaise du 21 au 24 juin 1939. Ce fait d'armes peu glorieux n'était pas fait pour éveiller la sympathie des Français à l'égard de leurs voisins transalpins. Au sein de ce désordre, Émile Chanoux ne cessait d'œuvrer pour la liberté et l'indépendance du Val d'Aoste. Le 19 décembre 1943 les représentants des populations des diverses vallées alpines du Piémont se réunissaient à Chivasso. C'est à cette occasion que furent jetées les bases de l'autonomie valdôtaine. Mais au sein du totalitarisme, le combat pour la liberté est toujours accompagné du martyre de ses apôtres.

Le 18 mai 1944 Émile Chanoux fut arrêté et longuement torturé par les fascistes. Le lendemain on fit savoir qu'il s'était pendu aux barreaux de sa cellule ; la lâcheté allait jusqu'à déguiser en suicide ce qui fut un ignoble crime.

Le vent séparatiste

Après avoir livré d'âpres combats, les résistants finirent par battre définitivement les troupes fascistes et allemandes le 28 avril 1945. C'était la fin d'une dictature qui avait duré vingt-trois années et que la population du Val d'Aoste avait courageusement affrontée, sinon unanimement, à tout le moins grâce à tous ceux qui avaient toujours lutté pour son indépendance et son intégrité.

C'est alors que se manifesta le courant séparatiste et qu'apparut, pour les autorités italiennes, le spectre de l'annexionnisme. En effet, les troupes françaises s'étaient établies dans le Val d'Aoste dès le printemps 1945, et ce fait ne tarda pas à être interprété comme une occupation. Les Français étaient, pour les uns, des libérateurs, et pour les autres des envahisseurs qui tentaient d'annexer le territoire valdôtain. C'est ici que commence toute une suite de démarches fort obscures qui concernèrent les Italiens, les Américains, les Anglais et les Français. L'enjeu en était le Val d'Aoste, qui voyait poindre la lueur d'un espoir que beaucoup nourrissaient secrètement en leur cœur : être enfin rattachés à la France !

Tous ces agissements secrets et discrets ont admirablement été rassemblés par Marc Langereau dans son ouvrage capital, *La France et la question valdôtaine au cours de la Seconde Guerre mondiale*[2].

On y apprend, documents à l'appui, ce que furent les différents mouvements : séparatisme, annexionnisme et courant autonomiste. Ce fut finalement ce dernier qui aboutit, par l'élaboration du statut qui fut approuvé le 31 janvier 1948.

Tout au long de la période qui alla de l'installation des troupes françaises à la reconnaissance de l'autonomie valdôtaine, le général de Gaulle ne cessa de s'intéresser de très près à ce problème qui semblait lui tenir à cœur. Sans doute n'avait-il point apprécié l'ultimatum du président Truman, auquel il dut se plier. Dès le 10 juin 1945, les soldats français quittaient donc le Val d'Aoste.

« Ce qui était en question, écrira le général de Gaulle dans ses *Mémoires de guerre,* c'était bien l'éviction des Français par les alliés, hors du terrain conquis par nos soldats contre l'ennemi allemand et l'ennemi fasciste italien et où, au surplus, plusieurs villages avaient une population d'origine française. »

En fait, il ne semble pas que les pouvoirs français aient jamais eu le désir véritable d'annexer le Val d'Aoste, qui se trouvait coupé de la France durant de longs mois, à cause de l'enneigement des cols. Certes, si le tunnel sous le Mont-Blanc avait alors existé, tout aurait été remis en cause...

Néanmoins, les institutions de l'autonomie rendirent aux Valdôtains les prérogatives que le fascisme leur avait ôtées et qui concernaient surtout leur intégrité ethnique. La langue française et la culture valdôtaine purent à nouveau trouver droit de cité au cœur des Alpes, là où l'oppression la plus systématique ne parvint pas à les étouffer, grâce au dévouement et au courage de tous ceux qui

---

2. *Voir* bibliographie.

sentaient couler dans leurs veines le sang de leurs ancêtres montagnards.

Cette page d'Histoire, bien que récente, n'en est pas moins aussi douloureuse et importante que beaucoup de celles qui la précédèrent. Aujourd'hui seulement commencent à apparaître, un peu plus nettement, les contours de cette période troublée de la vie valdôtaine, qui devrait néanmoins aboutir dans la lumière de la liberté. Elle nous démontre, en tout cas, combien les racines du peuple valdôtain sont profondes, et combien il se sent solidaire de ses proches voisins de la Savoie, du Valais et du Dauphiné, auxquels le rattachent les liens d'une histoire commune, dont les faits et gestes se déroulèrent en un terroir unique au monde : les Alpes légendaires et mystérieuses.

Quant à la tradition valdôtaine et à sa définition, les propos de Joseph Bréan se révèlent fort significatifs.

« Honnêteté, moralité, simplicité de vie, noblesse de sentiments et de goûts, amour du travail, droiture de conscience, attachement au sol natal, culte des valeurs spirituelles, fidélité à Dieu et au pays, telles sont les caractéristiques de la Tradition valdôtaine.

« En d'autres termes, la Tradition valdôtaine est tout à la fois profondément humaine et profondément chrétienne.

« Elle est noblement humaine précisément parce qu'elle est foncièrement chrétienne.

« Qu'il en soit ainsi, cela ne dépend ni de la volonté de ceux qui le regretteraient, ni de ceux qui s'en réjouissent.

« Il en est ainsi et on est obligé de reconnaître qu'il en est ainsi.

« Telle est la Tradition valdôtaine[3]. »

---

3. *Le Flambeau*, n° 4, hiver 1978, p. 4.

ÉPILOGUE

L'être humain est curieusement enclin à ne considérer, quant aux événements historiques, que ceux qui se déroulèrent dans un passé plutôt lointain. Il ne voit point que l'Histoire continue de tisser sa trame quotidiennement, et que les faits qui lui paraissent anodins aujourd'hui sont d'une égale valeur à ceux qui se déroulèrent jadis et dont il a reconnu l'importance.

Ce n'est, au demeurant, qu'une question de perspective temporelle.

Ainsi, pour les Alpes, peut-on constater que rien n'est épuisé dans le domaine du dynamisme qui les caractérise. C'est une constante historique, donc toujours actuelle, que ce bouillonnement de créativité dans les domaines les plus divers, qui se répand, parfois trop discrètement, au-delà de ses frontières régionales.

Évidemment, beaucoup de choses ont changé et la nature a subi, ici également, de graves préjudices : à la création des indispensables parcs naturels qui permettent encore au promeneur de goûter aux plaisirs de la flore et de la faune alpines, s'opposent les constructions anarchiques qui se dressent là où les humbles maisons de pierre se fondaient dans le paysage, discrètement. Cependant, le tourisme vient parfois au secours de la tradition et des générations successives ont contribué à la sauvegarde d'un patrimoine unique et inestimable.

On ne peut point ne pas penser, en pareil cas, au Val d'Aoste, très justement, qui demeure certainement l'un des plus beaux fleurons des Alpes : le relief, très particulier, l'acharnement du peuple valdôtain à sauvegarder son particularisme souvent menacé, en font une sorte de prototype.

Au reste, le Comité des Traditions valdôtaines témoigne par

ses activités de la vivacité et de la résolution des Valdôtains à protéger leur culture.

Cependant, les cas du Dauphiné, des deux Savoies et du Valais, bien que différents, n'en sont pas moins significatifs. Car les traditions ne peuvent point s'éteindre et l'Histoire demeure toujours vivante lorsque l'âme d'une région émane de sa terre. Et qui pourrait porter atteinte aux géants de granit qui déchirent les nuages et forcent le respect des esprits les plus rebelles ?

Oui, les Alpes resteront, pour une part, éternellement secrètes ; on pourrait même dire que c'est leur fonction première que d'abriter le secret dans les replis de leurs vallées.

Au-delà de la générosité et des combats pour la liberté, cette ombre discrète qui prend l'apparence d'une pudeur singulière dans le contre-jour de l'Histoire, n'est peut-être, au fond, que le prolongement de ce secret naturel, étendu au cœur du peuple alpin.

Bibliographie

APULÉE, *Métamorphoses* ou *L'Ane d'or*, Belles Lettres, 1947.
ARNOULD DE GRÉMILLY, L., *Le Coq*, Flammarion, 1958.
BATFROI, Séverin, et BÉATRICE, Guy, *Terre du Dauphin et Grand Œuvre solaire*, Dervy-Lures, Paris, 1976.
BAUD, Henri, *Histoire de la Savoie*, Privat, Toulouse, 1973.
BÉGUIN, Albert, *La Quête du Graal*, Éditions du Seuil, 1965.
BOUCHAYER, Auguste, *Les Chartreux, maîtres de forge*, Didier-Richard, 1927.
BOURLANGES, Jacques, *Le Ciel est sur la terre*, chez l'auteur, 84240 La Tour-d'Aigues, 1973.
BROCHEREL, J., *La Grolle, coupe à vin valdôtaine*, in « Augusta Praetoria ».
BRIAN, J., *La Tradition valdôtaine*, in « Le Flambeau » n° 4, hiver 1978.
CADET DE GASSICOURT, et PAULIN, baron Robert de, *L'Hermétisme dans l'art héraldique*, Berg international, 1972.
CANSELIET, Eugène, *Deux logis alchimiques*, Jean Schemit, 1945.
CARLOGNE, J.-B., *Dictionnaire du patois valdôtain*.
CHAMPEAUX, G. de, et STERCKX, dom S., *Le Monde des Symboles*, Ed. Zodiaque, 1972.
CHARBONNEAU-LASSAY, L., *L'Esotérisme de quelques symboles géométriques chrétiens*, Éditions Traditionnelles, 1960.
CHARVET, Louis, *Des Vaus d'Avalon à la queste du Graal*, Librairie José Corti, 1967.
CHORIER, Nicolas, *Histoire générale du Dauphiné*, Jean Thialy, Lyon, 1672 et Éditions des Quatre-Seigneurs, 1971.
DARCY, Gautier, et ANGEBERT, Michel, *Histoire secrète de la Bourgogne*, Albin Michel, 1978.
DELAURE, père L., *Notre-Dame-de-l'Osier*, Lescuyer et Fils, 1966.
DERMENGHEM, Émile, *Joseph de Maistre mystique*, La Colombe, 1946.
DONTENVILLE, Henri, *Les Dits et Récits de mythologie française*, Payot, 1950.
— *Histoire et géographie mythiques de la France*, Maisonneuve et Marose, 1973.

Dreyfus, Paul, Grenoble, *De César à l'Olympe,* Arthaud, 1967.
Éliade, Mircea, *Forgerons et Alchimistes,* Flammarion, 1977.
Evola, Julius, *Le Mystère du Graal,* Éditions Traditionnelles, 1970.
Fontvieille, René, *Mandrin,* Éditions du Taillefer, 1975.
— *Le Palais du Parlement du Dauphiné,* Didier-Richard, 1965.
Fulcanelli, *Les Demeures philosophales,* J.-J. Pauvert, Paris, 1965.
— *Le Mystère des Cathédrales,* J.-J. Pauvert, Paris, 1964.
Gariel, H., *Dictionnaire du Dauphiné,* 1864.
Giacosa, G., *Fenis e Issogne, due castelli valdostani,* Enrico editori.
Grasset d'Orset, *Le Noble Savoir,* in « Revue Britannique », 9ᵉ série, tome 1.
Guénon, René, *Symboles fondamentaux de la science sacrée.* Gallimard, 1962.
Guillerand, dom A., *Silence cartusien,* Desclée de Brouwer, 1971.
Hermès Trismégiste, *Asclepius,* Les Belles Lettres, 1954.
Hesteau de Nuysement, Clovis, *Traittez du vray sel des Philosophes,* C.A.L., Paris, 1974.
Janin, Bernard, *Le Val d'Aoste, tradition et renouveau,* Musumeci, 1976.
Lachat, R.-L., *Histoire de la franc-maçonnerie en Dauphiné,* 1978.
La Grande-Chartreuse par un chartreux, B. Arthaud, 1930 (Anonyme).
Langereau, Marc, *La France et la question valdôtaine au cours de la Seconde Guerre mondiale,* Imprimerie Allier, Grenoble, 1975.
Le Hidec, Max, *Les Secrets de La Salette,* Nouvelles Éditions Latines, 1969.
Luneau, A., *Histoire du salut chez les Pères de l'Église,* Beauchesne, 1964.
Maistre, Joseph de, *Les Soirées de Saint-Pétersbourg,* La Colombe, 1960.
Markale, Jean, *Les Celtes,* Payot, 1969.
Martin, J.-C., *Notice sur le chimiste Dupré.*
Massart, Jacques, *Harmonie des Prophéties anciennes avec les modernes,* Amsterdam, 1686.
— *La Panacée,* Frémon, Grenoble, 1679.
Michel, Aimé, *Histoire et guide de la France secrète,* Planète, 1968.
Micouloux, Paul-Joseph, *Bayard, le chevalier sans peur et sans reproche,* Dardelet, 1924.
Murray Kendall, Paul, *Louis XI,* Fayard, 1974.
Naudé, Mgr, *Apologie des grands hommes soupçonnés de magie,* Amsterdam, 1712.
Noël, F., *Abrégé de la mythologie universelle,* Le Normant, 1821.
Orsier, Joseph, *Henri Corneille Agrippa dans sa vie et son œuvre d'après sa correspondance,* Bibliothèque Chacornac, 1911.
Pagnol, Marcel, *Le Masque de fer,* Ed. de Provence, Paris, 1965.
Prudhomme, A., *Histoire de Grenoble,* 1876.
Rabelais, *Œuvres,* J. de Bonnot, 1973.
Ravier, *Saint Bruno,* Lethielleux, 1967.
Réau, Louis, *Les Monuments détruits de l'art français,* Hachette, 1959.
Richer, Jean, *Géographie sacrée du monde grec,* Bibliothèque des Guides Bleus, Hachette, 1967.

Rivière-Sestier, Madeleine, *Au fil de l'Alpe,* Ed., Didier et Richard, Grenoble, 1970.
— *Grenoble secret,* Ed., Didier et Richard, 1969.
Rochas, A., *Biographie du Dauphiné.*
Roman, J., *Description des sceaux des familles seigneuriales du Dauphiné,* Allier, 1913.
Rousseau, Jean-Jacques, *Confessions,* « La Pléiade », N.R.F., 1959.
Roussel, Romain, *Jacques Cœur,* Berger-Levrault, 1965.
Sauter, Marc, *Histoire de la Savoie,* Ed. Privat, 1973.
Schwaller de Lubicz, *Le Miracle égyptien,* Flammarion, 1963.
Sède, Gérard de, *La Race fabuleuse,* J'ai lu, 1973.
Tillier, Jean-Baptiste de, *Historique de la vallée d'Aoste,* Itla, 1968.
Valentin, Basile, *Dernier Testament,* préface de Sylvain Matton, Retz, 1977.
— *Les Douze Clefs de la Philosophie,* commentaire par Eugène Canseliet, Éditions de Minuit, Paris, 1956.
Vergez, Raoul, *Les Illuminés de l'Art royal,* Julliard, 1976.
Vernet, Alphonse, *Histoire populaire et anecdotique de Grenoble,* Drevet, 1900.
Viel, Robert, *Les Origines symboliques du blason,* Berg international, 1972.
Wilson, Ian, *Le Saint-Suaire de Turin,* Albin Michel, 1978.
Zanotto, André, *Histoire de la vallée d'Aoste,* Éditions de la Tour neuve, 1968.

Table

Introduction 7

PREMIÈRE PARTIE

Mythologie et légendes du massif alpin

1. *Géographie sacrée* 15
   Les aspects sacrés du sol alpin 17
   De la montagne au temple 18
   L'horloge cosmique dauphinoise 19
   La Montagne polaire 22
   La colonne sacrée 23

2. *Pierres et montagnes légendaires dans le Dauphiné et la Savoie* 26
   Moras et son menhir 26
   Les Dames de la Roche et la Chaise de la Vierge 27
   Pierre Mate et Pierre Notre-Dame 27
   Les Trois-Pucelles 28
   Le mythe de l'Arche 29
   L'omphalos d'Amency 30
   Présence des fées 30

3. *Gargantua dans les Alpes* 32
   Gargantua dans le massif de la Chartreuse 33
   Passages en Haute-Savoie et en Suisse 34
   De Gargantua à saint Gorgon 35

4. *La fée Mélusine* 37
   Mélusine et la lumière 38
   Dans le mystère des grottes 39

5. *Les sept merveilles dauphinoises* 41
   Les Cuves de Sassenage 42
   Les pierres ophtalmiques 43
   Les grottes de la Balme 45
   La Tour-Sans-Venin 46
   La Fontaine ardente 48
   La Manne de Briançon 50
   Le mont Aiguille 51
   De la mythologie à l'Histoire 53

6. *Le travail minier, la Terre-Mère et le symbolisme de l'alpinisme* 54
   Les mines dauphinoises 54
   La métallurgie valdôtaine 56
   Symbolisme originel du travail des mines 57
   L'élévation vers la transcendance 59
   Les premiers alpinistes 60
   Alpinisme et initiation 61

DEUXIÈME PARTIE

Les énigmes du néolithique
et l'occupation romaine

DAUPHINÉ

1. *Des temps préhistoriques aux Allobroges* 67
   Profil original du Dauphiné 67
   Une « tête minéralisée » ? 68

Un peuplement énigmatique 69
Un peuple singulier : les Allobroges 69
L'épopée de Brennus 71

2. *L'influence romaine et l'installation des Burgondes* 73
   La conquête romaine 73
   Le temps des incertitudes 74
   L'arrivée du christianisme 75
   L'épanouissement de la religion nouvelle 77
   Des Bituriges aux Bourguignons 78

SAVOIE

1. *Les Brumes de la préhistoire* 81
   Du Rhône aux Alpes 81
   Alignements et mégalithes 82
   « Temples » et autels archaïques 83
   Les habitants des stations lacustres 84
   Occupation et soumission des Allobroges 85
   Barbares et envahisseurs 87
   L'arrivée des Burgondes 88
   L'écroulement de l'empire romain 89

VAL D'AOSTE

1. *Préhistoire et protohistoire* 93
   L'ère méconnue 93
   Le « creuset » valdôtain 94
   Avant l'occupation romaine 96
   De la fable à la vérité historique 97
   Le col du Petit-Saint-Bernard 98
   Le col du Grand-Saint-Bernard 99

2. *L'influence et les vestiges de l'occupation* 102
   L'épopée préromaine en Valais et Val d'Aoste 102
   Le contrôle des Alpes 104
   Augusta Praetoria, la « Rome des Alpes » 105

TROISIÈME PARTIE

Le Moyen Age et l'originalité de l'esprit alpin

DAUPHINÉ

1. *Des Burgondes à la féodalité* 113
   Les Burgondes remplacent les Romains 113
   La féodalité et l'installation des Guigues 115

2. *Les origines du Dauphiné* 119
   Guigues IV et l'énigme du surnom « Dauphin » 119
   Le symbolisme héraldique 120
   Delphes et le dauphin 123
   Les origines mythiques de Delphes 124
   Le dauphin, Apollon et les Dauphins du Viennois..... 125

3. *Le rattachement au royaume de France* 127
   Humbert II et le « transport » du Dauphiné 127
   Un dauphin prestigieux : Louis XI 128
   L'influence occulte de Jean Bourré 131

4. *Chartreux et antonins* 133
   Bruno de Cologne 133
   L'arrivée à Grenoble et le songe prophétique 134
   La fondation de l'ordre des chartreux 135
   Chartreux et templiers 138
   La liqueur des chartreux 141
   Le silence cartusien 143
   De la Motte-Saint-Didier à Saint-Antoine-l'Abbaye 144
   Le mystère de la crypte 145

SAVOIE

1. *La Savoie des premiers comtes* 147
   Origines mystérieuses de la maison de Savoie 147
   Amédée VI, le « comte vert » 150
   Amédée VII, le « comte rouge » 151
   Amédée VIII, le duc « mystique » 152

2. *Notre-Dame de Myans, Vierge noire savoyarde* 155
   D'Isis à Marie 155
   La catastrophe du Granier 157
   Pérennité du culte 158

3. *Sur les traces du Graal* 159
   Le secret des Vaus d'Avalon 159
   L'*Estoire dou Graal* 160
   Où se trouve l'Avalon de Robert de Boron ? 161
   De Pétrus à Hugues de Lincoln 164

VAL D'AOSTE

1. *Un dépôt sacré* 167
   La découverte inattendue 167
   Du Graal à la Grolla valdôtaine 168
   Pérennité d'une tradition médiévale 170
   Origines géographiques de la grolle 173
   Péripéties d'un symbole 174

2. *L'héritage médiéval* 177
   La féodalité valdôtaine 177
   Les Challant, vicomtes d'Aoste 179
   Fénis et la triple enceinte 181
   La consécration de l'espace 182
   Les fresques symboliques 184
   Issogne et la fontaine du grenadier 185
   Monuments et vestiges médiévaux 188
   Les édifices religieux 190

QUATRIÈME PARTIE

De la Renaissance aux prémices révolutionnaires

1. *Du chevalier Bayard à Pierre Bucher* 195
   Aux confins de la Savoie 195
   Une vie militaire brillante 196
   La mort d'un héros national 198

Le mausolée de l'église Saint-André 199
Le palais de justice 201
L'énigme du temps 202
Pierre Bucher (1510-1576), artiste et procureur général du roi 204

2. *Le duc de Lesdiguières et Nicolas Fouquet* 206
Au son du canon 206
François de Bonne, duc de Lesdiguières 208
Marie Vignon et le scandale de son veuvage 209
Nicolas Fouquet : de l'intendance du Dauphiné à la surintendance des finances 211
Vers la forteresse de Pignerol 213
Nicolas Fouquet fut-il le Masque de fer ? 214

3. *Le mystère de Notre-Dame-de-l'Osier* 218
Un haut lieu dauphinois 218
L'osier sanglant 220
Le début d'une dévotion 221
Le dénouement mystérieux 223

4. *Grenoble, capitale des Alpes* 225
La fête du Roi-Coq 225
Le chimiste Dupré 227
François Massart 229
Une affaire de sorcellerie 231
Henri Corneille Agrippa 233
Rabelais à Grenoble 235

5. *La légende de Mandrin, le bandit au cœur généreux* 237
Une société en déroute 238
L'enfant de Saint-Etienne-de-Saint-Geoirs 239
L'aurore de la célébrité 240
Vers des campagnes militaires d'envergure 241
Dénouement 243

6. *Les prémices révolutionnaires* 246
La franc-maçonnerie 246
L'Assemblée provinciale et la journée des Tuiles 247
L'assemblée de Vizille 249
Le démembrement du Dauphiné 250

7. *Organisation de la Savoie* 252
   Les années difficiles 252
   De la franc-maçonnerie aux clubs 253
   Le retour à la réalité 254

8. *Saint François de Sales* 256
   Une noble ascendance 256
   Naissance d'une vocation 257
   Les combats de la vie publique 258
   Par-delà les frontières 260
   L'*Introduction à la vie dévote* 261

9. *Le Saint-Suaire à Chambéry* 263
   Origines de la vénérable relique 263
   L'énigme du Baphomet 264
   Le Saint-Suaire en Savoie 265
   Première révélation du Saint-Suaire 267
   La datation du Linceul et les « bandelettes », seconde énigme 268
   Le mystère de l'effigie 270

10. *Le val d'Aoste de la Révolution à l'Empire* 272
    L'occupation de la Savoie 272
    Annexion du Piémont 273
    L'Église valdôtaine sous la Révolution 274
    Les révoltes des Socques 275

CINQUIÈME PARTIE

Espérances et réalités

DAUPHINÉ

1. *Prophéties et énigmes archéologiques* 281
   Les prophéties de Prémol 281
   De la Révolution à l'Empire 282
   De Louis XVIII à Louis-Philippe 283
   Une naissance miraculeuse 284

Les lumières de l'adolescence 286
La pierre de Rosette 286
Le retour à Grenoble, l'exil et le secret des hiéroglyphes   287

2. *Les temps modernes* 290
La chaux hydraulique 290
Les progrès de la ganterie 292
La houille blanche 293

3. *Les mystères de La Salette* 295
Les faits 296
Éléments de l'enquête 297
Le secret bien gardé 299
La fin des Temps 301

SAVOIE

1. *Joseph de Maistre, philosophe et visionnaire* 303
Une œuvre originale et riche 303
Le problème du mal 305
Un esprit visionnaire 307

2. *Les pérégrinations du « Citoyen de Genève »* 310
De Genève à Annecy 311
Autour de Chambéry.............................. 312
Rousseau aux Charmettes 313
Deux destinées opposées 314

VAL D'AOSTE

De l'annexionisme à l'autonomie 317
Les étapes de l'italianisation 317
Émile Chanoux et « La Jeune Vallée d'Aoste » 318
Le vent séparatiste 319

Épilogue 323

Bibliographie 325

« Histoire secrète des provinces françaises »
Collection dirigée par Jean-Michel Angebert

Volumes parus

Jean Markale
Histoire secrète de la Bretagne

Jean-Victor Angelini
Histoire secrète de la Corse

Jean-Louis Bernard
Histoire secrète de Lyon et du Lyonnais

René Nelli
Histoire secrète du Languedoc

Michel Bertrand
Histoire secrète de la Provence

Gautier Darcy et Michel Angebert
Histoire secrète de la Bourgogne

Paul Arnold
Histoire secrète de l'Alsace

Henry Montaigu
Histoire secrète de l'Aquitaine

François Ribadeau Dumas
Histoire secrète de la Lorraine

Michel Lamy
Histoire secrète du Pays basque

Georges Bordonove
Histoire secrète de Paris (2 volumes)

Jean Peyrard
Histoire secrète de l'Auvergne

Séverin Batfroi
Histoire secrète des Alpes

A paraître

Jean Mabire
Histoire secrète de la Normandie

Gérard Landry et P. Deverwaere
Histoire secrète de la Flandre et du Nord

Hors série

Paul de Saint-Hilaire
Histoire secrète de Bruxelles

*La composition
et l'impression de ce livre ont été effectuées
par l'Imprimerie Aubin à Ligugé
pour les Éditions Albin Michel*

AM

*Achevé d'imprimer le 17 avril 1981
N° d'édition, 7128. N° d'impression, L 13549
Dépôt légal, 2ᵉ trimestre 1981*

Imprimé en France